Tornar-se Palestina

Lina Meruane
TORNAR-SE PALESTINA

seguido de
TORNAR-NOS OUTROS +
ROSTOS NO MEU ROSTO

2ª edição ampliada

Tradução | Mariana Sanchez
—

coleção **NOS.OTRAS**

/re.li.cá.rio/

PREFÁCIO
MILTON HATOUM

Este livro reúne três ensaios fascinantes, movidos pela necessidade e pelo desejo irremediáveis de compreender a situação trágica da Palestina, de onde os avós paternos de Lina Meruane migraram para o Chile no início do século passado.

Não são relatos de viagem ou autobiográficos, muito menos o esboço de uma árvore genealógica. Professora da Universidade de Nova Iorque, Meruane mora há mais de duas décadas nos Estados Unidos, mas tornou-se palestina sem deixar de ser, nem de se sentir, chilena.

Num táxi em Nova Iorque a caminho do aeroporto, ela lê o nome árabe do motorista, cujos olhos lembram os de seu avô paterno. Uma breve conversa com esse exilado palestino alimenta um desejo de visitar suas primas em Beit Jala, na Cisjordânia. Sobre essa primeira viagem, ela fala do estado de opressão e do *apartheid* nos territórios ocupados: centenas de postos de controle e estradas bloqueadas dificultando e com frequência impedindo o deslocamento de pessoas e mercadorias; rodovias e acessos exclusivos para colonos judeus; a muralha que confina os palestinos e que lhes usurpou mais de 10% de terras férteis. Enfim, o inferno a que todo um povo tem sido submetido durante a mais longa ocupação militar da Era Moderna.

Para entender o processo histórico e refletir sobre essa fenomenologia da crueldade e da bestialidade, Meruane assiste a documentários e entrevistas, e recorre a obras de vários autores, a maioria deles palestinos e israelenses, alguns de diferentes e até divergentes matizes ideológicos. É admirável a crítica sutil e precisa a três conhecidos escritores de Israel: todos condenam os assentamentos de colonos em terras palestinas na Cisjordânia e Jerusalém Oriental, mas acabam por usar a retórica da simetria, uma falsa equivalência entre as "partes litigantes"; ou, para ser mais exato histórica e politicamente: entre o colonizador e o colonizado.

O uso da linguagem para a construção de falsos mitos e como arma de dominação é um dos temas centrais deste livro. Com frequência, a linguagem pode esconder, suprimir, manipular. Por exemplo: a negação da existência da Palestina histórica; e – o que é mais desumano e abjeto – a redução sistemática de todo um povo a uma palavra: terrorista.[1]

"O fascismo não começa com as atrocidades, mas como uma determinada maneira de falar, de formular os problemas", ensina o sociólogo e historiador francês Jean Baubérot, citado pela autora. Ela ainda acrescenta: "a violência é precedida por sua formulação verbal".

Na visita a Hebron – uma cidade palestina sitiada por colonos e pelo Exército israelense –, ela lê nos mercados e nas paredes das casas frases como: "Árabes para as câmaras de gás", "Árabes são os negros (*niggers*) do deserto". Mais adiante, assinala:

---

[1] Ver Nurit Peled-Elhanan, *Ideologia e propaganda na educação: a Palestina nos livros didáticos israelenses*, Trad.: Artur Renzo (São Paulo: Boitempo, 2019).

É assustador que sejam os próprios herdeiros do holocausto que escolheram esquecer o que foi viver e morrer no lugar do oprimido, o que significou o desprezo e a constante humilhação, a consequente suspensão de seus direitos civis e humanos, sua transformação em inimigos, em seres indesejáveis, piores do que animais, escória. Essas palavras desumanas tornaram possível o impensável: o genocídio.

Em 2014, quando Meruane terminava o ensaio "Tornar-nos outros", Gaza estava sendo bombardeada. Ela anota num adendo: "Até o fim destas páginas morreram, dentro de um território cercado (...), quase dois mil palestinos, civis em sua maioria, centenas deles menores de idade".

Aos que ainda acreditam, por desinformação, que tudo começou em 7 de outubro de 2024, vale a pena recuar ainda mais no tempo e lembrar que o atual genocídio é a culminação de sucessivos massacres na Faixa de Gaza: o primeiro ocorreu entre novembro e dezembro de 1956, quando mais de quinhentos palestinos foram assassinados, muitos deles executados. E raramente lemos na grande mídia que mais de 70% da atual população de Gaza é formada por palestinos expulsos de suas terras e casas, o que resultou no maior campo de concentração do mundo. Dos 3,3 milhões de palestinos na Cisjordânia, mais de 600 mil vivem penosamente em campos de refugiados. Eles foram expulsos de suas propriedades durante a *nakba* (catástrofe), ocorrida entre

1947 e 1951, e após as guerras de 1967 e 1973. A rigor, a catástrofe nunca foi interrompida.[2]

O historiador Enzo Traverso observa que a política de apropriação de terras e de expulsão de palestinos é a matriz ideológica do programa sionista, mas essa política é muito anterior ao conceito pangermanista de "espaço vital", apropriado pelo nazismo: "Trata-se da dimensão territorial do projeto teológico-político do sionismo, segundo o qual o pertencimento desse espaço aos judeus é estabelecido pelas sagradas escrituras".[3]

Essa dimensão territorial bíblica não se limita à Faixa de Gaza: ela visa à anexação do que restou da Palestina histórica e o extermínio de sua sociedade. Vilarejos, aldeias e bairros da Cisjordânia têm sido arrasados por *pogroms* executados por colonos armados, com a cumplicidade de militares israelenses. Os palestinos cristãos tampouco estão livres do assédio, da opressão, da humilhação: são rostos sujeitos a uma vigilância implacável. Esse é um dos temas abordados no ensaio "Rostos no meu rosto", acrescentado a esta nova edição. Meruane discorre sobre uma breve temporada no Cairo e uma segunda viagem aos territórios palestinos, cinco anos depois da primeira. O contato com a realidade é, mais uma vez, estarrecedor. "Postos de controle, de revista,

---

[2] Sobre a criação do Estado judeu e a *nakba* palestina, ver, entre outros, Ilan Pappé, *A limpeza étnica da Palestina*, Trad.: Luiz Gustavo Soares (São Paulo: Sundermann, 2016); Rashid Khalidi, *Palestina: um século de guerra e resistência – 1917-2017*, Trad.: Rogerio W. Galindo (São Paulo: Todavia, 2024); e Elias Khoury, *Meu nome é Adam*, Trad.: Safa Jubran (Rio de Janeiro: Tabla, 2023).

[3] Enzo Traverso, *Gaza diante da história*, Trad.: Pedro Fonseca, p. 83 (Belo Horizonte: Âyiné, 2024).

de interrogatório, de extenuantes esperas. (...) plantações, muros, lamentos, mesquitas disputadas, apiários entre escombros, casas ocupadas e em ruínas, terrenos baldios, muros dividindo povoados e famílias."

Ela já havia lido e anotado dezenas de livros, ensaios e artigos, portanto conhece a perspectiva histórica da tragédia palestina. Agora, nesse novo ensaio, reflete e indaga sobre questões de identidade. Ou a múltipla identidade de um ser humano: rostos no meu rosto.

"O que significa exatamente *ser do* Chile, *continuar sendo de?*", pergunta a escritora chilena, que acrescenta: "Ter um histórico familiar não significa (...) que não haja em mim, como em todo mundo, pessoas que ninguém nunca revelou".

No elevador de um aeroporto alemão, um homem se dirige a ela: *You are hebrew?* Diante da pergunta desconcertante, Meruane comenta: "Estranha maneira de perguntar se sou judia ou se sou israelense, misturando a identidade religiosa e nacional com o idioma". Lembro as palavras de Virginia Woolf: "Rostos se sucedem, rostos e mais rostos. É impossível ordená-los corretamente, destacar um deles ou produzir o efeito do todo, tal como a música".

As feições de um rosto não definem uma identidade religiosa ou cultural. Fiéis de qualquer religião cabem em qualquer feição. Ateus e agnósticos, idem. Escreve a autora: "os determinantes identitários mais importantes são sociais, não biológicos". Nesse sentido, a identidade *pode* também ser uma escolha. A busca obsessiva pelas origens acaba por se perder na noite dos tempos;

as árvores genealógicas têm raízes diversas, e algumas são aéreas, expostas ao desejo pessoal e íntimo de ser e sentir-se outro, sem deixar de ser o mesmo. Lina Meruane sonda esses outros em nós, desata o rígido nó identitário que nos ata a uma única cultura ou à eleição de uma pátria única. Mas isso serve também aos fiéis que legitimam apenas sua religião, desprezando, e mesmo rebaixando, as demais.

"O pior", escreve Edward Said, citado pela autora na segunda parte do livro,

> é quando indivíduos ou grupos fingem ser os *únicos* representantes verdadeiros de uma identidade, os *únicos* intérpretes legítimos da fé, os *únicos* baluartes da história de um povo, a *única* manifestação da cultura, seja ela islâmica, judaica, árabe, americana ou europeia. De convicções tão insensatas surgem não apenas o fanatismo e o fundamentalismo, mas também a total falta de compreensão e de compaixão pelo próximo.

Compreensão histórica e compaixão não faltam aos sobreviventes do holocausto e a muitos judeus e judias que têm criticado, sem hesitação e ambiguidade, as atrocidades cometidas deliberadamente contra dezenas de milhares de crianças, jovens e adultos inocentes por um Estado que, hoje, "é visto ampla e acertadamente como um pária por causa de suas próprias ações genocidas".[4]

---

[4] Rashid Khalidi em entrevista à *Margem Esquerda – Revista da Boitempo*, n. 43, 2º sem. 2024.

Convém lembrar as palavras do escritor italiano Primo Levi, sobrevivente do holocausto e autor do comovente *É isto um homem?*: "A Shoah não confere a Israel um status de inocência ontológica".[5]

Não por acaso, a primeira edição de *Tornar-se Palestina* atraiu muitos leitores brasileiros. Quando a li, fiquei fascinado pelas reflexões, revelações, indagações, pelos detalhes concretos da vida de uma escritora e professora expatriada, pelos cruzamentos e sinuosidades temporais e espaciais, pela costura histórica que entrelaça as observações e a experiência da viajante com análises de textos e documentários sobre a Palestina. E, não menos importante, pela finura de um estilo descarnado, sutilmente irônico, nada pomposo ou altissonante. Nesses ensaios, a capacidade de argumentar e de fazer sentir são inseparáveis. Eles nos transmitem uma vibração emocional na dose certa, sem exagero, sem apelações vitimistas, sem autocomiseração: uma emoção que nos faz companhia, toca nossa sensibilidade e nos torna solidários, não apenas aos palestinos. Em tantas belíssimas passagens – "Um silêncio impermeável", "A memória do ruído", "Chave girando" –, a prosa se acerca da poesia, se enlaça à história e comove o leitor.

O martírio do povo palestino, a matança diuturna de crianças, jovens e adultos pelo Estado ocupante e por seus associados horrorizam o mundo. E todos – exceto as mentes doentias e cultoras da morte – sabem que o

---

[5] Primo Levi citado por Enzo Traverso, *Gaza diante da história*, p. 83.

que está em jogo é a humanidade e seu bem comum: a liberdade.

Pensei, com uma ponta de inveja, que eu gostaria de ter escrito este livro, mas me resignei a ser um leitor e a indicá-lo com entusiasmo a amigos e conhecidos. Lembro que recebi várias mensagens que diziam: "Li o livro de Lina e me tornei Palestina". Não serão outras as palavras dos leitores dessa bela e necessária reedição, cujos ensaios relacionam-se como vasos comunicantes e primam por sua coerência. O resultado é este livro escrito com arte, sabedoria e paixão, o que lhe confere um elevado valor literário e histórico.

***

TORNAR-SE
PALESTINA

Ao meu pai, que se nega a voltar.
Aos meus amigos A e Z, que se negam a partir.

*O destino dos palestinos tem sido, de algum
modo, não terminar onde começaram, mas
em algum lugar inesperado e remoto.*
Edward Said

I. A AGONIA DAS COISAS

RETORNOS EMPRESTADOS

Retornar. Este é o verbo que me assalta toda vez que penso na possibilidade da Palestina. Digo para mim mesma: não seria um regresso, apenas uma visita a uma terra em que nunca estive, da qual não tenho uma única imagem própria. A Palestina sempre foi para mim um rumor de fundo, uma história a qual recorrer para salvar da extinção uma origem compartilhada. Não seria um retorno meu. Seria um retorno emprestado, um regressar no lugar de outro. De meu avô. De meu pai. Mas meu pai não quis pôr os pés naqueles territórios ocupados. Só se aproximou da fronteira. Uma vez, do Cairo, dirigiu os olhos já velhos na direção leste e os manteve por um tempo no ponto distante onde a Palestina poderia estar situada. O vento soprava, erguia-se uma poeira de filme e passavam ao lado dele centenas de turistas com previsíveis tênis e bermudas e mochilas, turistas estrangulados por câmeras japonesas, as mãos suando cheias de compras. Turistas rodeados de guias e de intérpretes nos quais não prestavam atenção. Meu pai enfiou a cabeça entre eles. Estendeu o olhar até aquele pedacinho de Palestina colado na divisa do Egito, aquela Palestina distante e distinta da ideia que ele tinha de Beit Jala. Aquela era a Gaza sitiada, acossada, muçulmana e alheia. Esteve, outra vez, meu pai, na divisa da Jordânia; sua vista pôde abarcar o deserto atravessando a fronteira. Teria sido uma questão de se aproximar do cruzamento, mas seus pezões permaneceram afundados na areia movediça da indecisão. Vendo uma oportunidade na dúvida, minha mãe apontou ao longe, seu pequeno indicador esticado e teso, para o extenso vale do rio Jordão que se avistava do monte Nebo, todas as águas correntes que a religião cristã dá como bentas, e insistiu em cruzar à Cisjordânia. Temos que ir, disse a ele com urgência, como se fosse ela a palestina. Depois de tantos anos juntos, assim acabara por se sentir minha mãe, outra voz nesse clã barulhento. Mas meu pai deu meia-volta e caminhou na direção oposta. Não ia se submeter à espera arbitrária, à meticulosa revista de sua mala, ao abusivo interrogatório na fronteira israelense e nos sucessivos postos de controle. Não ia se sujeitar a ser tratado com desconfiança. A ser chamado de estrangeiro numa terra que considerava sua, porque continua ali, ainda invicta, a casa de seu pai. Ali, do outro lado, está essa herança da qual ninguém nunca tomou posse efetiva. Talvez o assuste a possibilidade de chegar a essa casa sem ter a chave, bater na porta desse lar vazio do que é seu e cheio de desconhecidos. Deve assustá-lo percorrer as ruas que poderiam ter sido, fossem as coisas de outro modo, seu parquinho. O martírio de encontrar, no horizonte outrora limpo daqueles becos, as casas geminadas dos colonos. Os assentamentos e suas câmeras de vigilância. Os militares enfiados em suas botas e fardas verdes, seus longos rifles. Os arames farpados e os escombros. Troncos de anosas oliveiras cortados rente ao chão ou transformados em cotocos. Ou talvez cruzar a fronteira significasse para ele trair seu pai, que – ele sim – tentou voltar. Voltar uma vez, em vão. A Guerra dos Seis Dias impediu-lhe a viagem. Ficou com as passagens compradas, a mala cheia de presentes e a amargura da desastrosa derrota que significou a anexação de mais territórios palestinos. Essa guerra durou apenas uma semana, mas o conflito seguia seu curso incansável quando morreu minha avó: a única companheira possível de seu retorno. Essa perda o lançou a uma velhice repentina e irreparável. Sem volta. Como a vida de tantos palestinos que não puderam ou não quiseram mais retornar, que esqueceram até mesmo a palavra árabe do retorno; palestinos que chegaram a se sentir, como meus avós, chilenos comuns e correntes. Os corpos de ambos estão agora num mausoléu de Santiago ao qual não voltei desde o último enterro. Pergunto-me se alguém terá ido visitá-los nestes últimos trinta anos. Desconfio que não. Desconfio inclusive, mas não pergunto, que ninguém saberia me dizer em que lugar do cemitério estão seus ossos.

TRADUÇÃO DEFINITIVA

Com que nome nos despedimos deles? Com o Salvador do castelhano ou com o Isa árabe, que significa Jesus? Com o Milade ou o María? Minha mãe tem um sobressalto em sua cadeira e eu na minha ao escutar pela primeira vez esses nomes: os da língua perdida. Meu pai se agita em sua poltrona, tentando lembrar quais deles foram talhados nas lápides.

FALSA PISTA DE UM SOBRENOME

Começo escrevendo a palavra Meruane. Pressiono a lupa que inicia a busca em uma base de dados. O único resultado que a tela me devolve é um artigo publicado numa revista britânica. "Saara em 1915", intitula-se. Boto para funcionar a máquina da imaginação. Um Meruane explorador-de-cantil-a-tiracolo no deserto. Um Meruane negro trazido à Palestina (me vêm à memória as fotografias do meu pai aos 30 anos, seu cabelo curto de pequenos cachos, grandes óculos escuros cobrindo sua pele bronzeada, lábios grossos como os meus). O elo perdido da África no meu sangue, penso. Mas as datas não batem: foi em torno de 1915 que meu avô emigrou do Levante para o Chile. Mergulho mesmo assim na leitura e me enredo em dados de uma topografia interrompida e devastada pela construção de uma via férrea. São mencionados seis oásis argelinos e leitos de rios ressecados, partes desoladas de deserto, crostas de sal em vários trechos. Algumas linhas abaixo, aparece, finalmente, a palavra. Meruane: outro lago salgado e seco que nunca teve importância e que foi completamente apagado do mapa.

RECAPITULAR

A recapitulação do passado tornou-se duvidosa até mesmo para meu pai. Não lhe contaram o suficiente ou não prestou atenção ou o que lhe chegou era material reciclado demais. Frequentemente, delega o relato às irmãs que lhe restam. Com certeza suas tias sabem, diz ele, desvencilhando-se de minhas perguntas, certamente sabem mais do que eu, repete ele, empurrando-me um pouco mais longe com essa frase, pois teme que também em suas irmãs o tempo tenha semeado esquecimentos. Invariavelmente, minha tia-primogênita se defende dizendo, quando lhe pergunto qualquer detalhe: como seu pai não te contou? Meu pai dá de ombros na outra ponta da mesa. E você não lê a revista *Al Damir?*, continua a mesma tia, a mais memoriosa. Sou obrigada a lembrá-la que há anos fui embora do Chile e não tenho acesso a essa publicação. E seu pai, por que não te manda? Sou eu quem dou de ombros agora. Há uma acusação de indiferença no ar. Uma acusação que recai sobre mim e sobre meu pai embora ele mantenha, como muitos compatriotas de sua geração, um vínculo solidário com Beit Jala que jamais alardeia. Auxílios monetários que, somados, mantêm lá um colégio chamado Chile. Uma praça chamada Chile. Crianças, palestinas de verdade, se é que a verdade palestina ainda existe.

SUPERSTIÇÃO MUÇULMANA

Essa é uma superstição islâmica, me diz Asma quando nos conhecemos em Nova Iorque e eu lhe conto esta parte chilena da nossa história palestina. O quê?, pergunto, confusa, erguendo a voz porque o barulho ao redor aumentou. Isso de não declarar o que se faz por caridade é uma crença muito enraizada no mundo muçulmano, responde. O fato deve permanecer em segredo, ou perde sua graça. Mas meu pai não é muçulmano, digo a Asma – que é. Pode não ser, mas seu pai tem uma superstição islâmica, ela insiste; como meu marido, acrescenta: ele, que também é cristão, está cheio de superstições nossas.

LETRAS QUE NINGUÉM VIU

Outra tarde, em algum de meus retornos ao Chile, proponho ao meu pai começar a retroceder. Refrescar aqueles lugares que nos foram secando. Lugares de que fomos partindo sem nunca olhar para trás. Ele, como antes seus pais a Beit Jala natal, deixou há muito a pequena cidade-de-interior onde nasceu. E eu, como eles, também fui me movimentando: tive diferentes endereços. Uma vez tentei voltar à casa santiaguina onde cresci. Sob o mesmo teto, embora já sem as paredes divisórias, havia uma loja de tapetes persas. Em meio à mais absoluta desorientação, fui levantando as pontas dos tapetes, um por um, até encontrar a marca inequívoca do lugar onde ficava minha cama: a ferida que um dos pés de ferro foi abrindo no assoalho ao longo dos anos. Não havia mais a muralha da qual eu tinha que separar a cama todas as manhãs para fazê-la. Mas nem essa loja existe mais, nem as casas vizinhas, nem as árvores, nem as cercas que costumavam delimitá-las. Mais de uma vez, passei batido procurando minha casa.

Voltemos à sua, então, à sua velha casa ainda de pé, eu digo a meu pai, para espanar o pó, para remendar nossa lembrança. Digo a ele que dessa casa-de-interior guardo apenas a imagem de uma faixa de terra cultivada no quintal e de um galinheiro de cercas enferrujadas, ao fundo, já sem galinhas, o chão ainda cheio de penas e milho esparramado. Guardo o som de uma torneira de água correndo. Um pátio interno de laranjeiras, isso eu também guardo. E o piso de lajotas de um corredor comprido. Um piano negro que nunca ouvi tocar e que agora jaz silencioso na sala da minha segunda-tia. Um porta-guarda-chuva junto ao espelho da entrada que não se sabe onde foi parar depois da morte da minha última-tia. Lembro-me da porta de madeira no nível da calçada e de um par de árvores pontiagudas porém ralas erguendo o asfalto. E, mais além, uma praça com seu chafariz de bronze e frondosos carvalhos ou tílias ou talvez cedros libaneses trazidos de outro tempo. Lojas assinadas com letreiros de sobrenomes palestinos escritos em alfabeto romano. Voltar, eu digo a ele, àquelas ruas com ritmo de vilarejo e àquela casa sua e de suas irmãs. Mas aquela casa há anos deixou de ser nossa, corrige meu pai de costas para mim, preparando seu eterno café preto pesado de borra. O que sobrou daquela casa foi vendido quando seu *tata*, ele diz, endossando a mim o parentesco com seu pai que também era meu avô, e evitando terminar a frase. Foi desmontada e arrendada, a casa, e depois veio o incêndio. Desfizeram-se também da loja de esquina onde meu avô vendia tecidos por metro das fábricas têxteis dos Yarur e dos Hirmas, e roupa pronta (de camisas a cuecas a meias) e sapatos trazidos das fábricas da rua Independência. E caxemiras de Bellavista Tomé e rolos de seda, especifica meu pai, e minha cabeça se enche de retalhos e texturas e cores. Mas disso tudo não restam mais do que imagens amarrotadas impossíveis de engomar. O pesado metro de madeira, a afiada tesoura abrindo uma fenda na borda do pano antes que suas mãos o cortassem de uma vez só, os fios desmaiados sobre o balcão, as ruidosas cifras somadas na caixa registradora de metal escuro que ia acrescentando o preço das lãs, fitas e cordões, ou mesmo dos colchões guardados no sótão onde meu irmão-mais-velho e eu, a-do-meio, nos empurrávamos para desmaiar sobre travesseiros envoltos em sacolas de náilon transparente. Essa agonia das coisas é o que eu quero salvar, ou ressuscitar, penso, mas antes de dizê-lo meu pai deixa cair sobre essas velhices moribundas algo com cheiro fresco. Não tinha te contado isso, ele diz, o café fumegando entre as mãos. A pequena cidade-de-interior acaba de homenagear seus antigos comerciantes. Entre eles está meu avô. Seu nome está no letreiro de uma rua recém-inaugurada. Letras de forma que nenhum Meruane foi olhar, não ainda. Não houve cerimônia nem corte de faixa. Não há fotos registrando o fato. Meu pai não tem muita certeza de onde ficou estampado seu sobrenome, que é também o meu, o nosso. E talvez porque peço explicações e detalhes e ergo as sobrancelhas ou as uno admirada, ele finalmente aceita me levar ao passado por uma sinuosa estrada íngreme rumo ao nordeste. Vamos, ele diz, terminando de um gole seu café. Vamos, como se de repente a ideia o entusiasmasse e ele precisasse enfatizar isso levantando sua voz que é sempre baixa. Comecemos a retornar, se pudermos, eu penso, e anoto esta frase ou esta dúvida em um pedacinho de papel.

OS ANDES, AO FUNDO

A cordilheira nevada ao fundo do caminho. As varas de videiras cortadas correndo na direção oposta, lembrando a hipnose que essa paisagem de velozes palitinhos costumava provocar em mim. Abro a janela para encher-me de um ar silvestre que irrita meus pulmões. Respirar o campo, agora, é uma forma de intoxicação. Outra forma é esse regresso. A incursão num tempo que já não existe. A excursão do presente. Nossa travessia carece da dramaticidade que a viagem a esse vale teve para os primeiros imigrantes. Penso na história daqueles périplos promissores mas sobretudo penosos que, à diferença da imigração europeia, não teve apoio de nenhum governo nem recebeu qualquer subsídio. Os barcos zarpavam de Haifa e descansavam em algum porto do Mediterrâneo (Gênova ou Marselha) antes de seguir para a América com seus porões de quinta categoria cheios de árabes, de ratos, de baratas famintas. Aqueles árabes errantes eram cristãos ortodoxos menosprezados pelos turcos. Eram considerados emissários do Ocidente, ofensiva europeia, protegidos de nações adversárias. Deixavam suas terras, os árabes, portando um passaporte paradoxalmente otomano que lhes permitiria fugir daquele império, de seu serviço militar em tempos de guerras onde seriam bucha de canhão. Os que puderam escaparam da sentença de morte trazendo um contrassenso: ser apelidados para sempre de turcos. O nome inimigo impresso como uma maldição eterna no nebuloso mapa daquela imigração. Os árabes foram arrastando uns aos outros, às Américas e ao Chile, em quantidades assombrosas; fundaram em cada ponto do vale entre as cordilheiras a lenda de que a nova terra tinha uma alma síria ou libanesa ou palestina que lhes permitiria imitar a vida tal como era, como nunca mais seria. Convenceram-se de que aquela era a única opção. Entre canteiros de damascos e azeitonas e depois de abacates e berinjelas e abobrinhas chamadas de italianas, e de tomates doces a ponto de explodir. Em tardes protegidas por parreirais cujas folhas deviam ser colhidas a partir de setembro e antes que o outono as tornassem papel. Sob o mesmo sol macerante, os já numerosos palestinos foram se multiplicando até duplicar os outros árabes que haviam embarcado com eles nos mesmos barcos, parado com eles no Rio de Janeiro, testemunhado as mesmas luas despontando sobre o mar até o desembarque em Buenos Aires, cruzado juntos a cordilheira no lombo de mulas guiadas por arrieiros ou, mais tarde, nos vagões de um trem transandino que foi quase completamente desmantelado.

PAIXÃO FERROVIÁRIA

Aquela buzina rouca silenciou e as espessas baforadas de fumaça preta do trem se dispersaram, mas não apagaram a história da paixão ferroviária de meus avós. Minhas tias se encarregaram de contá-la tal como a ouviram de sua mãe, e como a escutaram umas das outras ao longo dos anos. A história pode ser contada até mesmo por minha mãe, que prefere esta às de sua própria parentada italiana, que nunca se destacou por seus amores triunfais. Contam-na minha mãe e minhas tias e às vezes até meu pai, com variações: que ambos vinham de Beit Jala, onde nunca se conheceram; que tinham uma mesma religião e até um sobrenome em comum (meu avô era primo de sua futura sogra, ela trazia um Meruane relegado na linhagem); que meu avô fora colega de classe de seu futuro cunhado, mas que nada disso foi suficiente para ser admitido no clã. Queriam casar minha avó Milade, ou María, com alguém ainda mais próximo. A norma tribal (é a palavra escolhida por meu pai) dava preferência a algum dos tantos Sabaj instalados no Chile. E minha avó tinha como pretendente alguém que, sem ser rico, tinha o dom de possuir algumas terras. Pouco antes de conhecer meu avô, María se livrou daquele Sabaj. Quem gosta desta parte da história é minha tia solteira, minha tia-primogênita, que talvez neste ponto se identifique com sua mãe: Milade ou María achou por bem dizer àquele Sabaj que ele era muito velho para ela e ainda por cima feio, tão feio que se assustava ao vê-lo de dia. Imagine como seria encontrar o senhor de noite, disse a ele. Acabou ali a proposta de casamento. Minha avó continuava solteira à então preocupante idade de vinte e cinco anos. Estava perdendo o bonde, os outros diziam ou cochichavam. Mas ela subiu no vagão no último minuto e por convicção própria, insistem seus filhos e minha mãe. Foi, justamente, em uma plataforma que se viram pela primeira vez. Na extinta estação de Llay-Llay. Ela, fazendo baldeação a caminho de Santiago, acompanhando seu irmão atrás de presentes para as mulheres da família na qual ele estava prestes a entrar por casamento. Foi seu irmão quem avistou meu avô descendo do trem para fazer baldeação também, embora Isa ou Jesus ou Salvador fosse em direção oposta: para o sul. Talvez meu avô tivesse a mesma idade, ou talvez ela fosse mais velha um ano ou dois, ou apenas um mês, isso nunca ficou claro. Mas ele diria, para complicar um pouco mais as coisas, e para provocá-la, que viu minha avó sozinha na estação, minha avó com seu longo cabelo cacheado e trançado carregando uma cesta de vime, oferecendo sanduíches junto à multidão de vendedores que assediavam os viajantes. Dizia meu avô que María tinha flertado com ele dando um desconto pelo pão com presunto ou mortadela, e que era assim que tudo tinha começado. Meu pai, bem como antes o seu, ri enquanto conta. Ri sozinho e gargalhando da maldade que irritava sua mãe. Talvez ela se preocupasse por alguém acreditar nessa versão do encontro. E daí se fosse verdade, penso eu, se ela não fosse mais do que uma vendedora ambulante como muitos árabes de então? Nesse momento, reparo no silêncio que se impõe entre nós. Meu pai parece cansado de repetir a história que já conhecemos, ou talvez não tenha mais nada a acrescentar enquanto dirige. Ou quem sabe uma placa na estrada o distrai. Fica mudo com minha mãe ao lado, absorta ou sonolenta, ela, seus pés nus apoiados no painel do carro. Meus irmãos vão do meu lado, cada um olhando pela janela. Vamos como de costume quando estamos juntos, como antes, em algum de nossos passeios. Distraídos nas sucessivas curvas do caminho com a cabeça em qualquer outro lugar.

LÍNGUAS QUE SE BIFURCAM

Avançamos em silêncio ou em castelhano embora haja mais línguas adormecidas em nossa genealogia. Os imigrantes árabes adquiriram o castelhano à medida que perdiam o idioma materno, mas continuaram falando-o entre eles como se fosse um código secreto vedado a seus filhos: comeriam a própria língua em vez de legar a eles o estigma de uma cidadania de segunda classe. Havia uma sombra colada àquele sotaque tão evidente como a vestimenta gasta da pobreza. De ambos foi preciso se livrar e não foi difícil. Não lhes custou tanto a roupa nova porque era do mesmo estilo da que vestiam. Tampouco lhes custou adicionar o castelhano a suas línguas porosas: seus antepassados haviam habitado o espanhol durante séculos na península ibérica, o haviam arabizado, conquistado sua alma com o silencioso parêntese do agá intercalado e o alvoroço-alarido-algazarra dos prefixos árabes. Falar o castelhano agora era outra forma de retorno. Minha avó, diz meu pai, o aprendera de menina, ao chegar; já meu avô o adquiriu com onze ou doze ou talvez catorze anos. Meu pai explica, aproveitando esse desvio, que a incerteza sobre a idade de Salvador se devia à perda da certidão de nascimento quando a igreja palestina foi queimada. (Outro incêndio, eu anoto. Outra perda, a dos documentos que certificam sua origem.) Mas sua mãe e os irmãos deveriam saber a data, eu argumento, levantando o lápis do papel, levantando também os olhos para meu pai. Ele torce a boca e recorre à minha segunda-tia, que tampouco pode explicar esse enigma e, ao invés de tentar, diz que as crianças eram batizadas com atraso, que a data era adulterada para adiar ou evadir o serviço militar turco. Depois descubro que tampouco é claro se Isa veio com sua mãe viúva, uma mulher chamada Esther (que tinha uns olhos muito azuis que ninguém nunca herdou), ou se ela já estava no Chile com os irmãos mais velhos e ele chegou mais tarde com seus tios. As versões são contraditórias. Meu pai diz também, sem certeza, que meu avô foi trabalhar no sul, no moinho de seus irmãos mais velhos, enquanto aprendia sua terceira língua. O alemão ele tinha estudado num colégio de padres protestantes numa das tantas escolas de comunidades religiosas europeias que funcionavam na Palestina naquele tempo. Há cenas aqui e ali: meu avô arranhando alemão com algum cliente da loja La Florida, meu avô fazendo papel de escriba e de leitor voluntário aos compatriotas iletrados que recebiam cartas familiares do Levante. Diz meu pai: parece que estou vendo, havia um velhinho da colônia, baixo, de tez muito branca, cabelo loiro e olhos claros, que não sabia ler nem escrever. Quando recebia cartas de sua família, ia até meu pai para que ele as lesse e respondesse, e eu, que às vezes o acompanhava na loja, ficava maravilhado vendo-o riscar a página da direita para a esquerda. Não foi então nenhuma tragédia dobrar os alfabetos, inverter o sentido da escrita, permutar a sintaxe, modular a entonação até aprimorar o sotaque chileno: a placa dessa bifurcação linguística anunciava progresso e os palestinos pegaram esse caminho. Abandonaram a venda ambulante, assim como meu avô abandonou as viagens ao sul como representante de uma distribuidora de mercadorias de um tal Manzur. Meu pai insiste, rigoroso com dados que não importam, que sequer me interessam, mas que, para ele, parecem sinalizar uma posição social: meu avô não foi vendedor ambulante, mas representante. É para sustentar essa posição instável que meu avô precisou abandonar o moinho e o armazém que teve em sociedade com seus irmãos mais velhos em Toltén, cidade que desapareceria arrasada por um maremoto vinte anos mais tarde. (Outra desaparição, eu anoto, em uma saga de perdas.) Foi imprescindível se instalar na região central para dar melhor educação às três filhas de então e aos dois seguintes. Porque o grande lema de minha avó, mais ilustrada ou pelo menos mais leitora, era que o progresso exigia educação. Foi ela quem insistiu em mandar minhas tias à universidade, dar-lhes oportunidades que ela não teve, sendo aluna de um liceu técnico no qual não chegou a se formar. Foi ela quem se opôs a meu pai herdar a loja aos dezesseis anos, quando meu avô, sobrecarregado com sucessivos empreendimentos, pensou em passar a administração de La Florida a seu único filho. Intercedeu, também ela, para que suas filhas pudessem se casar fora da colônia. Que se relacionassem, sim, mas que mantivessem o sobrenome como marca invicta de pertencimento.

A PORTAS FECHADAS

Está fechada com uma chave que já não nos pertence. Meu irmão-caçula espia pela fechadura e não enxerga nada. Está escuro, ele diz. Como uma tumba, eu completo, lembrando de meu avô na dele. Sua pálpebra esquerda entrecerrada. Suas mãos entrelaçadas para não mais afundar nos bolsos e distribuir amêndoas para nós. Uma morte sóbria, tão oposta à de seu primo Chucre, que antes de morrer pediu para tocarem música durante o velório, dançarem ao redor de seu corpo defunto, oferecerem um grande banquete a quem quisesse vir para se despedir dele. (Não sei se lembro ou se imaginei que os filhos estavam divididos: uns botavam uma fita cassete árabe, outros, tristes e talvez envergonhados, desligavam o som e o deixavam enterrado num silêncio sepulcral.) A sala daqueles velórios se confunde agora com tantos outros funerais familiares. Não vejo nada, insiste a voz do meu irmão-caçula trepado no olho mágico. E talvez não tenha nada para ver, porque ao incêndio da casa de família somou-se depois um terremoto e ela foi declarada inabitável. Eu disse a vocês que não tinha sentido voltar, murmura meu pai. E se afasta dando passos largos pela rua, deixando-nos logo para trás. Ali está a porta de madeira plantada na calçada aguentando até o próximo tremor enquanto nós o seguimos, rua abaixo, os olhos fixos no chão como se entre as linhas das lajotas estivessem aqueles cômodos de teto alto, como se entre as riscas pudéssemos encontrar a cozinha dos fundos, suas profundas panelas de alumínio, a geladeira florida que minha mãe levou para a casa de praia que tampouco nos pertence. O que fizeram com o resto, os lençóis estendidos num varal no jardim, o minúsculo elefante de marfim que minhas tias juram que inventei porque não se lembram dele. As coisas palestinas desapareceram misteriosamente enquanto eu matava o tempo em outras coisas, digo para mim mesma, avançando com os outros atrás de meu pai sem saber para onde. Ele para, de repente, e aponta sua primeira escola: de freiras, ele diz que era, e talvez ainda seja. Uma escola para meninas? Sim, diz ele, e pela primeira vez parece que sorri. Ficava tão perto que podia ir sozinho, mas ele ia com alguma de suas irmãs: a terceira-irmã, que foi a primeira a morrer, ou a quarta-irmã, que também não vive mais. Devia haver escolas árabes nesta cidade palestina, digo a ele, mas ou não me escuta ou não sabe ou não quer responder. Com atraso, como se despertasse de repente, diz que não. Eram todas escolas chilenas onde só se ensinava a língua oficial. Meu pai deixa o passado para trás e descreve, meticuloso, sua subsequente trajetória escolar: fez o secundário como interno no Instituto Nacional Barros Arana. Passava alguns finais de semana na casa de seu tio Constantino, que morava na rua Juan Sabaj. Descubro com surpresa que em Santiago há outra rua com sobrenome familiar. Que essa rua nomeia meu bisavô. Que a rua foi aberta pelos tios de meu pai quando decidiram dividir o terreno de Ñuñoa e construir casas para viver dos aluguéis. O negócio não funcionou, explica meu pai, que moraria numa daquelas casas rodeado da família. Pergunto-me por que, tendo crescido entre palestinos, meu pai e suas irmãs nunca foram assíduos à colônia. Por que nunca frequentaram o *Club Social Palestino* que ficava tão perto da nossa casa? Teria que desembolsar uma boa grana, que eu não tinha, meu pai responde quando finalmente me atrevo a perguntar. Reuniam-se ali os *paisas* mais abastados e nós, que também éramos *paisas*, *paisanos, baisanos*, nunca tivemos uma relação muito profunda com a colônia fora da família. Algumas coisas se iluminam. A angústia de economizar. A antipatia pelo desperdício. Um apreço por certa austeridade e desapego das coisas. A sutil distância da que nunca se falava, mas que vivia entre nós como um pássaro, digo-me, depois penso que é estranha a imagem alada que acaba de me passar pela cabeça. Por que pássaro?, digo-me, talvez porque tudo tenha sido tão volátil. Não tenho certeza e decido deixar essa ideia no ar enquanto sento na cadeira, enquanto leio o cardápio, enquanto mordo um charuto de folha de uva pouco suculento no restaurante árabe do interior do Chile aonde viemos almoçar.

UM LETREIRO CAINDO AOS PEDAÇOS

Meu pai dirige por ruas desconhecidas e meu irmão-caçula astutamente pega o telefone, conecta o GPS e começa a dar instruções. Instruções que meu pai não segue ou às quais não presta atenção, certo de que chegaremos se virarmos a esquina. Damos mais voltas. Trata-se de um bairro deteriorado no subúrbio da pequena cidade-de-interior onde há sessenta anos meu pai não mora. Mais e mais voltas por ruas minadas por raízes, contornando a sombra quente de árvores quase ralas. Meu irmão insiste em dar indicações, o GPS enlouquece e nos desorienta até que de repente meu pai para o carro. Só o ar-condicionado fica ligado. Lá fora o sol faz o asfalto queimar. Desçam, meu pai ordena, mas nós não abrimos a porta, espiamos pela janela antes de botar o pé em território desconhecido. Isso ainda é a cidade-de-interior? Esta é a rua com o nosso sobrenome? Vemos os olhos escuros de meu pai pelo espelho retrovisor e o ouvimos repetir a ordem. O que estão esperando? Porque ali está o letreiro preto de borda branca. As letras anunciam, também brancas porém gastas, não uma rua, mas uma passagem: a palavra exata para nosso avô nômade. Vistas assim, maiúsculas, as letras SALVADOR MERUANE sobre uma frágil placa de metal, assim, tão apagadas, como se o pintor tivesse esquecido de dar uma segunda mão e cobri-la com uma camada de verniz, tão desprovidas as letras e a cerca e as casas ao redor, penso que Isa ficou escondido atrás do SALVADOR e que esse MERUANE caindo aos pedaços teve menos sucesso que o SABAJ do letreiro santiaguino. Ficamos alguns minutos olhando aquele enferrujado sobrenome até nosso sorriso perder a graça diante da câmera. Meu avô ou seus nomes ou seu sobrenome precariamente fixados na entrada deste que nos parece um povoado deserto. Levamos as fotos na máquina enquanto o carro arranca outra vez, deixando a plaquinha coberta de pó.

II. O CHAMADO PALESTINO

DIREÇÃO: PALESTINA

Não é retornar, mas a ideia da viagem surge com este verbo a tiracolo. Este verbo e todos os seus sinônimos e uma sucessão de eventos fortuitos me empurram na direção palestina. Assim se dá a aparição do primeiro emissário: eu entro num dos tantos táxis chamados de ciganos que circulam por meu bairro nova-iorquino. Julgando-o dominicano ou equatoriano ou mesmo mexicano de Puebla, me dirijo ao motorista em espanhol para pedir que me leve ao aeroporto. Mas ouço em sua respiração um leve sotaque que também não é gringo. Afino o ouvido, detecto entre as sílabas uma inflexão árabe. Antes de perguntar e talvez me equivocar, olho no cartão de identificação pendurado no encosto de seu assento: tem um nome inequívoco, um nome ligado para sempre à resistência e à autoridade palestina. Yasser. Árabe de onde, pergunto a ele, e no retrovisor reconheço os olhos de meu avô. É um palestino de um vilarejo ao norte de Jerusalém que eu não identifico. Perto de Ramallah, explica. Um vilarejo do West Bank, esclarece em inglês, caso este nome me soe mais familiar do que Cisjordânia. Não deve ficar muito longe de Beit Jala, eu digo, e ele garante que não fica nada longe em distância, mas em tempo, depende, e deixa a frase no ar. Então eu digo a ele que dali vem uma parte de mim. Pergunto se conhece meu sobrenome, mas ele nunca o ouviu antes. Cito outros sobrenomes da colônia e em seguida conto a ele que no Chile vive a maior comunidade palestina fora do mundo árabe. Que os primeiros palestinos emigraram de quatro cidades cristãs da Cisjordânia. Que seu povo continua chegando ao Chile. Que os últimos vinham fugindo do Iraque. Agora são todos muçulmanos, como o senhor. Todos refugiados que meu país acolhe e que talvez com o tempo se tornem chilenos comuns e correntes. Como eu. De trás, vejo sua cabeça assentindo a tudo o que digo, mas, quando chego à última frase, Yasser se vira e me corrige. A senhora é uma palestina, a senhora é uma exilada. Não conhece sua terra?, ele diz sem pausa e com surpresa, mas sem recriminação. Deveria ir até lá, a senhora, diz ele, ativando minha palestinidade com o ritmo de sua fala. Para onde está viajando agora?, e sem colocar a vírgula, deixando de lado as formalidades, me lança um *oye* dominicano. Espanha? De Madri os territórios não ficam longe. Umas cinco horas de avião. A senhora deveria ir, insiste, retomando rapidamente a formalidade, vai adorar sua terra, e começa a campanha do porquê do regresso. Retornar à Palestina, eu penso, enquanto ele fala, tomada pela certeza de que este destino nunca me ocorrera. Penso nisso mais um pouco ao mesmo tempo em que enfio no bolso o cartão de Yasser. Mas, chegando ao aeroporto, descarto a ideia, e o cartão. Arquivo ambos como uma estranha coincidência.

MENSAGENS DE JAFA

Entretanto, não me esqueço da Palestina. Embora esteja atarefada nos meus dias em Madri, as palavras de Yasser insistem em se meter nos meus projetos. Incluir a Palestina na coleção sobre lugares que dirijo numa pequena editora independente. Encomendar uma crônica a algum escritor instalado na região como forma de quitar a dívida que de repente me é imposta. Surge o nome de um conhecido-em-Jafa, resgato seu endereço eletrônico, escrevo imediatamente para fazer o convite. Chega de volta, num instantâneo rebote, outra mensagem. O escritor aceita a proposta explicando que há tempos mantém os territórios em suspenso. E desde que deixou de trabalhar sobre a região, leio em minha tela, sua maneira de ver o conflito mudou. "E minha maneira de narrar, também". Diz ter se tornado "mais consciente dos aspectos sutis, e essas sutilezas agora me parecem fundamentais". Quem sabe um diário de sua vida em Jafa, ele sugere, e eu o imagino negociando com ele mesmo o formato e o registro que esse novo texto deveria ter, imagino-o entregando-se compulsivamente a abandonar seu longo silêncio. Então ele me lança um problema ao qual eu ainda não havia chegado: a necessidade de encontrar logo alguém para escrever a contraparte do livro naquela coleção de livros preparados sempre a quatro mãos: duas de narrador, duas de narradora. "Não conheço nenhuma mulher que escreva em castelhano sobre esta região", comenta ao final do e-mail. Quando termino de ler a mensagem, noto que tem outra dele esperando ser lida. "Conhece a terra de seus ancestrais?", pergunta, me fazendo lembrar a frase de Yasser. "Não quer ser minha dupla palestina no livro?". Então surge uma terceira mensagem na qual o escritor diz, apressadamente, supondo que ainda estou lendo sua mensagem anterior, que ele entende que se trata de uma viagem cara, mas me oferece hospedagem: "Você terá um sofá à disposição e duas criaturas adoráveis que te acordarão às seis da manhã. Se topar mesmo, inventamos uma metodologia maluca para escrever o livro. É só avisar quando quiser vir". Ir ou não ir, eis minha questão. Ir e escrever, ou não ir e nunca deixar minha Palestina por escrito.

DE NOVO RAMALLAH

Volto a Nova Iorque após a breve viagem europeia e preparo as malas para partir rumo ao Chile. Peço de novo um táxi e, ao entrar no carro, vejo aparecer o mesmo velho gênio da lâmpada anterior. O gênio da minha consciência pesada ou do meu desejo, penso, subitamente povoada de imagens clichê do Oriente. A verdade é que existem centenas de taxistas latinos rodando pelo norte de Manhattan e é Yasser quem, no momento da minha chamada, está rodando mais próximo, então é ele quem chega para me buscar. E para onde vai agora?, diz, erguendo minha mala e seus lábios num sorriso. Agora, sim, Palestina? Mais ou menos, respondo, pensando que o Chile é meu único Levante. De minha família, em Beit Jala, não restam mais do que uma ou duas mulheres carregando o Meruane em algum lugar. Os demais portadores do sobrenome vivem espalhados por nossa louca geografia. Talvez no Chile o senhor também tenha alguém, digo a ele, abrindo a janela, mas Yasser não tem ninguém lá. Sua família se agarra ao pouco que lhe resta porque é isso o que deve fazer agora, diz. Agarrar-se ao que resta da Palestina para evitar que desapareça. Que não a deixem desaparecer, porque deixamos as portas abertas. Esse é o momento de ficar, esse é o momento de voltar. Mas o senhor está aqui, como eu, observo. Alguém tem que mandar dinheiro a eles!, responde em seu castelhano dominicano cheio de arabescos. Vejo seus olhos enormes no retrovisor, sua cabeça que vira quando o carro para na luz vermelha, a mão me estendendo uns biscoitos de amêndoas que sua mulher lhe prepara para seu longo dia de estrada. E então, diz, engolindo com dificuldade a massa doce, quando vai pra nossa terra? Em março, digo a ele, para dizer alguma coisa, e embora não tenha dinheiro para essa viagem, começo a imaginar que o que digo é verdade.

SANTIAGO–JAFA: 23 DE JANEIRO

Estou no Chile, propondo ao meu pai visitar, talvez pela última vez, sua cidade-de-interior, fazendo perguntas, tomando notas, pesquisando online, lendo sobre a imigração, ativando minha memória e cerzindo histórias. No Chile estou, calculando que as contas para a viagem palestina não fecham. É nessa matemática que me encontro quando chega uma nova mensagem do romancista-em-Jafa anunciando que mudou de ideia: "Me dói ter que te escrever esta mensagem. Infelizmente, não poderei escrever o texto. Nos últimos meses dois cidadãos israelenses tiveram seu acesso impedido quando voltavam de viagem de turismo (um eufemismo para dizer que foram deportados). ~~Os dois eram judeus de linhagem materna, isto é, judeus de pleno direito, e os dois haviam feito a aliyah, processo pelo qual um judeu pede para ser membro do Estado de Israel~~. Os argumentos contra ambos foram 'atividades contrárias ao Estado' e, no caso de um deles, 'traição'. A única coisa que tinham feito foi participar de manifestações de esquerda e colaborar com ONGs que ajudavam a população palestina. Eu conhecia um deles. Minha situação em Israel é muito mais vulnerável. Participei de muitas manifestações contra as guerras dos últimos anos (apareço em várias fotos fazendo gesto de arma para as câmeras da polícia), e, além disso, durante anos ~~escrevi denunciando o que me parecia nefasto das políticas israelenses e da política interna palestina (o espaço foi fechado por pressão do departamento de imprensa da embaixada de Israel)~~. Para terminar o quadro de vulnerabilidade, posso viver aqui por ~~causa dos ancestrais judeus de meu pai~~, que me permitiram obter um ~~cartão de residência~~, mas na verdade vivo aqui porque sou casado com uma palestina muçulmana, o que equivale a estar ~~nos radares das agências de segurança~~ (parece romance de espionagem, mas infelizmente é a realidade nesta região onde, entre outras coisas, as linhas telefônicas dos cidadãos "árabes-israelenses" estão, em quase todos os casos, interceptadas). Escrever um texto sobre a Palestina inevitavelmente toca em temas polêmicos. A própria definição do território, como já comentamos em outra mensagem, é problemática. Escolher chamar cidades com certos nomes e não com outros já equivale, nesta região, a uma declaração de guerra, e mesmo que eu decidisse não incluí-las no texto e falar apenas de Cisjordânia e Gaza, não poderia fazê-lo sem falar de muros de confinamento, colonos e da autoridade do Exército israelense. Apesar disso, me propus a correr riscos e escrever o texto; cheguei a construir uma estrutura com algumas páginas de teste e oferecer a ideia a ~~uma revista para a qual colaboro~~, mas acho que seria uma irresponsabilidade da minha parte. O risco de ser separado da minha família é grande demais e não estou disposto a corrê-lo. Ontem à noite vieram jantar em casa dois amigos israelenses envolvidos em questões de direitos humanos e os dois recomendaram abster-me. Nunca antes tive de me calar pela censura, mas acho que não tenho outra saída. Te mando um abraço enorme e peço desculpas pelo tempo perdido. E é claro que você será bem-vinda à minha casa, espero que venha conhecer a terra dos seus ancestrais, vale muito a pena apesar de tudo o que eu disse".

JAFA–SANTIAGO: 24 DE JANEIRO

O escritor-em-Jafa acredita que não é de todo descabida a ideia de trabalhar com rasuras, borrões negros, anonimato ao invés de assinatura, mas também acha que "as palavras riscadas tornam explícita a impossibilidade de escrever livremente sobre Israel, e isso aumenta a possibilidade de que a causa ultraortodoxa queira controlar o autor e consiga puni-lo se for descoberto". Em seguida, lança outro porém à minha proposta, e não é um porém menor: "O que mais me interessava nisso tudo era fazer uma avaliação do que tem sido minha vida aqui. Falar de minhas origens e falar da minha família adotiva, que amo profundamente. Começar por aí, pela minha vida real e minha identidade neste lugar. É uma pena não poder fazê-lo, mas não tenho saída". Ele escreve e eu leio como se o ouvisse tentando convencer a si mesmo dessa decisão, que, "para um ~~latino-americano~~ crescido na ~~época da violência que seu país sofreu~~ e numa família como a minha, risco é uma coisa terrível, mas também uma coisa sedutora. De certa forma, viver sem risco não é viver. Fui eu que insisti em escrever o texto e que ainda quer escrevê-lo (espero poder dentro de alguns anos, quando esse risco deixar de existir ou quando já não me importe). Sei que escreverei mais cedo ou mais tarde, e que o tempo dará ainda mais força a estas palavras".

JAFA–NOVA IORQUE: 29 DE JANEIRO

Voltando do Chile e de outra mensagem minha escrita sob o pulso da indecisão, recebo outra mensagem do escritor-em-Jafa tentando me convencer de não perder nada da complexa realidade em que vivem os palestinos. "Você vai ver com seus próprios olhos", escreve e acrescenta: "não existe exército nem sistema de vigilância que possa controlar as pulsões humanas, que são muitas, e, assim como aqui há muitos sofrendo, estes e os outros vivem com toda a intensidade que podem (e há música e há comida e há sexo, há casamento e filhos e divórcios e tudo o mais). Vivemos muito bem, quero dizer. Não é a mesma intensidade inebriante do ~~meu país~~, onde a vida às vezes é demasiado abundante (assim como a morte), mas, aqui, especialmente os palestinos sabem viver e ser felizes também. O que me impede de escrever é que, nos últimos anos, qualquer discurso intermediário entre as loucuras do Hamas e as loucuras da ultradireita israelense tem cada vez menos espaço (quem defende um discurso intermediário é inevitavelmente categorizado em um dos dois extremos e atacado pelo outro). Felizmente, a realidade é muito mais rica e complexa do que esses discursos, e as pessoas continuam estando vivas e continuam sendo imprevisíveis e incontroláveis. Já fiquei solene e sentencioso, que preguiça. O melhor é você vir e ver. Estamos aqui te esperando, caso decida vir".

ACORDAR DEZ ANOS ANTES

Velhos chamados palestinos começam a retornar. O som do telefone me surpreende na porta da minha casa, que não era minha, mas alugada, e não inteira: na época eu só conseguia pagar um quarto num bairro meio irlandês, meio russo, meio libanês do sul do Brooklyn. No relógio da parede, vi que passavam das nove quando cheguei à cozinha e levantei o fone do gancho. Era o namorado afro-americano da minha colega de casa. Não saia, disse ele, alarmado. E me bombardeou com notícias de um ataque. Dois aviões. Duas torres decapitadas que ninguém pode esquecer. Eu estava em cima da hora para dar minha primeira aula. E talvez fosse seu sotaque ou minha dificuldade com o inglês de manhã, na época. Precisou me repetir. Estão fechando o metrô, já estão fechadas as estações de trem e o aeroporto. Ligue a televisão se não acredita em mim, e acorde a Niki, passe o telefone para ela. *Please*. Na tela havia gritos: as apresentadoras tinham perdido a compostura e invocavam Deus como se o amaldiçoassem. *Oh my God*, clamavam, vendo pessoas se lançando no vazio. De mãos dadas algumas, outras em voo solitário. Aquelas imagens logo deixaram de ir ao ar e a tela se encheu de outros comunicados: declarações oficiais, filmagens em vídeo, sapatos jogados entre os escombros enquanto eu mexia um café frio deixado havia dias sobre a mesa pela Niki. Vimos juntas a primeira torre virando pó: a segurança desmoronava e, da nuvem escura, emergia a paranoia absoluta. Àquela hora ainda não havia responsáveis confessos, mas começava-se a especular que "algum grupo terrorista árabe" estava se vingando de um país que sempre havia apoiado a causa israelense. Começavam a mostrar imagens de crianças-palestinas comemorando o golpe no meio da rua. A imagem estava cortada. Não se sabia o que estavam olhando nem diante de que erguiam seus punhos. A sequência era breve, mas se repetia intercalada com a queda das torres. As crianças. As torres. E as mesmas crianças com seus mesmos braços para o alto, seus rostos iluminados; atrás, a voz em *off* referindo-se a elas como cúmplices da eterna intifada. As crianças e a queda seguidas de um Yasser Arafat, a quem restariam três anos de vida, lamentando a tragédia. *"I'm shocked"*, dizia num inglês consternado, mas imediatamente voltavam as torres e as crianças árabes para desmenti-lo. Aquelas crianças transformadas em precoces terroristas foram os emissários de então. Naquela tarde, escrevi sobre elas para um jornal chileno, movida pela necessidade de colocar os fatos no papel. Vasculho agora os velhos recortes daqueles anos e leio de minhas mãos a cena de tevê e o que senti durante todo aquele dia. "Pensei na minha própria genealogia palestina, no meu próprio sobrenome no meio dessa batalha, na possibilidade de me tornar suspeita para uma comunidade de indivíduos que se unem no momento da catástrofe para reclamar seus direitos e exigir garantias de segurança contra esse suposto inimigo. Porque será preciso achar o avião e quem planejou o ataque, e vingar os milhares de esquartejados e queimados sob os escombros do império". Fico um tempo pestanejando diante do recorte. Tenho trinta anos quando o assino e mando a mim mesma como uma mensagem cifrada para o futuro. Sou, quinze anos atrás, minha própria emissária.

MOEDA PARA O ALTO

Jogo para o alto uma moeda mental: se algum convite me levar à Europa, esticarei até o Oriente por meus próprios meios. A moeda gira sobre si mesma enquanto penso em tantas subtrações. O retorno frustrado dos meus avôs. A negativa do meu pai. Minhas indecisões. O silêncio do mundo enquanto continuam subtraindo a terra dos palestinos. Todos os julgamentos em que tiveram sua voz negada. Uma história cheia de furos por onde escorrem os regressos e são cortados os vínculos, a vida. Somar algo a essa conta, penso. Retornar à Palestina. Tornar-me Palestina. Jogo outra moeda para o alto e ouço agora um som metálico: na minha caixa de e-mails chega um convite que me levará a Londres.

UMA HISTÓRIA COBERTA DE ÁRVORES

Hamza se apresentou no primeiro dia de aula como jordano, mas, ao descobrir a origem do meu sobrenome, corrige sua história: eu também sou palestino, um palestino nascido no exílio. Sorri satisfeito por ter encontrado alguém como ele. E como não conhece a Palestina, se a senhora pode entrar?, me pergunta, surpreso, num inglês tão perfeito que soa impostado. Um inglês tirado de algum livro. Digo a ele que a Palestina me enviou emissários, iscas, sinais, e agora um convite que me deixará na metade do caminho. Hamza me olha intrigado, sem entender que ele agora é mais um destes enviados e que cada menção sua se tornará um ponto no meu atlas. Uma anotação no meu caderninho. O motor de uma busca. Não deixe de ir a Yalo, Hamza deixa escapar. Yalo ou Yalu, acrescenta. No subúrbio de

Ramla, a cidade de areia. (Anoto Ramallah; depois, em cima de um mapa, entendo o meu erro.) Hamza me diz que a família de seu pai saiu de Yalo no mesmo ano em que a guerra impediu meu avô de voltar a Beit Jala, o ano em que Israel anexou aquele território e centenas de palestinos fugiram para a Jordânia. A família de sua mãe se exilara vinte anos antes, na primeira debandada, e nunca conseguiu retornar. Hamza diz isso com frieza britânica, embora entre as sílabas corra um frio na espinha do refugiado que mantém esta condição como forma de reivindicação. Filho e neto de deslocados políticos, Hamza se entusiasma com a minha volta porque voltar é o que foi negado à sua família desde que partiu; mesmo visitar lhes foi proibido após a primeira intifada, no final dos anos oitenta. Ele ainda não tinha nascido no primeiro levante, mas já carrega a herança de um exílio; sonha, me diz, não pode evitar, com aquela Palestina tão alheia e tão própria. Quero perguntar a que Palestina ele se refere, a que pedacinho daquela terra fraturada. O que tem lá, em Yalo ou Yalu, acabo perguntando a ele, sem saber o que mais perguntar. Nada, diz, não tem nada além de biografias truncadas e muros de pedra cortados rente ao chão. Em cima do que foi sua casa e a de tantos vizinhos, agora há um parque nacional. Um parque, ele diz, quer dizer, uma área protegida sob uma premissa ecológica onde aqueles palestinos, mesmo que pudessem retornar, não poderiam voltar a construir. Um parque onde a história ficou coberta de árvores. Ainda é possível encontrar ali as marcas do despejo, o cimento daquelas casas arrancadas com raiz e tudo. Porque as oliveiras, diz Hamza, continuam crescendo onde ficaram, seguem enchendo os galhos de azeitonas embora não tenha ninguém para colhê-las. Naquela tarde, esse garoto-quase-palestino vai embora e eu também vou embora para casa, para o computador, em busca daquele cemitério urbano que alguém no espaço virtual descreve como "terra de ninguém". Alguém responde que de ninguém, não. Que é terra palestina usurpada violando a legislação internacional, e outro alguém denuncia que o parque foi financiado por alguma endinheirada comunidade sionista canadense com o objetivo de apagar o passado. Ir a Yalo visitar a casa desaparecida de Hamza, penso, e vejo passar incêndios, terremotos, inundações e outros desastres naturais que marcaram as perdas palestinas. Essa desaparição, no entanto, foi construída. A obra dessa destruição fica girando na minha cabeça até que meu aluno volta, outra tarde. Traz agora a mensagem de sua mãe, da Jordânia. Uma dica culinária para quando eu for. A recomendação tem um nome que nunca ouvi e que soa, nos lábios de Hamza, como *loos* ou, talvez, *loss*, a palavra inglesa da perda. Mas *loos*, ou *loss*, em árabe significa amêndoa crua coberta com uma casca verde aveludada e muito grossa que se come sem descascar, com um pouco de sal e, talvez, azeite de oliva. Uma amêndoa que meu pai, devoto, como seu pai, desse fruto seco, tampouco identifica quando pergunto a ele. Nenhuma de minhas tias conhece. Anotarei essa palavra tal como soa na boca do garoto-quase-palestino. Semanas depois, eu a encontrarei num mercado de Belém, sobre um carrinho de metal, no meio de uma viela. Comprarei um pacote dessas amêndoas ásperas e as trarei de presente sem confessar a ele que achei impossível engolir o grosso fruto da perda recomendado por sua mãe.

MINÚSCULA BAGAGEM

Fazer as malas para essa viagem se transforma num longo despojar-se de bagagem. Deixo a mala aberta durante dias enquanto deposito ali dentro todas as minhas lembranças. Mas, à medida que a data se aproxima, o conteúdo começa a diminuir para dar espaço à imaginação do que virá. Escolho uma mala menor, mas continuo me despojando até restar apenas o indispensável, um pouco de roupa, algum presente, o breviário sobre o conflito que uma amiga me deu de presente após a queda. Olho a data. Setembro de 2002. Entram os livros que meu amigo-escritor encomendou. Entra, mas logo sai, um documentário enviado por uma alemã que não só morou em Beit Jala como foi professora da escola Chile. Volto a ver esse documentário caseiro e me pergunto se meu pai terá assistido à cópia que lhe dei. Recupero o e-mail da alemã-amiga-de-uma-amiga e escrevo para contar a ela que vou. Ela não me responde e eu entendo que devo fechar minha mala minúscula.

WHO ARE YOU

A viagem a Londres se aproxima e eu começo a sentir ataques de vertigem: quedas livres na incerteza. Minha tia-mais-velha manda meu pai me dizer que eu devo ir visitar aquelas tias distantes e levar um presente a elas. Que eu compre uns coletes de lã ou um lenço de seda, ou uma bolsinha que não pese na minha mala diminuta. Depois me pagará. Guarde a nota fiscal, insiste a conscienciosa filha-de-imigrantes que é minha tia-primogênita. E que eu ligue para elas o quanto antes, também manda dizer. Meu pai dita um número de telefone e pede, meticuloso, para eu repeti-lo. Soletro lentamente os algarismos dessa ligação e um pensamento me desconcerta: em que língua nos entenderemos? Em castelhano, obviamente, diz meu pai, porque Maryam morou uns anos no sul do Chile. Faz tempo, garante, mas alguma coisa ainda fala. Deixo o número em cima da mesa por dois ou três dias. Vai terminando um prazo que não me deixa alternativa. Obrigo-me a discar o número e perguntar por ela. Alô, digo. Maryam? Maryam, ouço feito eco do outro lado, e depois uma longa frase em árabe que poderia ser uma pergunta ou um canto fúnebre. Alô, repito, *hello*, repito, *english?*, e tento dizer *marjaba*, mas minha língua enrola. Repito: Maryam. Quem atende deve ser a outra irmã, que nunca esteve fora de Beit Jala, que não fala mais do que árabe, mas que me joga pedacinhos de um inglês um tanto engessado e me dá a entender, ou sou eu quem interpreto pelo sentido de seu fraseado, que Maryam foi ver um familiar doente e que voltará em algum horário, ou no dia seguinte. Faz-se um silêncio seguido de um lento *who are you*, e eu tento explicar a ela quem acredito ser. Há então um momento de agitação na linha, a convulsão de uma língua que tenta traduzir o que lhe digo e que, pressionada a dizer algo, começa a gritar a única palavra que tem a mão. Aaaaaaa! *Family!*, diz, num grande alvoroço, *family! family!*, e eu, sem saber mais o que dizer, respondo que *yes, yes*, e começo a rir porque há estardalhaço e há exagero e há confusão nessa palavra, e há também um enorme vazio de anos e de mar e de possível pobreza, mas, a cada *family* que ela grita, mais eu rio, dizendo *yes, family, yes*, como se tivesse esquecido todas as outras palavras. E nesse tiroteio telefônico não sei se consigo lhe dizer ou se ela terá compreendido que estou prestes a viajar, ou retornar, e que meu desejo é ir visitá-las.

III. PALESTINA EM PEDAÇOS

UMA VERDADE REVOLUCIONÁRIA

A cidade de Londres não passa de um túnel entre terminais. Não fico nem um minuto além do necessário: não admiro seus palácios, não me perco sob suas nuvens baixas, não me deito em seus parques: arrasto impaciente minha mala até Heathrow. Depois de dar algumas voltas, encontro a área isolada que em todos os aeroportos do mundo é reservada à companhia aérea El Al. Logo noto os agentes de segurança israelenses: são idênticos aos tiras da ditadura chilena. Os mesmos óculos escuros de aro metálico, o mesmo corte de cabelo militar, o mesmo jeito ríspido. O rosto seco. Antes de tudo, penso, enquanto me aproximo: não perder nunca a calma e dizer sempre a verdade. Porque a verdade é revolucionária, dizia Lenin, embora eu ouça esta máxima na voz teimosa de Diamela Eltit: outra escritora chilena descendente de Beit Jala. Desacelerando o passo, lembro que ela solta essa frase quando surge alguma verdade difícil, porém necessária. As perguntas têm início e a verdade começa a dar arrepios no agente. É um policial de cabelo muito preto que nunca aprendeu a sorrir, que com certeza desafina ao gargalhar e a quem ensinaram que, se uma mulher não viaja acompanhada, é porque alguma coisa está tramando. Dispara a primeira rajada: por que viajo sozinha. (Tenho uma resposta longa e outra bem curta, mas, na hora, não me decido por nenhuma e resumo erguendo levemente os ombros.) O que vou fazer em Tel Aviv. (Turismo, digo, mas esta obviedade não o convence.) De onde venho.

(Revira os olhos para a patética fotografia do meu passaporte e murmura Chile, pensando – posso ler nas rugas de sua testa – esse país de palestinos.) Há quanto tempo trabalho na universidade. (Um ano, arredondo.) Menos de um ano, corrige depois de mim, muito lentamente, como se contasse por dentro cada um dos meses. Mas você vive há bastante tempo nos Estados Unidos. E é verdade, já são muitos anos, mas também é verdade que acabo de conseguir permissão para trabalhar, e que, apesar de não viver no Chile, nunca pensei em me nacionalizar. Essa verdade se torna ainda mais espinhosa quando aparece entre meus documentos um visto alemão. Aqui, o branco de sua pele se desfigura e adquire um tom ligeiramente ocre. Ele franze a testa. Minha revolução, penso, vai de mal a pior: passei oito meses em uma cidade alemã lotada de turcos que ele com certeza imagina fundamentalistas, turcos regidos pela sharia. A verdade poderia se complicar ainda mais – e se complica – quando pronuncio o nome do bairro onde vou me hospedar. Começando a me descobrir culpada, digo que ficarei em Jafa, ou, se ele preferir, Yafo, a forma hebraica de chamar essa antiga cidade muçulmana ao sul de Tel Aviv. Yafo, corrige o israelense, levantando sua frágil sobrancelha de policial. E quem mora lá, é possível saber? A verdade, penso. A verdade. Um amigo-escritor, respondo, embora amigo seja um pequeno exagero, o jeito chileno de dizer que trocamos ideias numa viagem de três dias pela Alemanha e uma dezena de mensagens recentes. Mas, como se não me ouvisse ou me entendesse, pergunta em que trabalha esse meu amigo. Um escritor, desconfio, escreve romances, escreve crônicas de viagem, escreve colunas e contos, dá oficinas, com sorte ganha um prêmio e sobrevive por alguns meses. Não sei se meu amigo tem um emprego assalariado. Escritor que escreve, rosna asperamente aquela sombra de homem enrugando a testa, escritor, e arrasta o erre antes de chamar seu chefe.

MÁQUINAS SUSPEITAS

O supervisor repete todas as perguntas de seu subordinado e eu reitero com exatidão tudo o que já disse até chegarmos ao meu amigo-escritor-em-Jafa. De onde nos conhecemos. (Da vida inteira, digo, vagamente, lembrando o parágrafo em que meu futuro-amigo, a quem chamarei de Ankar, dizia: "Sobre seus receios: quando você entrar é possível que te façam perguntas antipáticas e revistem duas vezes suas malas, mas o ritual não passa disso".) Menos mal que meu iminente-amigo tenha sobrenome judaico. Mas onde ele mora, em que rua, insiste o chefe dos agentes, passando a mão pela bola de bilhar de sua cabeça. Entrego a ele o endereço que trago num papel, esquecendo que, junto com o nome completo do meu amigo, estão o de sua mulher e de seus filhos: todos indiscutivelmente árabes. Sobre o papel, vejo deslizar a falange, depois a meia-lua de uma unha muito polida, até que na ponta surgem todos eles, por escrito. O supervisor articula esses nomes como se pudesse, ao pronunciá-los, desativar sua palestinidade.

Depois estica o braço com o mesmo dedo manchado de árabes e me manda entrar na salinha dos fundos. O quarto escuro e temido de toda infância, mas também de toda migração. Vejo uma poltrona cheia de sacolas e de papéis, e algum cadarço de sapato assomando-se de baixo. Porcarias que os policiais se esforçam em tirar dali para eu me sentar. Fique à vontade, diz uma voz num inglês carregado do Oriente Médio. Junto à porta há um galão d'água que não se cansam de me oferecer. Repetidas vezes. Gelada ou natural?, me pergunta a agente de cabelo comprido que faz papel de simpática. Fico impressionada como se parece com a enfermeira do meu ginecologista judeu nova-iorquino, a jovem enfermeira que me fala da diabetes descontrolada daquele seu marido que acaba de presenteá-la com a estrela de David que traz no pescoço, a inofensiva estrela que eu fico olhando enquanto ela enfia a agulha e tira meu sangue. Gelada?, repete a policial ou a enfermeira, mas tanto faz a temperatura. Melhor gelada, ela decide, e eu não me oponho porque de repente sinto a boca muito seca e muito amarga e uma febre acusatória nas bochechas. Sei que poderia explodir se abrisse a boca, mas não há mais perguntas, por ora. Nem uma única pergunta dos cinco tiras que se revezam para me escoltar e me oferecer esse líquido que decido não aceitar. O pior seria querer ir ao banheiro e não ter permissão, enquanto eles se desculpam. *You understand we do this for security*, afirmam, ou perguntam intermitentemente, um após o outro, feito membros de uma seita. *Yes, yes*, eu digo, pois esperam que eu diga algo, qualquer coisa que não seja entender a *security* de alguém. Pergunto-me por que não se interessaram pela origem do meu sobrenome ou se planejo visitar os territórios. Respondo-me que não precisam perguntar o que já sabem. Então entra o supervisor, agachando-se um pouco para não bater a testa, e interroga sobre a mala e a bolsa que ele mesmo acaba de tirar de mim. Se são minhas, pergunta. Se trago ali dentro alguma coisa que poderia machucar alguém. A única resposta verdadeira, penso, é esta. Uma: a tinta das minhas canetas é tóxica. Duas: colocando a força necessária, meu lápis é capaz de atravessar um corpo. Três: o cabo do notebook em volta de um pescoço. Quatro: o computador lançado violentamente contra uma cabeça que, com a pancada, racha, espatifa. Perco a conta. Abro a mala mentalmente e encontro os livros que meu iminente-amigo-escritor me encomendou para seu próximo projeto: *On killing*, chama-se um de Dave Grossman, o outro é a biografia de um agente da CIA responsável pela guerra-contra-o-terrorismo. Sinto um suor frio. O supervisor volta à sua pergunta. Alguma coisa. Machucar. Alguém. Passo os olhos um momento pelos cantos daquela sala penumbrosa para mim, embora cheia de luz para eles, e baixando um pouco a voz, confesso murmurando. Trago peças para minha bomba de insulina. Entre essas peças há agulhas, agulhinhas. Mas o supervisor empaca na frase anterior ou não conhece a palavra *needles*. Que bomba?, diz. Ouço a adrenalina subindo como um apito por sua laringe. Boto a mão entre os peitos e tiro dali a máquina que me mantém viva. Puxo o cabo que a conecta ao meu corpo para que ele entenda que fora do seu campo de visão há uma agulha enfiada debaixo do meu umbigo. A cara séria do supervisor despenca e sobre seu pescoço não resta mais que o assombro e a sombra de uns pelos eletrizados. E isso?, me diz, enquanto tento uma explicação em inglês. Isso?, repete, sem me ouvir nem me entender, isso, o que é isso?

A CICATRIZ

A mulher-escritora-muçulmana do meu amigo-escritor-descendente-de-judeus vai achar divertido me ouvir contar as peripécias aeroportuárias quando eu finalmente chegar a Jafa, ou Yafo. Muito bem, parabéns, te reconheceram; você já é uma verdadeira palestina. Diz isso enquanto escolhe verduras para o jantar no armazém de um velho de quipá que toma sorvete de um jeito compulsivo, a língua entrando e saindo da boca com uma habilidade assombrosa. Saímos à rua carregadas de sacolas. Zima me explica que o velho é um homem muito amável, que nunca diferencia seus clientes. Não tem a boca cheia de classificações, diz. Judeus e muçulmanos, para ele, são iguais. E essa sua frase me leva de volta ao aeroporto e às evidentes distinções entre passageiros. Tenho a certeza de que nas horas que passei com os policiais fui mais palestina do que nos meus últimos quarenta anos de existência. A palestinidade que eu só defendia como diferença quando me chamavam de turca, às vezes, no Chile, havia adquirido densidade em Heathrow. Era uma cicatriz grossa, que eu agora queria alardear. Desnudá-la, ameaçar com ela as agentes que me fizeram baixar as calças, desabotoar a camisa, me virar, desconectar meu aparelho. Entregar a elas a cicatriz ao invés daquele artefato que pegaram com mãos enluvadas prometendo devolver imediatamente. Colocar a cicatriz junto com as pastilhas de açúcar que também trazia comigo, para emergências. Por que não experimenta uma, eu disse à especialista em explosivos, tem gosto de laranja. Mas depois pensei que essa marca não era só minha: naquela sala aonde acabavam de me trazer havia outros jovens morenos como eu, o cabelo crespo. Grossas sobrancelhas despenteadas sobre olhos de carvão úmido. Logo, uniram-se a nós duas russas platinadas de vestidos decotados e pretos, muito curtos sobre as pernas transparentes. Elas, que não portavam nossa cicatriz, tiveram de, como eu – como todos nós –, tirar os sapatos, que no caso delas eram botas de salto agulha. Era preciso descartar bombas nos pés daquelas mulheres enviadas para atrair namorados russos, ou clientes. São cada vez mais os russos que entram em Israel fazendo-se passar por judeus. Esse é outro problema da segurança israelense. Mas foi a palestinidade que acabou por me separar delas. O supervisor veio me buscar, e as russas, reconhecendo minha superioridade no perigo, acusaram o tratamento preferencial que me davam. *Lucky you!*, disse uma. *Special treatment!*, disse a outra. *Indeed*, disse eu, sem virar o rosto, afastando-me com o supervisor, que aproveitou nossa proximidade para advertir que eu não poderia entrar com nada além do passaporte. Levou o pouco que ainda tinha comigo e me deixou na porta do avião dizendo, com sarcasmo ou com alívio, *good trip, miss, be well*. E já dentro do avião, o cinto já afivelado, senti a comichão da cicatriz porque entrava de novo uma última agente. A mesma que havia me sugerido uma voltinha pelo *duty free* para me acalmar. Não me perguntou pelo *duty free*, ela sabia que eu, daquele aeroporto inglês, não vira mais do que a sala dos possíveis terroristas. Pediu que lhe entregasse o passaporte com minha identidade suspeita entre as páginas. Vi-a desaparecer pelo corredor. Os motores rugiam prestes a partir e a companhia aérea já começava a anunciar nas telas individuais. Uma voz sussurrava, docemente, sua propaganda. "El Al. Não é apenas uma companhia aérea. É Israel".

ANKAR OU MUNIR

É domingo e é de noite e eu ainda tenho que conseguir um táxi. Ankar me avisou em um e-mail que sua rua tinha acabado de mudar de nome. Alguns taxistas não a conhecem. Não tenho energia, esta noite, para me perder por uma cidade desconhecida onde não domino nenhuma de suas línguas. O taxista fala hebraico e russo, mas entende poucas palavras em inglês, e, neste idioma, me explica que sua filha sabe algo de espanhol: está aprendendo com as telenovelas argentinas que aqui são muito populares. (Os árabes, ouvirei depois, preferem as turcas.) Ankar disse que se eu demorasse no aeroporto talvez encontrasse todos dormindo. "É quase certeza", escreve, porque seus filhos começam o dia às seis da manhã e domingo é dia de trabalho. Que eu não toque a campainha. Que empurre com força o pesado portão da entrada. Encontrarei seu apartamento sem tranca e a cama feita – na verdade um sofá com lençol. "É provável que a luz da escada apague quando você sair do elevador no meu andar, se isso acontecer tem de apertar um dos botões ao lado da minha porta; não o botão vermelho que parece o da luz: esse é a campainha. Procure o outro, o branco". Memorizei isso sem me atrever a lhe dizer que não enxergo no escuro. "Espero não acabar a noite na calçada", comento em outra mensagem. Mas, apesar da hora e dos comprimidos que toma para dormir, Ankar não só está de pé quando eu chego como parece pronto para sair e dar uma volta pelo porto. Paramos para comprar cigarro e chocolate em uma banquinha que, a julgar pelas cervejas, deve ser cristã. Aqui em Jafa as banquinhas e as pessoas estão misturadas, diz Ankar. Em Tel Aviv não: lá, são todas judias. Aqui tem mais árabes, mas não os árabes originais, porque estes fugiram na primeira guerra e foram substituídos por outros, mais pobres, que chegaram expulsos de outras regiões. Tem também comerciantes prósperos, ou mafiosos prósperos, católicos e muçulmanos, que ficaram, mas perderam tudo. Os palestinos foram embora achando que voltariam em uma semana, mas não puderam. Suas casas ficaram abandonadas e muitas delas passaram para o Estado. Jafa agora está na moda entre a alta burguesia judaica. E entre intelectuais de esquerda, explica ele, um escritor-de-esquerda, embora mais à direita que esses intelectuais. Por estar no extremo da causa palestina, sofreu alguns tropeços. Mas ajuda o sobrenome do avô que fugiu dos nazistas austríacos deixando para trás os cadáveres frescos do restante da família. (Esse avô sobrevivente-do-holocausto saiu de Gênova, escolheu ao acaso um destino em castelhano e nunca mais quis retornar, nem quando lhe ofereceram de volta a casa da família cheia de fantasmas.) Para os padrões israelenses, essa cota paterna de judaísmo pesa pouco, e para a rua é um problema. Os árabes do bairro que jogam bola comigo, quase todos operários muçulmanos, diz, não me cumprimentam na rua por medo de alguém achar que estão compactuando com o inimigo. Ankar se enxerga judeu, mas por dentro é outra coisa. Uma questão religiosamente instável. Ankar neto-de-judeu foi criado cristão por sua mãe. Teve uma fase animista e outra sikh. Há alguns anos, aboliu todas essas religiões, convertendo-se ao Islã. O preço de me apaixonar por uma muçulmana, ele diz, revelando um sorriso misterioso no escuro. Depois, acrescenta que não foi difícil mudar de novo. Em nenhuma crença a conversão é tão simples como nesta, explica. Repeti uma frase de cor e pronto: agora sou muçulmano. Meu sogro me batizou como Munir, *aquele que recebe a luz*, traduz, apoiado num parapeito sobre o mar, que esta noite é um vão negro no horizonte. Dentro de algumas horas a noite se tornará dia da mesma maneira expedita com que Ankar se tornou muçulmano; mas agora é noite cerrada e, a esta hora, o porto se sente abandonado, moribundo. Isso aqui já foi um lugar vibrante, cheio de palestinos. Agora vemos bem poucos por estas bandas. De dia quase todos são israelenses ou turistas. Jafa foi ficando cara. Uma família de classe média como a de Zima não consegue mais comprar aqui. Essa é a maneira de mantê-los sem propriedade. O governo pode dizer que não impede a compra, mas o aumento dos preços é outra maneira velada de impossibilitá-la. Outra forma de expropriação dos palestinos.

VONTADE MUÇULMANA

Uma vontade muçulmana, a de sua mulher. Uma vontade ferrenha que me falta, sussurra Ankar, empurrando suavemente a porta que deixou sem chave. Não sei se quem fala é o Ankar de tantas crenças ou o Munir muçulmano, quando conclui: a religião não pôde com meus velhos hábitos indisciplinados. Sua mulher está dormindo desde as dez, mas já estará quase acordando quando voltarmos da longa caminhada. Ela se levantará para rezar (e lavar o rosto e as mãos e os pés várias vezes, como manda o Alcorão), mas, depois de orar os cinco minutos regulamentares (são apenas cinco, de madrugada, mas são minutos na água gelada, minutos afobados), se vestirá, passará muda junto ao sofá onde estarei dormindo, e, enquanto as crianças não começarem a chorar, ela se fechará para escrever no refúgio blindado que este prédio, bem como todas as residências israelenses, tem em seu interior. É a parte mais resistente do prédio, e, embora ali não tenha janelas, eles transformaram o refúgio em escritório para se blindar menos das bombas que das distrações. Há outro na rua, diz Ankar quando lhe pergunto o que pensam os vizinhos sobre a apropriação privada de um abrigo público. São os dias em que Israel ameaça o Irã com um ataque preventivo para deter a construção de armas nucleares, dias em que se temem represálias atômicas; está acontecendo outro bombardeio à cidade sitiada de Gaza e acabam de informar Ankar que não haverá máscaras de gás para Zima, nem para os pais dela. Só para as crianças e para ele. A explicação é que faltam os documentos de devolução das máscaras anteriores. Não podem entregar outras a eles sem esse comprovante. Portanto: se uma bomba iraniana ou síria caísse às cinco da manhã com a família inteira dormindo sem máscara, Zima poderia ser salva graças a seu confinamento no bunker da escrita. Não me decido se seria um ato de justiça poética ou divina, ou se seria uma maldição ela sobreviver sozinha e encontrar os outros asfixiados pelo gás entre os lençóis, as máscaras na mesa de cabeceira. Decido pensar que seria uma salvação merecida, a sua, pois o que motiva suas madrugadas e horas de confinamento é uma missão: concluir uma história que se propõe a ajudar outras muçulmanas a encontrar em si mesmas o segredo da integridade. Não nas regras fanáticas de certas correntes islâmicas, mas na fronteira difícil que ela habita como muçulmana casada, porém descoberta. Porque sair de cabelo solto e jeans é algo errado nos círculos mais fechados da fé. Zima não acredita que no véu ou na burca esteja o segredo da virtude. Que a honestidade possa se reduzir ao uso de um lenço em volta da cabeça. Há mulheres mantendo as aparências sem qualquer sustentação moral, diz Zima durante o café de uma manhã entre tantas. Alternando um inglês estudado e seu novo castelhano conjugal, ela fala longamente contra a hipocrisia, fazendo pausas para recobrar a entonação. Sim, assente, mordendo um pedaço de pão pita, hipocrisia, e fica me olhando, suspensa nessa palavra e nesse pedaço de pão, entre sentenciosa e resplandecente. E eu assinto a tudo porque entendo o que diz essa mulher que poderia ser minha irmã, que poderia ter sido eu. Assinto mecanicamente ao mesmo tempo em que rejeito essas vicissitudes religiosas que ela sofre. Não adianta eu negar ou aceitar sua crença, por isso também assinto: para não contrariá-la, para que não tente me convencer ou não consiga me tentar com sua fé; para não encurtar definitivamente a distância entre ela e eu. Sigo escutando-a em silenciosa atenção enquanto tento espetar uma bola de queijo que flutua, escorregadia, no azeite.

A CABEÇA COM AS DUAS MÃOS

As crianças saem para a escola ou para a casa da avó, que cuida delas, enquanto os pais trabalham. Zima diligente em seu escritório, de terça a sábado. Ankar na mesa do café da manhã todos os dias. Eu, tudo o que faço é zanzar pela sala atormentada pelo fantasma da cafeína. Mas não posso simplesmente sair para arranjar café ou me enfiar num café para curar a dor de cabeça, me avisa Ankar, os olhos espreitando por cima do computador. Mulheres não vão sozinhas às cafeterias muçulmanas, lembra-me, voltando a esconder os olhos. Recordo a casa de chá no Marrocos onde certa vez tentei pedir uma xícara de água fervendo cheia de ervas e não consegui mais que olhares masculinos; tive de lançar ao garçom umas quantas palavras atrapalhadas em francês para fazê-lo notar que eu não era uma muçulmana atrás de clientes. Eu mesma havia me disfarçado com um vestido longo e uma manta nos ombros para passar inadvertida nos mercados, para não atrair os vendedores ambulantes atrás de estrangeiros; mas minha camuflagem, de tão eficaz, saiu pela culatra na casa de chá. Agora coço a cabeça com as duas mãos: deveria saber encontrar um café israelense em um bairro árabe, mas não me acho capaz dessas distinções. Não sei se suportaria agora outros olhares suspeitos. Ankar termina o lento teclar de uma frase e faz surgir seu rosto inteiro ao fechar o computador. Talvez não fosse nada mau me acompanhar, diz ele, alongando o bocejo, e acrescentando: faz tempo que não tomo um expresso.

VILAREJOS ARRASADOS

Na entrada da rodoviária de Tel Aviv, um homem nos detém. Devo abrir minha bolsa para ele introduzir uma lanterna. Não se inclina para olhar o que trago ali dentro. Apalpa minha bolsa por baixo, como se calculasse o peso de uma mercadoria. Nessa rodoviária isso é tudo, mas na de Jerusalém será preciso acrescentar o detector de metais, os computadores, os guardas negros resgatados da Etiópia e amparados sob o lema igualitário que a religião concede exclusivamente aos judeus. Essa operação de segurança se repete com tanta frequência que, depois de alguns dias, ao menor sinal, mesmo em circunstâncias desnecessárias, abrirei minha bolsa para qualquer desconhecido parado casualmente numa porta. As sucessivas revistas logo deixam de me assustar, mas a constante presença militar me apavora. É ainda mais intensa aqui do que nos tempos da ditadura chilena: nossos milicos andavam armados até os dentes, mas não se misturavam com os cidadãos. Pareciam uma anomalia, uma raridade destinada a desaparecer. Aqui, são aceitos como uma necessidade de que poucos querem prescindir. Apenas com sua energia adolescente e seus coturnos, estes fardados sugerem que cada centímetro é um potencial campo de batalha. E nós subimos com estes recrutas pelas escadas rolantes da sórdida rodoviária de Tel Aviv. Faço fila com eles, que sempre vão em grupo. Alguns sem armas, outros portando metralhadoras muito velhas. Essa juventude militante pega o mesmo ônibus que nós, com cafés e doces nas mesmas embalagens de papel, olhando pela janela, à frente e atrás de nós, a mesma estrada lisa que nos levará a uma cidade que não é uma, mas muitas. Uma Jerusalém atravessada por um muro que em alguns trechos é de arame, que às vezes divide israelenses e palestinos e às vezes palestinos e palestinos de um mesmo bairro. Mas não chegamos às complicações de Jerusalém, não ainda. Seguimos todos juntos avançando sobre rodas, sobre o asfalto. Pergunto-me o que estarão vendo os recrutas lá fora enquanto Ankar e Zima me apontam o local de um dos quinhentos vilarejos arrasados à beira da estrada. O que se vê entre o capim são fileiras de cactos que viraram inúteis cercas de proteção. Ficaram ali, plantados e eternos, como um símbolo do que desapareceu. Espinhosos monumentos em torno da ausência. Nós os deixamos para trás sem esquecê-los, enquanto mantemos a única conversa possível: oculta entre línguas. Eles não falam castelhano, me garante Zima, num sotaque arrancado da América Latina e entrelaçado em outros três idiomas. E o que estão vendo, acrescenta ela, não é um judeu com duas possíveis palestinas, mas forasteiros passando do inglês para algo que não reconhecem e que desativa seu instinto de defesa. Turistas, pensam. Gente com quem não precisam se preocupar, assim como nós tampouco precisamos nos preocupar com eles. Adotamos o truque da estrangeirice e, já em Jerusalém, seguimos Zima: ela encabeça nosso passo entre a estação do oeste e a do leste. Entre ambas, um táxi caríssimo e outro abrir e fechar de bolsas em um controle de segurança. Na nova estação, encontramos a saída que indica Beit Jala e Belém, antes território de cristãos que, como nosso ônibus agora, está se enchendo de muçulmanos. A Cisjordânia tem, aponta Zima, a taxa mais alta de conversão do cristianismo ao Islã no mundo. O que diz muito sobre sua tolerância religiosa, afirma ela. Ou seu desespero, afirmo eu. Isso também, ela consente, sem virar a cabeça. Algumas mulheres lançam olhares alvoroçados para nossas cabeleiras. Também para elas devemos ser estrangeiras. Ou cristãs, ela me adverte muçulmanamente, e isso também é complicado, acrescenta, porque aqui os cristãos são poucos, mas são a elite dos palestinos. E sem dúvidas há tensão nisso, diz ela, mas depois não diz mais nada enquanto caminhamos entre mulheres completamente cobertas.

SEU SOBRENOME NÃO É MERUANE

Não sei o que esperava sentir quando me encontrasse com Maryam Abu Awad. Nós a esperávamos na Praça Chile de Beit Jala, debaixo da placa comemorativa sob o sol morno de março, ao lado de soldados que talvez fossem palestinos. Não sei se esperava ver nela um traço familiar ou ter um palpite, ouvir o badalar de um reconhecimento genético. De repente, alguém levanta a mão e atravessa a rua fazendo sinais. Nada. Nenhuma emoção, apenas desassossego: isso tudo poderia ser um erro. Essa mulher baixinha e quase velha poderia estar procurando uma sobrinha ou uma amiga que não sou eu. E agora essa mulher está me abraçando sem perguntar se realmente sou quem ela acha. O lado menos cético do meu cérebro me obriga a representar o papel para o qual viajei de tão longe e responder a esse beijo seu, a esse aperto, e acompanhá-la até sua casa. Seguimos um acesso por ruas laterais, nos embrenhamos por uma campina, depois por um descampado que corta caminho, mas que também compromete meu equilíbrio. Não o seu. Ela vai se queixando da velhice, mas com seu passo firme leva sobre mim uma vantagem humilhante. Eu vou mancando atrás, andar tanto em terra supostamente santa detonou meus calcanhares. Ouço-a perguntar com certa inquietude quem são aqueles meus amigos que nos seguem de longe: judeus ou muçulmanos? (Meu pai fez a mesma pergunta sobre Ankar, por e-mail, e após minha longa explicação, disse: "seu amigo, sem dúvida, deve ser uma exceção".) Desvio da pergunta de Maryam com outra que venho ruminando há meses: a pergunta por nosso sobrenome em comum. Intriga-me saber se há alguma conexão saariana ou argelina. Se houve uma tradução do árabe. Se Meruane não seria um nome como Maruan ou Maruani, transformado no precário processo migratório do começo do século. Maryam, que tem um Meruane depois do Abu Awad, me interrompe com aquele castelhano defasado dos já longínquos anos que passou no Chile: vocês não são Meruane. Apresso o passo com os calcanhares doendo e digo: como assim não somos Meruane? Não, diz ela, sem se abalar. Vocês são Saba. Sabaj?, pergunto eu, quase afirmando, Sabaj ou Sapaj, porque essa parte da minha família recebeu nomes distintos ao entrar no Chile. Não, não, repete e afirma: Saba. Os Sabaj são outros. E o que se segue é uma explicação genealógica ou clanológica feita num castelhano tão confuso como o que ela afinal não me conta. Nesse momento, interrompe o passo em frente a uma enorme casa de pedra e exclama é aqui, já chegamos. Mas eu não olho aquele enorme bloco branco na parte alta da cidade. Algo se agita na minha cabeça. Algo desmorona. Se não sou Meruane, então esta mulher que diz ser minha parente não é nada minha. Mas há algo ainda pior: se não somos Meruane, então, quem sou eu?

SENSORES DANIFICADOS

De repente aparece a irmã de Maryam e se joga em cima de mim, exclamando em seu inglês aflito: sei que é você e não ela! Me esmaga, afastando Zima do meu lado. Meu sangue me disse ao te ver! Seu inglês-palestino ofega na minha orelha, mas meus sensores continuam danificados. Não sinto nada além da alegria de alegrá-la e uma estranha inveja crescendo diante de seu êxtase. Agora estamos todos sentados na sala e eu não sei sobre o que falar com essa parte do meu passado que se tornou um incômodo presente. Maryam se adianta e me conta de sua mãe, sobrinha do meu avô. Conta dos negócios de seu pai nascido na Bolívia, mas retornado à Palestina, do seu período no Chile e de outras viagens que tenho dificuldade de gravar, porque vão se acumulando os deslocamentos e as datas, os nomes desconhecidos da minha família. Maryam me pergunta por outros Meruane. (São Meruane, penso, ressentida, por mais que ela diga que são Saba.) Mas como é possível eu conhecer mais Meruane que você, declara com assombro, como se fosse minha tia-primogênita me chamando a atenção, embora ela, a rigor, seja minha prima, uma prima distante e também mais velha. Tem razão: só conheço o clã mais próximo. Dos outros tenho uma vaga lembrança. De alguns, nem isso. Mas as explicações dariam trabalho demais e obrigariam a desenterrar todo um vocabulário. Maryam poupa-se desse esforço mostrando uma foto antiga dos meus avós ao lado do meu pai, de colete e gravata, e das minhas quatro tias de então, todas esplêndidas com seus penteados bolo de noiva. Meus avós no meio, ele careca e de bigode, ela severa, de vestido florido. Em vão, espero aparecer um álbum que alguém disse que devia existir nesta casa, pois meu avô mandava cartas e fotos que o outro lado da família devia guardar. Álbuns documentando nossos nascimentos, nossas infâncias, nossos tropeços. Mas aquele retrato é tudo o que há de nós aqui, esta única imagem em sépia e estas mulheres que a conservam.

CASAS COM CRIANÇAS

A conversa avança para o presente e se enche de queixas. Por que não vim com mais tempo. Por que não fico para dormir. Por que meu pai nunca foi visitá-las. (Olho para Zima, ela olha para mim e sorri, levantando levemente as sobrancelhas.) Surge a pergunta pelos filhos que não tenho ou que não tive, mas que deveria ter: casas sem crianças são muito tristes. Nem Maryam nem sua irmã as tiveram e não me parecem incomodadas. Digo isso a elas. Maryam responde que passemos para a mesa. Depois pensarei que essa aflição pela casa sem filhos urde outra angústia. Aqui se vive uma guerra reprodutiva e os cristãos que restam somam apenas três por cento. Lembrarei que Golda Meir, repetindo, já em seus anos de primeira-ministra, as palavras dos velhos sionistas, agradecia que Deus tivesse provido o povo judeu de uma terra sem gente destinada a ser povoada por eles. Lembrarei também que, por mais que isso de "uma terra sem povo para um povo sem terra" tivesse lá a sua graça, Meir reconheceria ter pesadelos com o galopante crescimento demográfico daqueles palestinos que sempre estiveram ali. Há quase tantos quanto judeus nestas terras. Multiplicar-se é uma ordem que os muçulmanos cumprem alegremente, enquanto os cristãos diminuem. Ficarei pensando na ausência de cristãos do futuro palestino a partir de algo que Maryam acrescenta, de repente. São maus, diz, através da mesa e do frango com amêndoas, da montanha de arroz branco, maus, ela repete, lançando um olhar confuso ao meu amigo-escritor com cara de judeu. Entendemos a quem se refere e ela sabe. E quer me explicar a que se refere, mas, cansada do castelhano, lança-se ao árabe e a Zima. Maryam entoa uma voz nova que nossa tradutora assume e verte apenas pela metade, titubeando. Maryam diz em árabe, Zima diz num castelhano que de repente soa impregnado de Chile (como se Zima tivesse sido contagiada por meu sotaque ou estivesse agora falando por minha boca), que o fim de Israel está próximo. (Ankar olha para nós duas de relance, como se não entendesse língua alguma.) Maryam insiste que foi um pregador com poderes premonitórios quem anunciou. Zima declara, injetando informação própria nessa tradução livre, que seu pai lhe dissera a mesma coisa, que em Jafa corre esse rumor. Muita gente, ela me diz sem se incluir, mas tornando-me parte desse dizer, muita gente acredita que Israel está se aproximando de sua extinção.

INSHA'ALLAH

Dão quatro horas e meus anfitriões anunciam que devem retornar por causa das crianças. Dão quatro e meia e Maryam anuncia que não podemos ir embora sem um presente para minha tia-mais-velha: nunca se perdoaria por não retribuir o que ela lhe mandou, por mais que aquele presente da minha tia passasse por suas mãos sem nenhum efeito. O que importa é a exata devolução do gesto. Dão cinco horas. Atrevo-me a insinuar que gostaria de ver a casa do meu avô antes de partir. Não dá tempo, diz Maryam, pulando da poltrona. Zima crava seus pequenos olhos negros no tapete. Deixa-se levar por Ankar, que tampouco me olha. A decisão está tomada, não há como revertê-la. Vamos às compras em Belém e depois podemos ir embora. E quando eu voltar com mais tempo, diz Maryam, e sua irmã assente, me levará àquela casa com galerias e arcos de meio ponto e varanda igual a esta. (Assim a imagino, mas logo descarto a ideia: Abu Awad era rico, meu avô era órfão.) A visita é adiada para a próxima vez e tenho medo que ela nunca aconteça, mas que o desejo de ver a casa do meu avô me deixe presa para sempre à possibilidade de Beit Jala. Além do mais, diz Maryam, seus pés estão doendo, você jamais poderia caminhar até lá. Desandamos então todo o caminho, ladeira abaixo, e eu vou reparando nas ruas e esquinas e no céu rosado, e, sobretudo, nos tetos das casas ao longe: talvez entre elas esteja a do meu avô. Pegamos um táxi amarelo-canário e seguimos para o mercado. Maryam insiste em comprar uma bolsa falsificada que minha tia não precisa: trato de dissuadi-la, mas consegue que eu aceite levar dois quilos de amêndoas e uma pasta de tâmaras que nunca me deixariam passar pela alfândega chilena. Compra para mim umas velas decoradas com letras árabes e um pacote daquela especiaria à base de orégano que aqui chamam de *zattar*. Maryam paga inclusive o saquinho de *loos* que acabará na boca de Hamza. Vejo que Zima olha a hora impacientemente e me despeço prometendo voltar logo, mesmo sabendo que talvez nunca o faça. *Insha'Allah*, responde ela, num sussurro triste que soa a mantra, *insha'Allah*, diz, *insha'Allah*, *insha'Allah*, até que deixo de ouvi-la e o que resta é a lembrança de sua voz.

CASA TOMADA

Semanas depois, minha tia-primogênita me perguntará, por telefone, se Maryam chegou a me contar da vez que ficou presa no segundo andar de sua casa. Vários dias impedidas, ela e sua irmã, de descerem. Os militares israelenses inspecionaram o primeiro andar em busca de algo ou de alguém que não puderam encontrar, e ficaram dias esperando que alguém ou algo aparecesse. Fizeram um esboço do interior da casa, tiraram umas quantas fotografias, olharam as pessoas posando em preto e branco dentro das molduras e tomaram nota de seus rostos. Talvez tivessem uma informação errada ou simplesmente estivessem fazendo aquelas duas irmãs solteiras e já de idade saber que elas e seus pertences estavam sendo fichados. Que a presença militar em Beit Jala era inexpugnável. Que a qualquer momento eles podiam voltar. Não lembro o que mais Maryam me contou, diz minha tia, não mencionou nada a você?, insiste, ansiosa, esperando a confirmação desse relato que fora deslizando por sua lembrança. Paro para pensar, do outro lado da linha. Não, digo a ela, nosso tempo ficou curto. Assim que desligamos, no entanto, volta muito nítida aquela frase de Maryam, são maus, volta seu olhar assustado, são maus, e eu descubro o sentido daquele sussurro acusatório cruzando a mesa, maus, passando por cima do frango com amêndoas e o arroz, maus, muito maus, e entendo que ela estava revivendo a cena da fome e da impotência e do terror em sua própria casa. Sem me dizer nada, ela estava me dizendo.

OLHAR O MAR

O ônibus que nos traz de volta de Beit Jala mantém os motores ligados enquanto descemos, um por um, e fazemos fila cercados de recrutas. Quinze ou vinte minutos naquele deserto militar conhecido como *checkpoint*, respondendo perguntas e mostrando nossos documentos. Agito em uma das mãos o passaporte chileno do qual, alertada por Ankar, acabo de retirar a etiquetinha vermelha e numerada que, acabo de descobrir, comprova minha alta periculosidade. Na outra, a direita, agito meu *green card*. É essa mão que se estica até o soldado enquanto a canhota esconde o passaporte. Começa a anoitecer quando deixamos o segundo posto de controle. Tivemos sorte, diz Ankar, poderiam ter sido mais. Mais paradas e mais longas e mais complicadas, se alguém tivesse aparecido em alguma lista. Muito mais tempo. Por isso precisávamos sair cedo, se desculpa Zima, e baixando o tom da voz acrescenta que o *checkpoint* é um muro móvel onde Israel nos lembra de sua soberania sobre os territórios palestinos, que esse controle faz parte de uma política sistemática de assédio. Atrasa a viagem dos palestinos a Israel e dentro do que resta do território deles, mas ainda mais grave é a construção de muros de concreto, de estradas particulares para os colonos, de assentamentos que irrompem e interrompem a continuidade do território palestino e a união entre povos vizinhos. Nosso mapa está mediado pelos assentamentos e nossas cidades se tornaram espaços sufocantes dos quais é difícil sair. Até mesmo para ver o mar, acrescenta Ankar. O mar, repito, lembrando de repente que os cisjordanianos não têm mais litoral e que Tel Aviv foi construída à beira do oceano. Lembro que a mulher sentada ao meu lado no avião não entendia como eu não tinha colocado roupa de banho na mala: nunca pensei no mar. Não me aproximei para olhar a praia. Às vezes, Ankar continua falando sem reparar no meu assombro, em certas ocasiões, alguma família consegue sair da Cisjordânia e se aproximar para olhar as ondas. São casos raros, diz ele, pois os palestinos são mantidos presos dentro de seus territórios. E supõe-se que os israelenses também não podem entrar nessa área: poderiam ser atacados, e uma vítima judia é uma grave questão diplomática, um assunto que poderia detonar uma guerra. Não podem entrar porque poderiam ser ativistas de esquerda, e isso é ainda pior. Só que os israelenses entram, explica Zima, entram o tempo todo, para comprar, porque tudo aqui é mais barato, e entram para ocupar terras que depois reivindicarão como suas. Também são mais baratas, exclama com ironia. Ankar olha para Zima com receio, Zima olha sobre meu ombro por um momento e imediatamente se cala.

ENROLAR-SE EM UM VÉU

Compro um véu, embora Ankar tenha me dito que não é necessário. "Aqui as mulheres que querem usam e as que não, não", escreveu-me em alguma de suas cartas. "No meu casamento havia desde burcas integrais até decotes de enlouquecer, e, em muitos casos, eram de irmãs ou primas. Na Cisjordânia é possível que você se sinta mais confortável com o véu. Zima às vezes usa quando saímos atrás de crônicas. Mas não porque alguém diga que você deve usar, e sim porque aqui os homens estão menos acostumados a ver mulheres descobertas do que do lado israelense. Sem véu, chamará mais atenção. Você decide. De qualquer forma, caso queira um véu, te recomendaria comprar um *hiyab*. Se a ideia é parecer uma local, e não uma correspondente da BBC, é melhor comprá-lo aqui". Faço isso. Por cinco shekels arranjo um véu preto e o enrolo no pescoço, à francesa. Paro numa esquina e espero o sinal abrir. Sinto um toque de mão por trás, na verdade um dedo sobre meu ombro e uma voz que formula uma pergunta que eu não entendo. Nem mesmo poderia afirmar que língua é, e sem olhar muito eu respondo, em inglês, desculpe, não falo nem árabe nem hebraico. A mulher que fez a pergunta me olha com espanto. Árabe? Não deve ser árabe, ela, pela cara que faz quando diz esta palavra. Árabe?, em inglês, com horror, mas quem está falando árabe aqui? Alguém ao lado murmura algo em seu ouvido, suponho que em hebraico, pois falam entre si e seus rostos se contraem. A acompanhante me diz que a outra, que havia perguntado, queria saber a hora. Pensou que a senhora era israelense, isso aqui é Israel, me diz. Enganou-se, eu digo, não sou israelense e não sei a hora. E, desenrolando meu véu do pescoço, começo a enrolá-lo em volta da cabeça.

CÂMERAS ENTRE FARPAS

Eu deveria achar extraordinárias as quatro partes da cidade velha, seus mercados judeu, armênio, cristão e muçulmano deveriam me entusiasmar. As guias alardeiam que a antiga cidade murada é inesquecível e eu procuro algo especial nela, algo que deixe marcas na minha memória transeunte. Caminho por suas vielas apinhadas de seguidores de todas as crenças e de objetos de várias tradições. E pechincho com algum comerciante que sem dúvidas me cobra o dobro do preço de um coxim. E desço escadas que irradiam uma beleza matizada e caótica, e me perco em templos e corredores de pedra ou de pano até encontrar a luz de um céu aberto, e o que vejo me impressiona. Uma construção precariamente equilibrada no topo de uma pedra da cidade velha. Uma casa ou guarita alambrada: uma visão impossível. Volto ao mapa, repenso meus passos; busco coordenadas e as encontro. Este é o setor muçulmano. Mas o que faz aqui esta construção protegida por arames farpados, guarnecida de câmeras de vigilância, de bandeiras brancas com estrela azul? Aponto minha pequena câmera e disparo uma foto cheia de cor: esta é a imagem que não devo esquecer jamais.

CRIANÇAS INDISTINTAS

Esta cidade é Jerusalém. Esta é a escola Max Rayne. Este judeu que surge à porta se chama Ira e não é o diretor, mas o funcionário de uma organização que apoia as cinco escolas integradas de Israel. Ankar e eu viemos conhecer essa instituição excepcional que acolhe crianças árabes e judias para oferecer a elas uma educação bilíngue e multicultural. As janelas da escola dão para uma linha de trem que funcionou até 1967 como linha de fronteira. O deslocamento dos limites, a expansão da soberania israelense após aquela guerra deixou a via sem uso e permitiu a união do pitoresco bairro árabe de Beit Safafa a Israel. Esse bairro cheio de árabes cresceu dramaticamente: assim diz Ira, que é alto e magro e nada irado, e que fala com perfeito sotaque norte-americano durante nossa visita pelas instalações. Fala-nos com energia e entusiasmo quando destaca a contribuição da escola nos esforços pela paz futura. Alguns dos alunos que o escutam não parecem tão convencidos, mas Ira é inabalável em sua convicção. É impossível arranhar seu discurso com nossas inquietações. Primeiro, alega que as crianças são indistintas: ninguém poderia afirmar a que tipo de família pertencem. Depois, alega que a ideia de que os árabes são mais escuros que os judeus nem sempre é correta. Sucessivas alegações: as crianças parecem e se vestem iguais, escutam a mesma música, leem as mesmas revistas. E aprendem as mesmas línguas, incluindo o inglês: é neste terceiro idioma que elas falam com a gente quando Ira as convida a fazer suas declarações. O que as diferencia, acrescenta Ira sem sorrir, é o time para o qual torcem. E a religião, corrige Ankar. A religião, assente Ira, mas gozam dos mesmos feriados religiosos. Ainda que em versão reduzida, pois são muitos e longos. Mas deve haver alguma outra diferença, e não poucas tensões entre elas, sugiro eu, pensando nas habituais crueldades da vida escolar. Ira reflete um momento e aceita que existam. São estas:

os árabes conhecem melhor os judeus do que os judeus a eles. Sabem mais de sua cultura e de suas tradições e de sua religião. E aprendem melhor e mais rápido o hebraico do que as crianças judias o árabe. Por mais que os dois professores em cada turma falem seu idioma sem recorrer à tradução, os árabes estão mais expostos à língua dominante. E quando um colega judeu se aproxima, a boa educação os obriga a passarem àquela que todos falam melhor. Além disso, enquanto a totalidade dos tutores fala hebraico, somente alguns pais judeus sabem se virar em árabe. Estes pais querem que seus filhos conheçam os árabes, cresçam com eles, e, apesar das diferenças (Ira me lança um olhar de reprovação), acabam virando amigos. E os pais (israelenses de esquerda, políticos, jornalistas do *Haaretz*, intelectuais) também fazem esse esforço. Querem quebrar preconceitos e estereótipos, querem entender os outros e criar comunidade. Ser parte da solução, não do problema. Mas não é fácil, isso Ira também reconhece quando consegue se libertar do homem-relações-públicas que traz dentro de si. E não adianta nada ambos os lados se mostrarem como vítimas, diz, levantando a mão para cumprimentar um professor que passa por ele depressa, sem parar, como se fugisse. Estamos tentando sair dessa situação criando um clima diferente, diz, e acrescenta: deixando de ver as pessoas como representantes do governo ou como representantes do Hamas. Tentando ver cada um pelo que é como indivíduo. O que nós impomos aqui não é que as pessoas estejam de acordo. O que exigimos é ouvir e respeitar o próximo, mesmo quando houver discórdia. Impusemos muitas regras: não se pode usar apelidos difamatórios, nem xingar ninguém. É preciso aprender a falar e discutir sobre os fatos. Deve ser a hora da troca de turno: ao nosso lado passam várias crianças correndo, indistintas. Ira as vê se afastarem. Nós, ao lado dele, as vemos desaparecer no umbral de uma porta que se fecha. Ira limpa a garganta e nos conta que, quando os alunos voltaram das férias depois da última guerra em Gaza, a escola os reuniu durante três horas para discutir o assunto. Uma coisa surpreendente aconteceu, afirma Ira, se preparando para nos impressionar. Nem todos pensavam a mesma coisa nem pensavam da maneira esperada. Algumas crianças-judias se opunham às ações do governo, dizendo que não estava certo o que fazia. Algumas crianças-árabes se perguntavam o que o governo podia fazer, se era atacado com mísseis desde Gaza. Permaneço um tempo perplexa com a possibilidade das histórias invertidas. O efeito é quebrado pela criança que se aproxima de nós na saída da escola. Questionado por Ira, esse menino árabe abandona o *script* para nos contar sobre as mensagens de ódio que apareceram dias atrás nos muros da instituição. Contra a escola, diz o menino, contra nós, alunos árabes. Ira o interrompe para garantir a nós e a si mesmo que aqueles rabiscos não tinham nenhuma relevância. Ira o manda de volta à classe, mas o menino árabe insiste nos detalhes, de novo, as mãos passando nervosas pelo peito como se quisesse ter certeza de que seu corpo está ali, presente.

NUMEROLOGIA

Uma situação tão extrema como a que se vive aqui não permite meios-termos. Zima me garante, no entanto, certa noite, que, apesar de todas as dificuldades, está feliz de ter nascido aqui, de estar trabalhando pela convivência aqui, de estar criando seus filhos perto de sua família. Mas permanecer a põe em dúvida. Para os israelenses, diz Zima, palestinos são os que vivem em Gaza ou na Cisjordânia, não os que moram como minorias dentro de suas fronteiras. Nós, para os sionistas, somos árabes, e, para os moderados, somos árabes-israelenses que devem lealdade a Israel. Essa situação os coloca em confronto com os palestinos-de-fora, que os acusam de ter se aliado ao inimigo. De ter vendido a eles suas terras. De se beneficiar de certa ajuda do opressor. De ter traído a causa. Zima confessa que antes ela também via traidores em todos os palestinos. Nos que fugiram durante a catastrófica *nakba* de 1948 – cuja comemoração, no mesmo dia da independência de Israel, é proibida. Nos que negociaram a paz para manter suas casas. Por exemplo, os drusos, diz Zima, que, além de serem muito lindos (seus olhos brilham quando diz isso), só se casam entre eles e mantêm um livro secreto que ninguém mais pode ler. A mesma coisa com os beduínos: também negociaram. Enquanto lava os pratos e panelas e todos os copos sujos do dia, Zima diz ter compreendido com o tempo que sua família não havia traído: permanecer é continuar marcando a presença de uma cidadania palestina que os israelenses tentam negar. Faço parte de uma minoria oprimida, sou uma palestina-48, anuncia, e aqui começa minha confusão numerológica. Se os palestinos-48 são os que ficaram, como são chamados os que partiram? Todos os que foram embora recebem o nome de refugiados, diz, e seguem um estatuto intermediário: não podem adquirir cidadania estrangeira sem perder seu direito de retornar, mas, se não retornarem, estarão para sempre em um limbo. Esse limbo de pobreza e repressão em que abundam as promessas de liberdade em troca de violência. Então quem são os palestinos-67, os que ficaram ou os que fugiram na guerra dos Seis Dias? Os que ficaram dentro da área anexada por Israel em 1967. Espero Zima terminar de lavar a louça para perguntar o que meus avós seriam. Zima fica um tempo pensando. Dentro deste contexto..., ela tosse, começa a secar os copos, esses palestinos... não sei se contam. Não sei se existem... já passou um século, me diz, hesitante, mas alguma categoria deve haver! Acho que podemos considerá-los refugiados, mesmo. Não, Zima, digo eu, contrariada por esta palavra. Considerar meus avós como refugiados seria banalizar uma condição completamente adversa, vidas deslocadas e obrigadas a não desistir nunca. É verdade, diz Zima, mas é importante não esquecer que a maior comunidade de refugiados do mundo é a palestina. E que a condição de refugiados para os palestinos, e só para eles, para nós, é hereditária. É importante defender esta herança, não porque todos estejam sofrendo, mas porque foram deslocados por circunstâncias históricas. O que importa é não perder a possibilidade do retorno. Reivindicá-lo.

Decidir voltar e ficar..., diz ela, intensificando o olhar sobre mim. E ajeita uma mecha crespa atrás da orelha, e eu ajeito a minha como se diante de um espelho. Imagino-me dizendo as mesmas palavras se tivesse nascido neste canto violentado do mundo. Porque esta poderia ser minha vida. Com ou sem filhos. Com ou sem terras. Ou armas.

MUROS DE GAZA

"Gaza é uma grande prisão ao ar livre, cercada de muros de concreto intercalados por torres de vigilância e arame farpado, vigiada por ar, mar e terra. É o território mais densamente povoado do mundo, e muito pobre", me respondeu Ankar em uma mensagem de fevereiro quando lhe perguntei sobre a possibilidade de entrar na cidade. "É praticamente impossível, a menos que você venha com autorização especial de uma missão internacional com lealdade comprovada a Israel, ou a menos que tenha muitos contatos no Exército, do lado de fora, e um familiar doente em risco de morte, do lado de dentro. As frotas de ativistas do mundo todo são uma das duas únicas formas de entrar e levar comida, remédio ou materiais de construção (embora correndo risco de um ataque do Exército israelense, que é quase como um ataque do próprio Deus). A outra forma é ir ao Cairo, viajar até a fronteira, pelo deserto, e passar correndo por um posto de controle como se você fosse uma mulher de Gaza sem documentos.

Mas aí o risco dobra, porque há dois exércitos não coordenados guardando a fronteira: o egípcio e o israelense. Algumas ONGs importantes com sede em Tel Aviv e relações com os Estados Unidos e não muito de esquerda conseguem passar alguns de seus membros, mas muito de vez em quando. Entrar assim tão rápido e sem justificativa firmada e carimbada eu acho impossível". Não deixei que a mensagem de Ankar me desanimasse. Contatei uma representante do Unicef. Pode esquecer, me disse num e-mail, mas me convidou a Ramallah. Uma ativista italiana me confirmou que havia se tornado "extremamente difícil, e ultimamente bem poucos conseguiam. Entrar em Gaza pela passagem de Rafah é mais fácil, mas, ainda assim, muita gente espera dias e tampouco consegue". Bati em outras portas, mas Gaza parecia fechada com cadeado. A chave havia sido engolida por Israel e estavam bombardeando os palestinos presos lá dentro. Bombardeando-os outra vez: numa intensificação de sua política de lento estrangulamento, Israel agora lançava toneladas de morte sobre eles. Era como se quisesse limpar o terreno antes de abrir a prisão. Como se fosse preciso fechar a entrada para que ninguém visse o horror da vida e da morte entre seus muros. Depois seria tarde, pensei, quando já não restasse nada, quando já não houvesse ninguém para contar como havia sido resistir ali dentro.

A QUEM TEMER

Não devem ter mais de vinte e cinco anos e são norte-americanos. Alan é judeu. Anne é apenas uma ativista sem crença religiosa, mas politicamente comprometida. Ambos trabalham com uma multidão de palestinos e israelenses contrários à integração proposta por certos setores e a favor da convivência entre dois povos distintos, em que ninguém seja forçado a abrir mão do que é seu nem do direito de protestar. É Zima quem me fala deles, Zima quem faz o contato, Zima quem me acorda naquela manhã e se despede de mim com bênçãos islâmicas enquanto Ankar ainda dorme. Não preciso mais de escolta nesta sexta-feira, a última do mês: o dia em que os ativistas levam pessoas a lugares que bem poucos querem visitar. Um tipo estranho de turismo, o da dor alheia, que, vista tão de perto, acaba se tornando própria. Antes de sair de Jerusalém, nós, os dez inscritos, preenchemos uma pesquisa anônima que repetiremos ao final, sabe-se lá para provar que tese ou com que fins estatísticos. Recebemos, em seguida, uma folha de papel com informações que devolveremos mais tarde: a verba é mirrada. Esse papel é imprescindível: durante o trajeto eles não poderão nos contar sobre o que há dos dois lados da rodovia. Teremos de identificar, observando e adivinhando, as referências ali apontadas à medida que elas surgem no caminho. Uma: o túnel pelo qual os palestinos não podem circular. Duas: o muro de concreto que não apenas separa Israel dos territórios como também os divide. Três: as construções de telhado vermelho que distinguem os controversos assentamentos de Gush Etzion das outras casas palestinas. Quatro: Al-Arroub, o campo de refugiados na ladeira de um morro, numa curva do caminho. E a quinta da lista: o enorme assentamento de Kiryat Arba na entrada de Hebron: nosso primeiro destino. Nesta rodovia só podem circular israelenses, e neste ônibus à prova de balas viajam principalmente colonos. O inglês não me serve de refúgio porque muitos colonos vieram dos Estados Unidos. (Era do Brooklyn, agora que me lembro, Baruch Goldstein, o colono que em 1994 metralhou pelas costas 29 palestinos enquanto rezavam e depois foi espancado até a morte pelos sobreviventes.) É com esses colonos israelenses ou *made in USA* que descemos em uma parada deserta. Está chovendo a cântaros e esqueci meu guarda-chuva. Junto-me aos outros nove pseudoturistas para me proteger dos pingos enquanto recebemos um breve resumo dos acontecimentos históricos na região. Esperamos a chuva diminuir um pouco, mas não diminui nada e não podemos mais perder tempo. Vamos descendo por uma estrada de terra escorregadia. O Exército israelense desce também veloz em seus tanques, levantando água e barro à nossa volta. Um soldado empunhando uma carabina faz sinal do último andar de um prédio construído pela metade: o concreto pelado, os ferros nus, o soldado lá em cima. Grita para nós e agita os braços, mas nossos guias não param e eu apresso o passo, assustada. Metros adiante sai a nosso encontro uma tropa de crianças árabes gritando frases que tampouco entendo. A quem devemos temer aqui, pergunto para a Anne quando finalmente a alcanço: os palestinos ou o Exército? Baixando a voz e dirigindo-se a mim, lança uma pergunta seguida de resposta: para sua segurança imediata? Os colonos.

HEBRON NÃO TEM NOME

Outra cidade dividida, Hebron. Na única barraca árabe aberta, nos oferecem um teto para a chuva e chá fervendo. Sentamos para ouvir um muçulmano autorizado a mostrar a parte antiga desta cidade administrada por Israel. Nosso guia fala com sotaque e entre goles de chá, mas fica difícil acompanhar o que diz porque a declamação estentórea do Alcorão proveniente da torre da mesquita de Ibrahim ou Abraão cobre sua voz. Ele também às vezes perde o fio da meada, distraído pelo imperioso chamado de Alá pelos alto-falantes. Aproxima-se a hora da oração, diz, acelerando as palavras em breves jaculatórias. Sob a melodia da convivência pacífica pregada por nosso guia, vão surgindo dados perturbadores. Há cinco assentamentos prestes a ser incorporados sob a proteção do Exército israelense. E embora haja apenas quinhentos colonos entre duzentos e cinquenta mil palestinos, são eles que detêm o poder. No caso hipotético de um colono e um palestino atirarem pedras um no outro, o colono responderia perante a lei civil, enquanto o palestino seria julgado como *terrorista*. O Exército prenderia o palestino, mas não o colono, porque o colono teria de ser preso pela polícia, e aqui não há polícia. Apenas exército. Apenas soldados. Quatro para cada colono: para protegê-los. Colonos e militares mandam na parte antiga, e a mantém bloqueada aos palestinos. Reparem no vazio da cidade, diz o guia. Não há ninguém. Não vemos nunca os colonos, mas eles se impõem sobre nós. O guia levanta da cadeira para nos mostrar o que logo constataremos: que as ruas são vias estéreis: estão fechadas para os palestinos. Ir, para eles, de uma esquina a outra, pode implicar um desvio de doze quilômetros e de horas de detenções arbitrárias. Vazio ficou também o mercado: antes vielas apinhadas de gente, agora becos desertos, uma sucessão de barracas cobertas com tapume e trancadas com correntes. Para evitar roubos, adverte o guia, depois acrescenta solenemente: é o que dizem os israelenses. Levantamos da cadeira, largamos os copos já sem chá. Deixamos o guia para trás e começam as comprovações. Subimos a ladeira usada pelos vinte e cinco palestinos que ainda vivem aqui. Na falta de uma autorização para andar pelas ruas, e porque a entrada de suas casas foi interditada, precisam transitar pelos telhados ou trepar nas janelas de trás para entrar em seus lares. Lá em cima, pelo cascalho escorregadio e por degraus quebrados, vamos seguindo caminho. Lá embaixo vai ficando a rua asfaltada e aberta para os colonos. Já não ouvimos a voz de Alá quando chegamos ao cemitério, agora atravessado por uma estrada de terra. Com o fechamento das ruas e o aumento da fiscalização, estes escassos palestinos são obrigados a cruzar o campo-santo. Cortá-lo em dois, caminhar sobre seus mortos: uma enorme falta de respeito para os muçulmanos, conforme explica Alan. Uma forma de profanação, completa Anne. E é nesta parte do caminho que se revelam arames farpados, bandeiras, câmeras. Alan nos indica que lá, no bunker que coroa o assentamento Tel Rumeida, mora o colono mais radical, que traz no carro um adesivo incentivando o ódio e incitando a violência: "Eu matei um árabe, e você?" Esta é também a região onde pululam as pichações que logo nos mostram. Pichações legíveis para nós, pseudoturistas, que temos o inglês como língua franca. Nos territórios ocupados, diz Anne, essa língua estrangeira é a única coisa que todos, nós e eles, temos em comum. Paramos diante de uma e eu leio, perplexa como todos, a frase escrita pelos sobreviventes-do-holocausto ou por seus filhos ou netos: "Árabes para as câmaras de gás".

DESPERTAR

É pelo lado palestino de Hebron que passarão para nos buscar. Enquanto esperamos a caminhonete, cai de novo o maior toró. Entro debaixo do guarda-chuva de Alan. A essa distância é difícil não se distrair com o tamanho impressionante dos seus cílios loiros, com seus olhos brilhantes. Aproveito a proximidade para lhe perguntar por que está aqui, como chegou a este lugar. Ele abre ainda mais os olhos e me diz, resignado, que, antes, foi sionista. Sionista, repito mentalmente, depois em voz alta. Sionista. Que tipo de sionista?, digo, sem sair do meu espanto. Sionista daqueles que querem expulsar todos os palestinos de suas terras, daqueles que acreditam que Deus lhes concedeu direito exclusivo sobre elas. Ficamos em silêncio olhando as gotas finas como alfinetes afundando nas poças. Alan sorri um tanto incomodado e acende um cigarro. Fui criado desse jeito, em Chicago, e de longe essas convicções eram fáceis. Mas vim a Israel e vi o que estava acontecendo, e então despertei.

O NAMORADO DISSIDENTE

Divido o assento com Una, que veio a este tour tão só quanto eu. Una chegou há um ano para lecionar inglês e ficou porque Israel oferece oportunidades que ela não teve nos Estados Unidos. Oportunidades, diz, e sorrindo incômoda acrescenta: angústia e trabalho. Há situações de injustiça em todos os lugares do mundo, diz, como se eu estivesse lhe pedindo explicações. Aqui, pelo menos, sempre se fala disso. Não tem como abstrair. A situação te obriga a tomar posições. E qual é a sua, pergunto, para perguntar algo a Una. É melhor evitar supor posições alheias. Mas Una não tem uma posição neutra nem totalmente própria; sofre, alega, uma espécie de contágio ideológico. É seu namorado quem nasceu aqui. Seu namorado que desertou do serviço militar. Una não tem certezas: o ativista é o namorado, não ela. Una explica a posição do namorado. Ele poderia ter inventado alguma desculpa, um impedimento físico, diz Una, poderia ter alegado estar ruim da cabeça. É o que os desertores costumam fazer para evitar o serviço, mas não ele. Negou-se ao serviço argumentando que não *conseguiria* fazê-lo. Não disse: não quero. Disse: não posso. Um objetor de consciência, penso, reduzindo sua longa explicação a uma categoria, enquanto Una conta que o tempo que deveria estar no Exército ele passou em tribunais, defendendo sua desobediência. Na universidade, montou uma associação com árabes que acabaram se tornando seus melhores amigos; quando eu o conheci, continua Una, ele estava tão envolvido nisso que não havia espaço para mais nada na sua vida. Inclusive emocionalmente. Por remorso?, pergunto, mas minha pergunta soa acusatória a Una. Muito, muito remorso, ela diz, pensativa, e fica um tempo olhando a paisagem embaçada, a janela opaca que depois limpa com a manga da blusa. Para ele, era muito difícil lidar com essa situação de injustiça, diz em seguida, insistindo sempre no tempo pretérito. E ele não fala, segue Una, passando para o presente, mas sabe que só indo embora daqui poderia recuperar uma parte de si mesmo. Porque, continua ela, pensando nele, prisioneira de uma trama emprestada que se tornou própria, e se você não quiser mais estar o tempo todo metido em política?, se quiser fazer outras coisas, simplesmente viver um pouco, simplesmente ter uma vida?

CHAVE GIRANDO

A chave anda girando pelo mundo. A chave de uma porta, de uma casa, de uma vila, de uma cidade, de todo um povo. Uma chave enorme para a qual não existe fechadura. O símbolo do direito ao retorno, anuncia Anne ao lado da placa desprovida de seu objeto na praça do acampamento de Aida. Muitas das pessoas que se viram forçadas a partir durante a *nakba* ainda têm a chave original de suas casas, assim como tantos judeus expulsos da Espanha em 1492, que era também o ano de 5252, guardaram as suas para não esquecer que havia uma casa, uma vila, uma cidade, um ar que era seu e que também lhes foi arrancado. Uma forma de falar sua língua antes de partir. A expulsão, primeiro da Espanha e depois da Europa, acabou atingindo os palestinos. Ainda guardam chaves enferrujadas. Embora a casa e a porta e a fechadura tenham desaparecido. Embora a posse da terra lhes tenha sido anulada. Mas, da enorme chave prateada que é símbolo da diáspora palestina, resta apenas o gancho que a sustentava, e a placa. Ninguém sabe nos dizer quando retornará ao seu entorno de concreto e telhados de zinco, junto aos murais pintados por Banksy e outros grafiteiros de fama internacional. Quando retornará a estas ruas agora lúgubres. Não nessa tarde que goteja, não nessa noite que cai lentamente sobre nós enquanto brilha, a chave, em sua ausência.

PUXAR E SOLTAR

Muito escuro e muita lama e muito longe para voltar caminhando a esta hora da estação até Jafa. Não há ônibus, e, quando digo Yafo, os taxistas se afastam de mim. É sexta-feira, e às sextas eles não se animam a levar uma única passageira. Melhor juntar mais gente, fazer táxi-lotação. Esperamos outros viajantes com o motor funcionando, mas ninguém quer vir comigo. O homem-de-quipá finalmente aceita me levar, ainda que sozinha. Já estava mesmo indo embora, diz, é sexta-feira, ele quer chegar para jantar com sua família. No sinal vermelho, me pergunta o que estou fazendo em Yafo e o que estou achando. Gostei muito de Yafo, respondo, embora por dentro a palavra que pronuncio é Jafa. Voltei de Hebron contaminada pelo mal do conflito, tentada a puxar essa vogal para não soltar minhas convicções numa conversa cordial com o taxista. Ele disse, como se falasse para si mesmo, que não gosta muito de vir a Yafo. Nenhum taxista gosta; não gostamos dos árabes, diz, sombrio, assustadoramente sincero, e os árabes não gostam dos judeus. Puxo e solto a corda das letras, sentindo que, nesse instante, ouvindo-o se abrir, vou ficando azeda. Minhas palavras saem com enfado. Vocês podem não se gostar, mas não têm outra opção além de conviver, pois ninguém irá embora daqui. Conviver ou acabar de se matar. Encher as mãos de sangue. Solto e me calo. O homem-da-quipá-preta não diz nada, nem parece respirar agora, e uma veia lateja com tanta força no meu pescoço que por um momento penso que vou sufocar. E é talvez por essa veia ou pela falta de ar ou pela escuridão ou o cansaço que deixo de reconhecer as ruas. Não sei onde estou. Não sei se este homem está me enganando e não sei por que não sinto medo. Talvez porque ele sabe que não sou daqui e eu sei que ser estrangeira me protege. Talvez porque, por mais que não goste de árabes, ele não é um colono nem um militar. Talvez porque estamos na capital israelense e não na terra sem lei da ocupação. Não é medo o que sinto, tampouco entendo o que deveria sentir nesta escuridão. Atrevo-me a perguntar, sucintamente, onde estamos. Não disse que gostava de Yafo à noite? Não pediu que a trouxesse a Yafo? Estamos em Yafo! Em Jafa, eu penso, agarrando-me a esta corda e puxando de novo com força. Em Jafa, mas me contenho para não jogar esta palavra na cara deste homem que agora se vira e me olha no rosto e me dá uma ordem. *Smile*, diz, como se a idade lhe dera o direito de dizer o que devo fazer. *Smile. Here. Your house in Yafo.* Ele para o carro em frente ao número de Ankar e me cobra cinquenta shekels. Cinquenta, porque me trouxe sozinha e porque desviou três quadras de alguma fronteira de bairro que desconheço. O preço é trinta, lembro-o, não cinquenta. O senhor disse trinta e é o que vou lhe pagar. Digo isso enquanto abro a bolsa, procurando os shekels. Agora é o sorriso dele que se apaga. Estendo o dinheiro, mas ele recusa. Diz para eu descer. Para não pagar nada e descer imediatamente. Veja bem, eu digo, sem perder a voz. Combinamos trinta e eu tenho estes trinta para lhe dar. O senhor decide. Tenho a mão estendida, as notas entre os dedos, a seu alcance. O taxista as pega e não diz mais nada. Fecho a porta e me debruço na janela do passageiro para lhe dizer que melhore a cara, que sorria.

VIZINHOS JUDEUS

Essa noite a porta está aberta. A sala, no escuro e em silêncio. Deito no sofá sem tirar a roupa e fecho os olhos, mas estou tão cansada e tão agitada e tão comovida que não posso dormir. Não quero dormir. O tempo está acabando. Amanhã encherei minha mala minúscula de vidas que agora me pesam, mas que não posso deixar para trás. Amanhã ou depois voltarei ao sossego do meu sofá para escrever sobre o desassossego da Palestina. Sobre a calma da minha incompleta história familiar. Sobre a serenidade do meu prédio rodeado de judeus ortodoxos – os homens com cachos laterais, as mulheres com perucas e longos vestidos pretos –, sobre a angústia que me causa a movimentada sinagoga da esquina vigiada por policiais nova-iorquinos. Minha rua cada vez mais povoada dessa comunidade que foi se multiplicando ao meu redor, a universidade judaica a algumas quadras, a escolinha hebraica que eu contorno todas as manhãs a caminho do metrô, as barulhentas crianças-de-quipá que aprenderão inglês e hebraico e sabe-se lá que outras línguas e os vizinhos judeus que conheço há anos e de quem ouvi pedaços de seu passado. De olhos fechados, penso na velha Aviva, que está quase morrendo enquanto lembro dela: conseguiu salvar a vida junto com os pais num campo de concentração. Antes de perder, há pouco, a cabeça, confessou-me que preferia não ir visitar a nora. Filhos demais. Regras religiosas demais, que ela, Aviva, se nega a obedecer. Uso peruca porque não tenho mais cabelo, contou-me da última vez que apareceu no meu apartamento, sorrindo com malícia. Penso também na velha Moriah, no canto oposto do corredor: ainda mais velha, mas continua de pé – é descendente de russos que fugiram dos pogroms. Moriah nunca seguiu nenhum protocolo e é radicalmente liberal. Não só na política. Moriah se casou quatro vezes, a última com um negro. Ela conta assim: sou viúva de um negro que não chegou a ser o amor da minha vida. E ri com o corpo todo, a cabeleira ruiva sacudindo a cada gargalhada. É Moriah quem guarda nossa correspondência e recebe as encomendas quando não estamos, que deixa em cima do nosso capacho de entrada as revistas literárias que assina, depois de ler. Minha memória do amanhã viaja agora até a porta do rabino que é contrário à existência de Israel porque lê a Torá literalmente, e a escritura sagrada determina que Israel só poderá existir quando o Messias voltar. Israel, para este vizinho, constitui um anacronismo e uma heresia. (Uma vez meu pai parou diante dos adesivos colados em sua porta. Adesivos contra o Estado de Israel. Leu-os para mim em voz alta, assustado, meu pai. Quem é esse personagem, perguntou. Alguém que não me olha porque meu cabelo solto é ofensivo a Deus, falei, e o empurrei pelo corredor sem dar maiores explicações.) Quando nos cruzamos no elevador, o rabino não retribui meu cumprimento, afunda-se sutilmente em seu canto e debaixo do chapéu preto, para o caso de eu estar menstruada. Mais uma vez amanhã, antes de empreender retorno, pensarei nesse homem que aparece tão de vez em quando, vestido rigorosamente de preto, com a correspondência acumulada debaixo do braço e malas enormes que deixa abertas durante dias no corredor, e me perguntarei o que ele pensa da situação palestina, me perguntarei se o rabino reparou no meu sobrenome, se suspeita de onde vem meu Meruane inventado, se reconhece o traço semita em minhas olheiras.

(RE)TORNAR-SE

Zima canta toda noite para fazer seus filhos dormirem. É um murmúrio adorável do qual não podem prescindir. Um murmúrio em árabe, porque esta é a língua que ela fala sempre com seus filhos. O que canta a eles, eu pergunto, cantarolando a melodia baixinho. Versículos do Alcorão, responde Zima, para que relaxem e durmam, se bem que às vezes quem dorme sou eu. Ela sorri antes de ir para o seu quarto. Às dez horas dessa última noite, o que há nesta casa é uma família árabe dormindo. E silêncio. Ankar, que sofre de insônia, aparece discreto fechando uma porta, e, com um gesto, me convida para dar uma volta de despedida na noite, para terminar essa viagem como ela começou. No escuro. No porto desolado. Repassando as contradições. Deixamos para trás a banquinha do bairro enquanto Ankar me conta que decidiu ficar aqui para não perdê-la: Zima não poderia viver em nenhum outro lugar. Brindaremos por ela e pela decisão dele, Ankar e eu oprimidos pela solidão desse bar de domingo nesse bairro muçulmano. É também uma decisão política, a de ficar, digo a ele quase sem dizer, quase sem fôlego. Olhando minha taça vazia, sussurro: não sei se voltei. Acho que nunca poderia. Ankar levanta sua taça, me olha através do vidro com olhos que acalentam e, como se cantarolasse um versículo indecifrável, responde, baixinho, discordando com a cabeça: nunca diga que não volta, Meruane, porque você volta. Volta logo.

Nova Iorque, 2013

Versões reduzidas desta crônica foram publicadas em diferentes lugares. Enquanto eu escrevia uma dessas versões, telefonei para o Yasser. Nos últimos meses eu havia discado seu número algumas vezes para pedir que ele me levasse ao aeroporto e para tratarmos de questões palestinas. Mas daquela vez atendeu uma voz que não era a sua. Disse aquela voz que o número não correspondia a nenhum Yasser. Lembrei então das palavras ditas pelo taxista. E me perguntei se teria decidido retornar.

TORNAR-NOS
OUTROS

Para Alia Trabucco Zerán e Tali Feld Gleiser,
acompanhando o retorno.

*Uma sociedade em crise forja um novo vocabulário
para si usando palavras que já não descrevem a
realidade, mas que tentam ocultá-la.*
David Grossman

PALAVRAS IÇADAS

Volto aos territórios ocupados um ano mais tarde, desta vez acompanhada da escrita de outros. Desde que me propus a escrever a crônica dos meus dias palestinos, entendi que isso implicaria embrenhar-me numa estrada cheia de obstáculos. À medida que avançava, soube que não bastava visitar o presente. Era preciso voltar às questões do passado e às vicissitudes da linguagem que serviu para construir esta história. Vi que era necessário sondar os usos da linguagem em situações de conflito. Voltar à sua utilização política. Às suas eventuais possibilidades redentoras. Ao seu frequente fracasso em narrar a verdade. À medida que me embrenhava na leitura, eu submergia nas areias movediças do relato histórico. Lembrei que, debaixo dessas contraditórias areias, jaz enterrada a realidade, mas a escrita afunda toda vez que empreendemos o ato delicado de lhe dar um nome. As palavras são a substância esquiva do mundo que imaginamos, pensei comigo, contrariada entre livros abertos e jornais espalhados. Eram palavras escolhidas, voltei a pensar, enquanto desenhava círculos vermelhos em volta de algumas, enquanto as extraía daqueles livros e as anotava no meu caderno. Palavras postas a serviço de um relato deliberado que às vezes iluminava, mas que frequentemente encobria o que no fundo estava acontecendo. Com aprendida desconfiança eu empreendo, então, outra vez de próprio punho, a lenta glosa da linguagem deste conflito. Com a convicção de que toda palavra é uma bandeira içada acenando aos sábios e aliciando os incautos. Partindo dessa certeza, é essencial que eu pare diante de cada uma delas e as abra com cuidado, examine-as por dentro e por fora, tente compreender quais as dores que carregam, quais os esquecimentos. São tenazes, entretanto, as palavras do confronto entre israelenses e palestinos. Endureceram-se nas necessidades de ataque e defesa e justificativa. Estão envoltas numa armadura e perderam a alma: são palavras com profundas sequelas, que resistem a mostrar-se por inteiro. É preciso detonar seu explosivo, penso. Procurar seus estilhaços entre os escombros e voltar a lê-las, já em pedacinhos, imaginando que tipo de feridas causam suas fagulhas mesmo quando nos enchem de indignação, de assombro, de silêncio.

UM SILÊNCIO IMPERMEÁVEL

Suas oito letras, uma por uma, a lápis, na margem de uma folha: s i l ê n c i o. A ponta afiada do grafite rasgando a superfície de papel barato que já começava a amarelar enquanto eu separava os pedaços dessa palavra no meu caderno de anotações palestinas. Este s i l ê n c i o ficou suspenso na folha como um lembrete difícil de transcrever depois. Agora. Antes. O silêncio das ruas vazias e do mercado fechado com tapume quando se calaram os chamados à oração e nosso guia nos abandonou. A mudez dos militares que nos viram subindo até Hebron atrás dos passos e das casas desabitadas dos palestinos. O som inaudível da minha respiração agitada pela descida do morro e o silêncio detrás daqueles muros, daquelas janelas amordaçadas por tabiques. No cemitério abandonado, um silêncio espesso infiltrando-se pelos galhos das velhas oliveiras que ainda restavam de pé. Silêncio entre os escombros de bairros destruídos na beira das estradas para evitar o retorno de seus moradores. Silêncio de quintais. Brinquedos enterrados. Volto a sublinhar a palavra silêncio presa em portas que ainda permanecem de pé nos lugares do desterro. Silêncio acumulando-se pelos corredores da casa trancada de meu avô após sua morte, após o incêndio, o terremoto. Chaves que ninguém guardou, que não tilintam mais entre os dedos. Ruínas mudas da história palestina: objetos caídos em desuso que urdem nosso esquecimento e a necessidade de lembrar. As letras do s i l ê n c i o dispersas sobre a folha de papel, o lápis contornando o "s" enquanto volto àquela tarde de garoa sobre Hebron e penso que silêncio é uma palavra impermeável.

A MEMÓRIA DO RUÍDO

Todos aqueles silêncios voltam agora, mas tenho certeza que deve ter feito um barulho incessante antes do despejo e ecos nas c a s a s   a r r a s a d a s que anotei, a lápis, letra por letra, em outra página. A memória salta daquelas casas solitárias àquelas outras casas desaparecidas, à minha casa chilena transformada em loja de tapetes e à minha casa que não é casa, mas um pequeno apartamento nova-iorquino numa rua tomada por uma populosa comunidade judia-americana. Salta a memória para uma tarde de inverno depois de voltar da minha viagem. Nuvens baixas no céu de Manhattan. Persianas manchadas pela chuva. Canecas espalhadas pela mesa com o café grudado no fundo que substituirei por xícaras de chá fumegante. Migalhas de pão num prato que limparei para colocar biscoitos. A campainha toca e é a velha Moriah, que entra com sua bengala e uma sacola cheia de revistas literárias já lidas. Deixa-se cair, alta como ela é, no sofá. Ajeita a calça e diz *lovely* e começa a me contar a história inteira de sua mãe, judia-russa-da-diáspora. Quero escutar seu relato e ali está Moriah me dizendo que os pogroms dos quais sua mãe escapara vinham precedidos de ruído. Ferraduras contra os paralelepípedos. Vidros estilhaçados. Golpes fortes nos portões de madeira. Só depois se espalhava o silêncio: foi o que disse Moriah, lembrando uma lembrança que era de sua mãe. Uma lembrança em iídiche, língua morta que Moriah ainda fala. E disse também que sua mãe seguiu sofrendo para sempre a memória daqueles ruídos. Quando as carroças de leite se aproximavam nas madrugadas do Bronx dos anos vinte, a mãe começava a tremer: o repique das ferraduras a levavam de volta ao medo, e ao duro silêncio que depois caía dentro da noite russa. Os vizinhos não acendiam nem uma vela, negavam-se a sair na janela e testemunhar a violência. Não ofereciam ajuda, nem mesmo se atreviam a cochichar. O silêncio pesava sobre eles naquele tempo como pesa agora nas ruas de Hebron: um silêncio que não é o avesso do ruído, mas um fio tênue que atravessa diversas formas de extermínio. Penso, porém, imaginando logo outra cena, que tampouco foram acesas as luzes quando começaram os ataques aos guetos alemães. Ninguém se opôs aos campos de concentração pelos quais passou minha outra velha vizinha, quando criança: Aviva, que sobreviveu mais um ano enquanto continuo escrevendo no apartamento contíguo. Aviva já não sabe quem sou e não pode vir tomar chá para terminar aquela história que só sei pela metade, aquela história de terríveis silêncios que ela já esqueceu. Também devem ter sido lugares cheios de gritos, de gemidos abafados, de ordens e lamentos. Lugares cheios, depois, do vazio ensurdecedor deixado pelo gás. Moriah se despede e eu fico pensando nos russos e nos nazistas, que, antes de perpetrar suas atrocidades, haviam estabelecido um modo de falar sobre os judeus, um modo de pensar neles como um problema a e l i m i n a r. Escudaram-se durante a guerra num sigilo que só a denúncia de dezenas de homens e mulheres destruiria. Depois. À força de palavras. A profusa escrita posterior ao genocídio rebateria a ideia de que escrever o holocausto, como disse Theodor Adorno, sentencioso, era nada menos que um ato de barbárie. Embelezar o horror. Inscrever o mal na narrativa possível do humano. O lapidar apelo do filósofo para suspender a palavra (apelo do qual logo se retrataria) encontrou oposição imediata e contundente na escrita de uma poesia decidida a nomear a ausência. Desde então, ininterruptamente, houve romances sobre inquisidores e pogroms e câmaras crematórias, sobre cadáveres com a pele colada aos ossos e esqueletos aos milhões, cobertos por aterros. E sobre povos inteiros que ainda negam a existência de seus vizinhos judeus para evitar que tirem deles a casa onde vivem. Escritos de sobrevivência, da desesperada busca por um l a r s e g u r o fora da Europa. Ensaios que penetraram na sanha antissemita e na eficiente banalidade do mal que a desmente. E crônicas e testemunhos que documentaram a tragédia e realizaram o mais poderoso resgate da memória que se conhece de uma aberração desumana como aquela. Uma escrita sem trégua para combater a cumplicidade dos discursos e dos silêncios impostos em torno do horror. A escrita do que se viu, as imagens ferindo a memória como garantia da verdade. Escrever a partir do visto para se contrapor ao esquecimento.

UM HOMEM LITERAL

Este é outro vizinho com quem eu gostaria de entabular uma conversa sobre o holocausto, mas só uma vez em toda uma década ele me dirigiu a palavra: precisava consultar uma notícia, mas Moriah não tinha deixado o jornal sobre o capacho dele, como de costume. Acabara de morrer uma pesquisadora amiga sua e ele queria recortar o artigo que o *New York Times* lhe dedicara. Sorriu quando lhe dei nosso exemplar. Obrigado, disse ele. De nada, disse eu, e sorri me perguntando se ele voltaria a falar comigo depois de estendida essa ponte de papel e de palavras entre nós. Retomou o costume de me ignorar e eu deixei de parar em frente ao seu apartamento: desde que foi obrigado a retirar a propaganda antissionista, sua porta perdeu todo o interesse para mim. A partir de então, tornou-se ainda mais retraído. Só sei quando está por causa das malas abertas no hall. Uma tarde, no entanto, vejo o zelador introduzindo a chave em sua porta e me pergunto se terá acontecido alguma coisa. Tinha me esquecido de regar as plantas do rabino, diz o zelador em espanhol, saiu de viagem e me deixou cuidando delas. Espero que não tenham murchado... Entra, me convida o zelador, sem saber o que está me oferecendo. Mas cuidado, adverte, este apartamento é um perigo. Um *fire hazard*, pontua, numa guinada ao inglês-peruano. Logo que entro entendo a que ele se refere: é a quantidade de papel que o inquieta. Assusta o número de cartazes escritos em hebreu ou em iídiche colados um ao lado do outro nas paredes, inclusive no teto. Há anúncios em todas as línguas do rabino, assomando também pelos cantos: longas línguas cheias de palavras que é melhor não tocar. E não são apenas textos, há recortes de pessoas e de animais tirados de revistas empapelando tudo. Paro debaixo da foto de um tigre que me parece incompreensível no teto daquela sala asfixiante. Esse homem viaja muito, diz o amável zelador de volta ao castelhano, como se quisesse explicá-lo ou desculpá-lo ao ver minha expressão estupefata, meus olhos agora cravados no canto de outra parede. No triângulo vermelho e nas listras verde-branca-preta de uma enorme bandeira palestina. O que faz nesse lugar tão proeminente esta bandeira, ladeada de montanhas de livros encadernados que parecem se equilibrar em todas as posições? Centenas ou milhares de livros velhos como se fossem paredes adicionais neste apartamento que estranhamente não tem cheiro de nada, nem mesmo de papel. Olha isso, diz o zelador, me mostrando o sanitário. A banheira cheia de volumes antigos e de pilhas de papel. A barra do chuveiro sustentando, ao invés de cortina, centenas de arames pendurados. Inúteis cabides da lavanderia. Esse homem é um acumulador, penso, deve ter crescido na pobreza dos exilados, continuo pensando, mas logo me corrijo. Não é alguém que simplesmente junta objetos, porque suvenires nessa casa quase não há. O rabino é um acumulador de textos, um homem possuído pelas palavras: um homem literal. O zelador rega as plantas. Eu me afasto, assaltada por Adorno e seu esforço em descartar a escrita obscena e inservível que o rabino resolveu conservar.

USOS DO HOLOCAUSTO

Todos esses vizinhos trazem consigo os fios da tragédia, carregam os nós do holocausto: sua *shoah* não terminou. Não acabou para ninguém ainda. Continua ecoando, nos comovendo, nos indignando: vimos as imagens e nunca poderemos esquecê-las. Eu mesma afirmei isso em um debate sobre os usos da memória e o dever do testemunho. A mulher sentada ao meu lado disse, baixando a voz como se estivesse prestes a pronunciar uma indecência, que, com efeito, era uma tragédia o holocausto ter acontecido e continuar acontecendo na imaginação sofrida dos judeus. Mas tem-se abusado da *shoah*, disse depois num inglês cheio de ecos indianos, a língua percutindo no palato: o holocausto serviu para eles justificarem muitos abusos, disse, a língua batendo com mais força no céu da boca. Levantei a vista. Contive a respiração porque naquele momento a especialista em teoria pós-colonial invocou as palavras de Mahatma Gandhi: "Eles jamais deveriam ter pensado em um provável retorno à Palestina por consequência da sua cruel perseguição. O mundo deveria ter sido sua casa". Aqui termina a citação de Gandhi, pontuou antes de acrescentar, parafraseando o líder pacifista, que a Palestina pertencia aos palestinos da mesma forma que a Inglaterra aos ingleses e a França aos franceses. A mulher me recomendou reler o que Gandhi escreveu sobre o tema antes de morrer assassinado, no mesmo ano da fundação de Israel. Pigarreava um pouco, ela, custava-lhe chegar a uma conclusão, via que eu queria interrompê-la para impedir que dissesse algo que em muitos círculos é inaceitável, mas que ela, refugiada naquela sala de aula e convicta do que estava prestes a me dizer, iria se atrever a pronunciar. Quero dizer, disse ela, que o insistente lembrete da *shoah* como um sofrimento único e incomparável os permitiu convencer o mundo da necessidade de um lar exclusivo para eles. Quero dizer, acrescentou, que a Europa aproveitou esse pedido para se desfazer de uma gente que preferia ter fora de suas fronteiras, e, em parceria com os Estados Unidos, que viam com preocupação a chegada massiva de judeus europeus, apoiou a criação do grande gueto que é a nação judaica à custa dos palestinos que careciam de soberania própria. Os europeus pressionaram os ingleses para que cedessem as terras de seu protetorado aos sionistas que, apesar das restrições a eles impostas, já estavam em plena mudança. O que é importante dizer, prosseguiu ela, ainda em voz baixa e percutindo, é que muitos judeus-israelenses continuam usando o mal infligido a seus antepassados europeus para justificar esse empreendimento nacionalista de cunho colonial. Os palestinos reagiram quando entenderam que seriam expropriados mais uma vez, reagiram, como teria reagido qualquer um, quando viram que os britânicos estavam traindo suas promessas e cediam. Houve erros de cálculo por parte da comunidade árabe, sem dúvidas, continuou a mulher, e vi que outros levantavam o olhar em sua direção; sem dúvidas, disse, as guerras acabaram servindo para prolongar e fortalecer o discurso de uma nação judaica agredida e vitimizada por seus vizinhos. Iriam se defender dos árabes como se se tratasse do retorno dos nazistas. Iriam se defender e atacar ao invés de buscar acordos ou pagar indenizações pela expulsão de suas casas... A mulher levantou os olhos na minha direção e esgrimiu uma expressão triste antes de continuar falando para quem quisesse ouvi-la: e porque no passado ninguém protegeu os judeus do assédio, agora os israelenses esgrimem a necessidade de uma defesa permanente de suas fronteiras em constante expansão sobre territórios cada vez mais reduzidos. Em outras palavras, disse ela, a cabeça grisalha afundada entre os ombros, a voz firme, a dívida moral do holocausto, sua persistente memória, sua monumentalização em fotografias aterrorizantes em perpétua circulação, está permitindo aos israelenses repetir o passado judeu no presente dos palestinos.

DEPOIS, AS ATROCIDADES

Meu caderno de anotações se encheu de palavras com trocadilhos, de ideias ou frases de duplo sentido que impactam e modificam ou anulam certas formas do pensamento. O s i l ê n c i o da página anterior vai seguido de fascismo e de holocausto; mais adiante, dentro de círculos, estão a n a k b a e o grosso m u r o. Entre as páginas eu encontro esta frase solta, mas poderosa, de um sociólogo francês: "O fascismo começa não com as atrocidades, mas como uma determinada maneira de falar, de formular os problemas" (Jean Baubérot). Três linhas abaixo, outra frase de um historiador que esqueci de citar: "Em cenários clássicos de desumanização, como o da Alemanha-nazista, antes do genocídio o inimigo é rotulado de rato ou de barata... isso permite proceder à matança". E uma terceira anotação sobre o que o poeta palestino Mourid Barghouti chama de *verbicídio*: "A simplificação do discurso acaba em fanatismo e fundamentalismo. Alinhada com um sentido de superioridade invencível e de santidade, a simplificação pode ser, como nos mostra a história, uma receita para o fascismo. É por isso que a retórica do eles contra nós, do com-a-gente ou com-o-mal não é apenas jeito de falar, é um ato de guerra". As citações concordam que a violência é precedida por sua formulação verbal. Todavia, quanto leva para um verbo se tornar ação, eu me pergunto, virando a página em busca de respostas. Aqui terminam as citações. Nada mais sobre a malversação da palavra, seus efeitos, seus prazos de validade. Nada sobre os modos com que o discurso engendra, naturaliza e legitima a prática da violência, nem sobre o amparo institucional do insulto. Os escritores-sobreviventes-do-holocausto, os escritores-ativistas-israelenses deveriam ter refletido sobre o distorcido devir das palavras em situações de crise, digo para mim mesma, dirigindo-me, caderno debaixo do braço, à biblioteca da universidade. Os intelectuais israelenses devem ter se atentado a estes paradoxos do discurso em que a letra, longe de libertar, facilita a subjugação. Suspeito que devem ter percebido o risco de as vítimas do passado aprenderem a usar a experiência como justificativa para suas atrocidades ao se tornarem os vencedores do presente. Digo isso esperando o elevador que me levará até a seção de seus livros; repito isso a mim mesma apertando o oitavo andar, submergindo na desconfiança da linguagem em que tantos escritores depositaram sua confiança, cegamente.

REPETIR E REPETIR

Em uma compilação de ensaios, o já velho Amós Oz declara, embora sucintamente, que a conversão das vítimas em vitimários deixou de ser simplesmente uma possibilidade. A linguagem outorga as facilidades do esquecimento e da justificativa no passado para inverter os papéis: "O ocupado se transforma em ocupante e o oprimido em opressor" e, assim, "a vítima de ontem pode facilmente se transformar em verdugo". Esta é a "triste ironia" da realidade israelense. Mas é, na minha opinião, muito mais do que apenas triste. É assustador que sejam os próprios herdeiros do holocausto que escolheram esquecer o que foi viver e morrer no lugar do oprimido, o que significou o desprezo e a constante humilhação, a consequente suspensão de seus direitos civis e humanos, sua transformação em inimigos, em seres indesejáveis, piores do que animais, escória. Estas palavras desumanas tornaram possível o impensável: o genocídio. Não é, então, uma simples ironia. É uma irresponsabilidade histórica inaceitável e chocante que eles escolham não ver, ou, pior, escolham repetir essa fórmula discriminatória contra os palestinos. Aquele *arabs, niggers of the desert* em grosso spray preto, pintado em seus mercados e nas paredes de suas casas, não são apenas palavras. São chamados à ação que vêm de um tempo que gostaríamos de esquecer. São os colonos que voltam a colocá-la em circulação quando escrevem, de próprio punho, *Arabs to the gas chambers*. Essa troca de substantivos faz dos árabes vítimas de um genocídio passado e, paradoxalmente, relaciona os sionistas mais anti-islâmicos com o fascismo, no sintético e imperativo *Gas the Arabs* do presente. Os muros palestinos são as páginas onde é reescrito o roteiro do holocausto que os judeus continuam *legitimamente* imputando ao mundo como vítimas. Os colonos israelenses, enquanto isso, aplicam os mesmos termos aos palestinos no que resta de seus territórios. Atacam com pedras, os insultam e humilham diante do olhar impassível dos soldados israelenses.

ESTILOS DE CRUELDADE

O mais temido membro da Inteligência Israelense, integrante da equipe do Mossad que capturou Adolf Eichmann na Argentina dos anos sessenta, e diretor, vinte anos depois, do Shin Bet, declara que "o futuro parece sombrio. O futuro...", continua ele, hesitante, levantando seus pequenos olhos para a câmera, "... para onde ele vai?". Agora é um aposentado de feição suave, mas sucessivos diretores dos serviços de segurança de Israel o consideram superior em sua crueza. O pior de todos. Avraham Shalom sorri enquanto passa a ponta dos dedos divagantes pelos suspensórios e tateia uma resposta à sua elucubração futurista. "Para onde estamos caminhando...", pergunta, e responde a si mesmo: "Para mudar a índole do povo de Israel... porque mandar tantos jovens para o Exército é submetê-los a um paradoxo evidente: que o nosso seja um exército de civis". Shalom não precisa explicar ao documentarista a que se refere porque trabalha com pressupostos locais: todos sabem que a força militar israelense é composta por todos os membros judeus da nação. O serviço militar abrange a todos: homens e mulheres são mentalmente treinados e emocionalmente comprometidos para sempre na construção de uma pátria que exclui aqueles que não são seus semelhantes. "É um exército", esclarece Shalom (*paz*, diz seu sobrenome), "envolvido na construção do país, mas é também um exército de ocupação brutal. Parecido com o da Alemanha na Segunda Guerra". Há uma pausa, o cinegrafista de *The Gatekeepers* mantém o primeiro plano, dando tempo para ele matizar a fala (ou talvez o diretor Dror Moreh lhe pede uma explicação que fica de fora da edição final). "Eu disse parecido, não idêntico... e não me refiro ao comportamento dos alemães com os judeus. Aquela foi uma exceção, uma circunstância com características particulares. Estou me referindo a como agiram com os poloneses, os holandeses e os tchecos, com os belgas. Adquirimos deles uma característica muito negativa..., e é porque..., me dá medo dizer isso..." diz o militar mais intransigente de que se tenha lembrança, "é porque nos tornamos cruéis. Com nós mesmos, mas principalmente com o povo palestino".

DIZER PALESTINO

Ele diz p a l e s t i n o ao invés de árabe. Fico surpresa com a aparição desta palavra suprimida dos documentos oficiais israelenses até os últimos anos do século XX. Sei que Golda Meir chegou a afirmar que "não existia tal coisa" como um povo palestino. E não surpreende: a negação deste vocativo obedecia ao esforço sistemático de apagar essa população do mapa. Que em frente às câmaras este militar use *povo palestino* implica reconhecer os palestinos como parte de um território que judeus, muçulmanos e cristãos compartilham a contragosto e continuam disputando entre si no atlas e em outros documentos. Chamar essa geografia pelo nome, tirá-la do território imaginário para torná-la própria, não deixou de ser um assunto litigioso. Durante muito tempo insistiu-se que Judeia e Samaria deveriam ser a *única* toponímia legal: Palestina designava, diziam os líderes contrários a esse nome, uma província romana identificada apenas em antigos mapas-múndi impressos em papel, enquanto a Judeia remetia simbolicamente ao povo *eleito* e ativava uma memória histórica. Outros usam territórios *ocupados*, evitando *palestinos*, ou preferem usar o eufemismo *controlados* ou simplesmente territórios, evitando *ocupados*, possibilitando, de quebra, a ideia de que os únicos habitantes provisórios acabem sendo os originários. (Mas, mesmo para nós que queremos defender a palavra p a l e s t i n o s, a linguagem se tornou esquiva. Quão melhores são os termos Cisjordânia e West Bank?, pergunta-se num ensaio testemunhal Mourid ou Mureed ou Murid Barghouti: em ambos, o ponto de referência é mais-para-cá da Jordânia ou a-oeste-do rio Jordão, e ambos eliminam a palavra palestina. "Quando a Palestina desaparece como palavra também desaparece como Estado, como país e como pátria".) Como ler, então, que Shalom tenha dito p a l e s t i n o? Como um deslize linguístico? Como a provocação de um judeu laico aos ortodoxos que tanto complicaram seus dias como diretor do Shin Bet? Ou será que Shalom, fora de seu cargo, é um homem moderado e capaz de reconhecer um lugar aos palestinos? Seja como for, restituir o nome ao território enfatiza uma certa falha na histórica operação de apagamento cartográfico, e ressalta, ao mesmo tempo, o trabalho do eufemismo, a "limpeza de palavras" da qual falam dois corajosos jornalistas israelenses, Amos Elon e Gideon Levy. O sentido das coisas foi tão deturpado e a linguagem tão revirada que recuperar seu sentido original, diz Levy, é como "tentar fazer uma omelete voltar a sua consistência anterior, de ovo". A batedeira da distorção é, nas palavras do romancista David Grossman, uma forma de "reciclagem linguística". Grossman, também ele jornalista e escritor-ativista, insiste na necessidade de voltar ao dicionário e desencardir os termos. Insiste em fazer com que nós, seus leitores, lembremos o que essas palavras significam de verdade (anoto-as separando bem suas letras, contornando cada curva com minha caneta bic). A o c u p a ç ã o dos territórios palestinos não é, como gostariam alguns, escreve Grossman, a *libertação* dos israelenses. O termo é c o l o n i a l i s m o, e não um *estabelecimento pacífico* do Estado de Israel. É importante não esquecer as palavrasimperialismoeconquista,quedesapareceramdo discursoàforçadaprometidaredenção.Escolherocupação e não *estabelecimento pacífico da liberdade* é, contudo, tão incorreto em certos círculos como dizer p a l e s t i n o ao invés de suprimi-lo. Indica uma posição no plano ideológico do conflito. É por isso que *povo palestino* causa surpresa na boca de Shalom, que sem dúvidas conhece todas as formas de reciclagem. Ele sabe que *refugiados* é a expressão-trincheira onde cabem cinco milhões de palestinos. Que *gente dos acampamentos* é outra barreira da língua. E árabes, o gentílico genérico que nega sua particularidade e a extingue, substituindo-a pela imprecisão geográfica ou a indistinção étnica. Na histórica batalha do nome próprio, escamotear tem sido um castigo recíproco, garante Amós Oz. Puxando pela memória, o sexagenário escritor israelense lembra que por muito tempo os palestinos também não eram capazes de dizer *Israel*. Diziam: *entidade sionista*. Diziam, diz Oz por escrito, *criatura artificial, intrusão, infecção*. Não surpreende, então, que os israelenses recorressem "a eufemismos como *nativos*, ou *habitantes árabes do país*. Costumávamos ser pan-arabistas, porque se estamos a favor do pan-arabismo, então o *problema palestino* não existe". Os sionistas achavam que a questão palestina seria *absorvida* pelos árabes. Igualar a todos com uma única palavra facilitava o processo imaginário de extinção de uma identidade associada ao território disputado. Permitia negar a existência de todo um povo diverso e de diferentes crenças que convivia, até antes da chegada massiva do sionismo, em uma paz não isenta de tensões, mas sim da atual violência. Volto ao documentário e ao sorriso amável do terrível Shalom, que, em *The Gatekeepers*, pronuncia o nome negado e lhe confere existência. Pauso a imagem na tela e volto ao meu caderno de anotações, viro as páginas, penso que também eu escrevi, e disse muitas vezes, a palavra *i s r a e l e n s e*. Aceitei o nome de Israel.

A HISTÓRIA POR ESSAS BANDAS

Estou de volta à biblioteca, sentada no chão com as costas apoiadas numa parede de livros ordenados por um código de letras e números e anos nas estantes de metal. Enquanto examino os índices de alguns volumes de história cheios de Levante mediterrâneo, espio os outros leitores da sala. Vejo cabeças-com-quipá, noto ao longe uma armada cabeleira loira e os enormes óculos de alguém que passou a vida inteira afundada em livros que só interessam a eruditos. Creio reconhecer os traços morenos e as sobrancelhas grossas de um leitor-sem-quipá que poderia ser tanto judeu quanto irmão de Zima, ou meu. Ou de Asma, a doutoranda que me revelou, certa tarde em um bar, as superstições muçulmanas de meu pai. Sabendo que estou atrás de pistas da língua, Asma me recomendou o trabalho de uma antropóloga que estuda a linguagem deste conflito. Os escritos de Julie Peteet, no entanto, se encontram em outro andar e outra estante. Deixo os misteriosos leitores semitas e, sobrepassada pela história, sento em outros ladrilhos brancos com as costas apoiadas na lombada de outros livros. Peteet parte questionando a objetividade da narrativa do passado, declarando a velha máxima da história: que ela é sempre escrita pelo vencedor. A antropóloga acrescenta, nas primeiras páginas, que quem domina um território adquire o direito de impor as leis e os termos da narrativa com os quais a história do lugar é contada: essas leis representam o bem e seu relato se torna uma verdade moral. A dominação deve ser aceita como um fato necessário que as leis certificam e a narrativa oficial se encarrega de justificar. É por isso que israelenses e palestinos continuam disputando o controle do discurso e insistindo em sua adequada divulgação: quem tem o poder dissemina sua versão dos fatos, quem possui a palavra está em posição de convencer seus interlocutores, pois tem sua credibilidade garantida. A versão do conquistador se torna *verdadeira*, enquanto a dos conquistados se transforma em desprezível *propaganda*. O direito à defesa própria é gozado por uns, mas não por outros. A antropóloga-das-palavras garante que instituir uma narrativa como *verdade inquestionável* requer deslegitimar a perspectiva contrária. Paro para pensar o que isso significa e concluo que sempre se pode desacreditar e até mesmo zombar de um argumento que se opõe ao que acreditamos; não só se pode como é absolutamente necessário. As ações do sionismo permitem entender este procedimento: depois de uma longa guerra na qual os nazistas foram finalmente derrotados, os judeus puderam provar ao mundo que as expressões discriminatórias do fascismo, tão populares entre os militares e entre os alemães empobrecidos do entreguerra, eram baseadas em pressupostos racistas que haviam levado à barbárie. Após a merecida condenação dessas ideias e de sua aplicação prática, os sionistas usaram outra vez a lógica do antissemitismo para minar a narrativa da resistência palestina. A essa comunidade combatente foi atribuída uma motivação antissemita que permitia esconder, atrás dessa palavra na época tão ressonante, que o que se disputava era o controle do espaço que habitavam. Empenhado em ocultar o verdadeiro motivo do confronto entre árabes e judeus, ou entre israelenses e palestinos, o sionismo recorreu à romanceada narrativa de toda conquista territorial apresentando duas teses sem fundamento. A primeira: que aquela região estava *desabitada*. Eles, os milhões de judeus sem terra, mereciam povoar aquela "terra sem gente". A segunda: que se tratava de terrenos estéreis. Eles, os judeus, fertilizariam o deserto e o tornariam produtivo. A retórica sionista de uma topografia tão desolada quanto desperdiçada logo se depararia com a realidade de um povo que não só trabalhava sua terra como estava disposto a lutar por ela. A resistência armada evidenciaria o que a narrativa pretendia invisibilizar, mas o vasto glossário da conquista já tinha uma alcunha para aqueles que não aceitassem a anexação. Em uma apropriação da terminologia imperial oitocentista, os palestinos foram considerados os novos *bárbaros*, gente *primitiva* cuja cultura *atrasada* só lhes permitia responder com violência ao progresso que trazia consigo o projeto *civilizatório* representado pelo sionismo. Sem atentar para uma nomenclatura que os colocava na sinonímia da vadiagem e em oposição à eficiência capitalista do Ocidente, os palestinos se organizaram em milícias e exigiram que lhes fosse concedido estatuto legal de c o m b a t e n t e s pela libertação ou por legítima defesa estabelecida em convenções internacionais. Mas uma elaborada reinterpretação dos códigos da guerra permitiu que Israel se negasse legalmente a conceder esse estatuto a eles, alegando que as milícias palestinas não respeitavam a vida dos civis: um dos requisitos da codificada legislação de toda contenda, e que os combatentes deveriam atender. Os palestinos nunca obtiveram os direitos concedidos a outros independentistas; ao invés disso, lhes foi imposto o estatuto de *terroristas*. Uma ameaça não apenas à existência de Israel, como se disse, mas a todo o mundo ocidental. Com as costas já doloridas e os olhos irritados pela luz amarela, decido encerrar minha tarde na biblioteca. Vou descendo degrau por degrau, andar por andar, lentamente, pensando nos usos da palavra *terrorista*.

DISCURSOS GÊMEOS

Saio dessa biblioteca situada ao lado de uma praça histórica no sul de Manhattan. Não fica longe do buraco deixado pelas torres. De seus amplos janelões foi possível ver a queda e os estilhaços de metal e as partículas de papel e sentir o cheiro penetrante de centenas de corpos chamuscados no ar, um cheiro dispersado pelo vento. Sigo caminhando em direção ao metrô com a imagem de corpos em queda livre até a morte, e a insuperável imagem de crianças-palestinas transformadas em terroristas na justaposição de seus braços erguidos e de torres destruídas por aviões. Crianças que nenhuma relação tinham com o ataque como membros inexoráveis de um eixo maligno. Não eram mensagens subliminares da televisão, mas imagens que permitiam relacionar a morte de cidadãos norte-americanos com as mortes de civis israelenses de uma segunda intifada, ou *intefadah* (ou *agitação* ou *levante*), que seguia seu furioso curso em Israel. Ariel Sharon foi correndo se unir à batalha contra o terrorismo árabe que o presidente republicano de então empreendia. "Juntos", disse Sharon, referindo-se ao aliado que o respaldava com um contundente orçamento bélico, "juntos podemos derrotar as Forças do Mal". Com isso queria dizer, sem dizê-lo, porque não precisava: os palestinos.

FREEDOM FIGHTERS

Yuval Diskin, outro diretor já aposentado da segurança interna do Estado de Israel, lembra, diante das câmeras do polêmico Dror Moreh, o paradoxo com que se deparou durante uma das fracassadas negociações de paz com os palestinos após a segunda intifada. Não era tão fácil sentar para dialogar com os mesmos homens que ele e seus antecessores do Shin Bet haviam "se encarregado de perseguir por décadas". Era indispensável mudar de atitude com relação aos representantes legítimos dos palestinos, diz, com uma fala pausada e palavras moderadas, era necessário, repete, falar com eles de igual para igual e deixar de pensar nos líderes palestinos como t e r r o r i s t a s. Diskin reflete e reconhece que "para aqueles terroristas nós também somos terroristas". Diskin sabe melhor do que muitos que a *definição* de terrorismo de Estado inclui prisões em massa, tortura fora de toda convenção, colapsos psicológicos e a exigência da delação que corroem o tecido comunitário palestino, assassinatos classificados como *seletivos* (como se isso os tornassem legais mesmo sem julgamento) e os que ultimamente são chamados de *definição de objetivos* sob o lema da segurança nacional. Diskin compreende que, na definição israelense de segurança, práticas ilegais de violência se tornam atos legítimos para a segurança dos cidadãos de Israel. Esboça um sorriso tímido diante do diretor posicionado ao lado da câmera e, mudando de idioma para pensar nesse trava-línguas que é o terrorismo, diz em inglês que *"one man's terrorist is another man's freedom fighter"*. Permite-se enfatizar a reversibilidade entre terrorismo e luta pela libertação palestina, reconhece que nomear uma causa pode ser um jogo de palavras.

FUNDAÇÃO LÉXICA

Não é um jogo, mas uma política: chamar as coisas pelo nome. É isso o que Julie Peteet tenta mostrar no texto que estou lendo na mesa da cozinha (quero evitar que, distraída com a leitura, a comida queime). Peteet retrocede aos primeiros anos do século XX e descobre que os sionistas mais sagazes compreenderam que era indispensável transformar a linguagem. Fundar um espaço exigia fazer desaparecer o passado (o próprio e o alheio) apagando velhos nomes e instituindo novos. Antes e depois da fundação de Israel houve instituições empenhadas na delicada operação da substituição semântica: instituições que ostentavam sem dissímulo em seu papel timbrado o verbo *nomear* e o substantivo *lugar*, porque eram comitês destinados a batizar os antigos lugares para fundar e consolidar o novo espaço e, assim, poder atribuir para si "direitos originários" sobre o território. Este ofício de nomear precisava articular, para um povo tão diverso como o judeu, a ficção de um retorno às origens e de um futuro de unidade em que os nomes indicariam uma nova trajetória. A fundação léxica do Estado de Israel teve três pontos de apoio. Ponto Um: a revitalização do hebreu clássico, uma língua quase morta ou viva apenas em ritos religiosos, em uma versão nova que seria imposta sobre o árabe e o iídiche e o ladino e as demais línguas faladas por judeus de procedência diversa – o hebreu moderno conferiria uma identidade linguística única aos judeus-israelenses. Ponto Dois: a hebraização dos nomes para frisar que se abandonava, que inclusive se rejeitava, o estoicismo passivo do *velho judeu* europeu vitimizado pelos nazistas e se adquiria a fortalecida identidade do novo-judeu-israelense. David Gruen se tornaria Ben Gurion, Ariel Sheinerman ganhou o sobrenome de Sharon e Golda, nascida Mabovitch, ficou Meyerson com o casamento e depois adotou o Meir israelense – os judeus que adotaram a nova nacionalidade e os que depois nasceram em Israel adquiriram uma nova identidade que ganharia a designação *sabra* (cacto, em hebreu), em alusão à natureza espinhosa e resistente dessa planta do deserto e ao seu interior macio. Ponto Três: a desnomeação e consequente renomeação de regiões, bairros e ruas suprimindo suas designações anteriores, em árabe, estabelecendo uma afirmação ideológica de propriedade e uma reivindicação sentimental de pertencimento. Essa ampla política do nomear viria respaldada em leis e decretos e documentos oficiais e selos timbrados dentro de passaportes que instalariam, no sucessivo martelar dos carimbos, o domínio israelense no imaginário coletivo, tornando difícil sua posterior erradicação.

PALAVRAS PROIBIDAS

Algumas palavras são inevitáveis. Algumas estão proibidas mesmo quando remetem a fatos verídicos desta história. Palavras como *nakba* ou *al-nakba* ou c a t á s t r o f e de 1948, para citar uma de peso, opõem-se à vitoriosa e aceitável nomenclatura da *independência* israelense. Essa *independência* israelense significou para os palestinos a expulsão definitiva, por decreto, de cerca de setecentos e cinquenta mil árabes que passaram, eles e seus descendentes, à condição de eternos refugiados. A *nakba* evoca o sofrimento do despejo das casas e a expulsão do território, do impossibilitado retorno, dizem uns; convoca, dizem outros, desejos de represália e de um inadmissível retorno. Estes *outros* que temem o ressentimento são os mesmos que celebram sua independência, enquanto estes *uns* relembram um fato do passado que segue vivo no presente. Não é possível permitir – protestam os mais radicais israelenses – duas versões de um mesmo evento em uma mesma data. Não se pode permitir a existência de duas vítimas: comparar o sofrimento equivaleria a diminui-lo, obrigaria a assumir a dor do outro como legítima. É preciso calar a dolorosa memória da *nakba*, amordaçá-la com leis, esmagar, sob o peso triunfal da *independência*, a derrotada palavra da *catástrofe* até que ela deixe de respirar. E limpar depois, com o pano da *liberdade*, qualquer vestígio de violência. Continuar escrevendo *nakba* é, então, em Israel, como escrever *ditadura* em certos jornais chilenos quando já havia transcorrido uma década naquela estranha democracia que acabamos chamando de transição. Não era claro se estávamos saindo da *ditadura* ou se continuávamos presos em sua lógica. Impunha-se o asséptico uso de *governo militar*. Exigia-se *revolução*, ao invés de *golpe*. Estas palavras envolviam riscos para quem se atrevesse a escrevê-las, mesmo naquele tempo. Em meus anos de repórter iniciante fui severamente repreendida por usar estes termos. (Talvez agora o fosse por escrever *ocupação do território mapuche* ao invés de *pacificação da Araucanía*.) O editor que na época se dizia de esquerda grifou essas palavras de vermelho e me pediu explicações, perguntou se eu não havia lido o manual de estilo daquele jornal de direita. Não se esqueça, disse ele, o dedo carimbando a rasura: estas palavras, neste jornal, não existem. E me alertou também contra os truques do eufemismo: era preciso evitar inclusive insinuações que pudessem lembrar o leitor de realidades apagadas do vocabulário. Não bastava simplesmente afinar a mão e o ouvido, era preciso antecipar a leitura daquele editor e do editor que estava acima dele e do diretor que eu nunca vira. Evitar que descobrissem minha faceta *subversiva*, que notassem minha vocação *terrorista* de chamar as coisas por seu nome. Naquele jornal de direita. Estava protegendo meu cargo, disse o editor, esperando que eu o agradecesse: havia cada vez menos veículos e eram todos, ou quase todos, igualmente favoráveis à linguagem que o ditador nos deixara. *Subversiva. Extremista.* Interrompo a escrita do meu punho esquerdo no caderno sem saber como desvirtuei da disquisição sobre a impossibilidade de recordar a *nakba* em um país que se orgulha de ser a "única democracia" do Oriente Médio. Sei que usar esta palavra subverte, semanticamente, politicamente, a narrativa asséptica da independência israelense, e penso que, nisso que escrevo, estou correndo o risco de uma acusação ainda pior que a de extremista. *Antissemita.*

ANTISSEMITISMO: VERDADEIRO OU FALSO

Verdade. Nossa atroz história ocidental revelou um antissemitismo desenfreado. Custa explicar, custaria entender, mais ainda justificar, por que os judeus foram culpados de sucessivas perversidades. De terem envenenado as águas dos poços, lá, tanto tempo atrás, e de serem os causadores voluntários da peste negra que arrasou a Europa. Seriam punidos sem provas por esse absurdo e continuariam sendo punidos depois sob a Inquisição, submetidos à errância que acabou por defini-los. Esse sentimento irracional só fez perdurar e crescer, encontrar formulações racionais que atingiriam seu dramático apogeu em um genocídio aterrorizador. Verdade, também, que esse ódio continua existindo. Verdade que é preciso dar um basta nele. Mentira, no entanto, que a oposição ao expansionismo sionista tenha origem no antissemitismo. Essa é a acusação imediata que recebem todos os opositores aos abusos cometidos por sucessivos governos israelenses. Mesmo quando os críticos distinguem sionismo expansionista de judaísmo. Mesmo quando esses críticos praticam a tolerância religiosa e a igualdade racial. Mesmo quando sabem distinguir entre as políticas do Estado apoiadas por um eleitorado de colonos-fundamentalistas e a reticência de progressistas-cidadãos-israelenses e outros setores do judaísmo que desejam uma democracia de preferência laica. Mesmo quando aceitam, esses críticos, a existência de Israel. Verdade: *antissemitismo* é a denominação que recebem aqueles que se atrevem a devolver a estas circunstâncias as palavras que lhes correspondem. Um velho escritor, histórico simpatizante do que considera a "única democracia" do Oriente Médio, confessa que esperava que seu livro sobre o conflito gerasse críticas severas. O que surpreendeu este escritor, Mario Vargas Llosa, foi "sua quantidade, e a truculência de algumas dessas críticas, sobretudo daqueles que, conhecendo minha trajetória de solidariedade a Israel, me acusam de ter passado para o lado inimigo". Cito outra frase do prólogo que esse escritor incluiu no volume – breve, contundente, parece escrito exclusivamente para articular uma defesa contra a artilharia sionista. "Não aceito a chantagem a que recorrem muitos fanáticos, de chamar de *antissemita* quem denuncia os abusos e crimes cometidos por Israel". Verdade: a acusação é "absurda" (esta é a palavra que escolhe Vargas Llosa), mas é também parte indispensável de uma campanha dissuasiva comandada pela Liga Antidifamação, que tem braços e dedos estendidos pelo mundo para abafar qualquer sinal de questionamento à política israelense, contestando, sempre, que essas críticas são táticas antissemitas. Mas também é verdade que, apesar da força dessa liga, cujos princípios são seguidos por muitas instituições judaicas que tentam calar as vozes dissidentes, continuam crescendo as vozes contrárias que descartam essa posição e a enquadram na lógica da manipulação. Quem advertiu foi o historiador judeu Eric Hobsbawm, pouco antes de sua morte, e a propósito da guerra de 2009 em Gaza: "Permitam-me dizê-lo sem rodeios: a crítica a Israel não implica em antissemitismo, mas as ações do governo de Israel causam vergonha aos judeus e, sobretudo, dão margem para o atual antissemitismo. Desde 1945 os judeus, dentro e fora de Israel, se beneficiaram enormemente da consciência pesada do mundo ocidental, que havia negado a imigração judaica na década de 1930, anos antes de que se permitisse ou que não se opusesse ao genocídio". Quem também advertia, há apenas alguns meses, era um dos membros do proeminente clã dos Al-Barghouthi ou Barghouti – não os poetas Hussein, Mourid ou Tamim, que têm este sobrenome árabe; não o Mohammad da OLP; não Marwan, o capturado militante do Hamas; não Mustafá-o-pacifista –, o Barghouti chamado Omar, que dirige o atual boicote a Israel, escreveu na imprensa nova-iorquina que classificar de *antissemita* aqueles que desafiam as políticas antiárabes do Estado israelense é "uma alegação infundada que tenta intimidar e obrigar ao silêncio". Verdade, penso, lembrando que a publicação, em um jornal, de alguns trechos desta minha crônica palestina, teve como resposta imediata uma carta de reclamação da comunidade judaico-chilena. Verdade, digo para mim mesma, pensando na advertência que recebi de não publicar este livro, que sequer tentasse porque iria me prejudicar... Será mesmo verdade?, digo para mim, os dedos agora sobre o teclado. E continuo escrevendo.

FADADO AO EMPATE

Repassando as observações de Julie Peteet, compreendo que eu mesma me antecipei a essa acusação implícita de antissemitismo ao tentar equilibrar na escrita do conflito dois conjuntos de palavras, dois discursos opostos. Coloquei frente a frente duas narrativas dos fatos como se portassem o mesmo estatuto de verdade. A mesma força política. A mesma legitimidade ou o mesmo apelo internacional. De repente entendo que sentir-me obrigada a incluir a voz israelense e tentar justificá-la no contexto do holocausto é resultado da operação discursiva mais sutil do sionismo, que consiste em se colocar como vítima do mundo e enfraquecer a já frágil reivindicação palestina, justapondo-a sempre à retumbante reivindicação israelense. Então, mesmo que Amós Oz insista em reforçar por escrito que "todo mundo tem uma história", e que acredite que estas histórias "deveriam ter a mesma legitimidade", não é o que acontece. Não é verdade, na hierarquia dos relatos, que nenhuma história seja "mais válida nem mais convincente que a outra". Algumas palavras parecem proceder de um espaço legítimo e democrático que representa o bem, enquanto outras, de um espaço fanático ou fundamentalista que, a partir do episódio das torres, se tornou sinônimo *exclusivo* de terrorismo muçulmano, apagando as expressões de extremismo político e de fundamentalismo religioso do judaísmo e potencializando uma islamofobia generalizada. Trago de novo a antropóloga para explicar a Oz, esse obstinado caçador de equivalências, que não há simetria entre uns e outros porque a narrativa palestina foi sendo deslegitimada a partir dos Estados Unidos e silenciada pela imprensa norte-americana que, por muito tempo, concedeu ampla vantagem à narrativa israelense. Não é só que de dez entrevistas com porta-vozes israelenses apenas uma seja com um representante palestino. É que, além disso, "uma narrativa palestina nunca pode ser apresentada de forma autônoma na mídia ou no meio acadêmico, e raras vezes aparece sozinha sem um contrapeso ou contraponto israelense. Não obstante", e com isso Peteet encerra sua advertência, "o contrário raramente acontece".

INCONFORMADOS OU TRAIDORES

Não é de estranhar que as críticas mais duras às políticas do Estado de Israel surjam entre seus cidadãos: os judeus-israelenses estão melhor posicionados para exercer a autocrítica. São duros os epítetos que recebem de volta, internamente, acusados de haver internalizado o antissemitismo ou de estar traindo seu povo. Em que pesem as críticas severas, continua sendo "ao menos relativamente permitido manifestar ressalvas sobre a política do Estado de Israel." Afirma-o em minhas anotações o sociólogo do secularismo Jean Baubérot. (Seus óculos redondos, seus cabelos ondulados e grisalhos lhe conferem, nos retratos, uma aparência de adorável professor universitário.) Baubérot acrescenta que "seja qual for sua postura crítica, o opositor deverá *obrigatoriamente* se render à lógica da linguagem estabelecida, e provar que não é contrário à existência de Israel." Tudo pode ser dito, mas não tudo. Só até certo ponto. E este ponto intocado no tempo é o ano de 1948: a fundação. Ninguém vai tão longe. Nenhum judeu, israelense ou não, sugere extinguir Israel. (Exceto ortodoxos antissionistas como o rabino da porta da frente, opositores rotundos do Estado e de seu expansionismo: ninguém.) A discordância mais frequente vem do repúdio aos maus-tratos contra os palestinos. Há arriscados ativistas que se unem às manifestações, colocando seus corpos como escudos de proteção entre soldados e civis. Há objetores de consciência trabalhando pelo fim da ocupação e cerca de mil ex-recrutas, atormentados por dúvidas sobre seus trabalhos em áreas palestinas, dispostos a "quebrar o silêncio" (assim se chama a organização dirigida por Yehuda Shaul) e denunciar as políticas sistemáticas de assédio, os abusos por tédio ou por diversão ou como forma de galgar postos no Exército. Há israelenses de esquerda comprometidos em denunciar os excessos, há advogados defendendo voluntariamente os palestinos, há historiadores revisionistas e renomados intelectuais que emprestam sua escrita à crítica. "Eles se negam", garante Vargas Llosa, que frequenta estes últimos e já dividiu terreno com os ativistas, "se negam a ser silenciados pelos intolerantes que, esgrimindo o eterno argumento dos inimigos da liberdade, os acusam de trair o povo judeu e dar munição a seus inimigos". Fugindo de sua habitual cartilha contrarrevolucionária, Vargas Llosa garante que "a melhor tradição desse povo é a resistência à opressão e à mentira", e essa tradição, no seu entender, "está melhor representada pelos inconformados do que por aqueles que querem calá-los". O anti-historiador Ilan Pappé é um dos mais radicais inconformados, dos poucos que se atrevem a revisar e questionar os pressupostos coloniais do país onde nasceu. Da Universidade de Exeter que o acolheu quando, perseguido pelo sionismo, ele próprio precisou partir, Pappé disse que Israel deve admitir ter cometido uma espoliação e reconhecer o direito ao retorno dos refugiados palestinos como condição prévia para a paz. Nem todos os críticos vão tão longe, no entanto. Alguns temem o retorno dos milhões de refugiados palestinos e o consequente fim dessa teocracia em que os líderes do governo estão sob a influência dos líderes religiosos. Outros defendem o fim da ocupação sem ser contra o Exército. Outros mais pedem a solução-de-dois-Estados, mas não a eliminação dos assentamentos. Não são todos pacifistas irredentistas, nem estão dispostos a dar crédito aos palestinos sem um prévio acerto de contas: é difícil para eles aceitar que o empreendimento colonial é a origem da resistência palestina. Entretanto, é importante dizer que, em Israel, ser contra a maioria confere a todos os inconformados o estigma de traidores. Sempre mais aos porta-vozes desse dissenso. Categóricos jornalistas do *Ha'aretz*, como Amira Hass (filha de descendentes do holocausto que durante anos foi correspondente em terras palestinas) ou Gideon Levy (que foi acusado de fazer "propaganda" para o Hamas). Oz, que não conta entre os categóricos dissidentes e cujo discurso se aproxima de certo oficialismo, volta a essa palavra outrora usada contra ele para explicá-la no contexto do fanatismo. Põe *traidor* em xeque quando aponta que assim são chamados "aqueles que odeiam mudar apesar de sempre quererem mudar você. Não ser um fanático significa ser, aos olhos do fanático, um traidor".

TEORIAS DO ERRO

Duas vozes tachadas de traidoras emergem, entre tantas, em Israel. São vozes que soam diferentes dependendo de quem as ouve. Avessas ao projeto expansivo dos setores extremos do sionismo. Avessas às reivindicações palestinas legitimadas por certo progressismo israelense. São vozes intermediárias, suspeitas em ambos os extremos, que ostentam o discurso da paz. Vozes que fora de Israel são consideradas sensatas porque chamam para a negociação e o consenso. Somente se baixarmos seu volume e prestarmos atenção ao lugar de onde vêm, notamos que o consenso e a paz que elas propõem são ditados pelos termos de uma sensibilidade oficialista. Uma destas vozes carregadas de estática é a do já citado Amós Oz (seu sobrenome, de origem russa, na verdade é Klausner). Li os ensaios deste autor, até agora, com certo ceticismo, alertada por críticos à sua esquerda que o consideram "um falso profeta da paz". Talvez para completar a imagem que fui formando dele na leitura, procuro seu nome na internet. Encontro Oz diante do púlpito, em plena conferência ao público de J Street, uma organização nova-iorquina declaradamente pacifista e pró-Israel. Na minha tela, sua energia é surpreendente: embora seja um escritor já velho, mantém o tom seguro e vital e espinhoso de um *sabra* jovem. (Não é por acaso que Oz signifique *força*, ou *solidez*.) Como um pregador ou um persuasivo político, o escritor vai repetindo, ponto a ponto, o que diz em seus ensaios sobre o conflito. "Não precisamos fazer amor, mas a paz com os palestinos" é uma de suas frases de efeito. Faz pausas para os aplausos enquanto dá uma olhada em seus papeizinhos e prossegue num inglês impecavelmente pronunciado. Olhando-o falar, não me surpreende que Oz se destaque entre os seus como um intelectual influente e crítico. Ao longo de seus muitos anos de escritor-envolvido-na-política, Oz insistiu no polêmico retorno às fronteiras de 1967, e na solução-de-dois-Estados na qual o sionismo de direita não quer nem ouvir falar. Oz insiste no "justo porém doloroso divórcio" de israelenses e palestinos que, após a separação, "deverão continuar vivendo em uma mesma casa". Essa é uma de suas metáforas, a da estranha casa-pátria *compartilhada*, como se uma casa ou uma terra não pudesse ser dividida, como se, apesar da partilha, continuasse sendo para sempre, na imaginação dos judeus, uma só; a outra metáfora é a da "dolorosa porém necessária cirurgia" que deverá dividir o território para abrir passagem à eventual vizinhança – a imagem alude outra vez a um só corpo cuja divisão, se pensarmos literalmente na metáfora de Oz, implicaria uma morte. Oz argumenta, contra a opinião de muitos dos seus, que houve "problemas de liderança de ambos os lados", e estendendo-se em sua metáfora cirúrgica insiste que, apesar da urgência, quem "não se atreve a operar o paciente são os próprios médicos". Chovem aplausos da plateia. Ele entrecerra os olhos para ver os que aplaudem. A sombra de seus óculos, equilibrados na ponta do nariz, cai sobre as bochechas enquanto ele ergue a voz convicto de que é necessário o reconhecimento, diz, tanto de israelenses como de palestinos, das "mútuas responsabilidades históricas" neste conflito. Oz pontua a palavra *responsabilidade* e a palavra *mútua*, mas sem dizer quais responsabilidades cada um deveria aceitar. Talvez algum subentendido tenha se perdido entre os aplausos. Deve ter, penso eu, porque essa provocadora porém enigmática pontuação é defendida por David Grossman em outro texto e em outras conferências postadas na rede. Mais comedido no discurso é este outro escritor: sobre o palco, Grossman mal levanta a voz e titubeia em inglês com um sotaque que parece latino-americano. Grossman é sem dúvidas menos eficaz nas artes da declamação do que numa escrita em que sempre tenta *entender* antes de *julgar*. Volto ao meu caderno, recupero minhas anotações de leitura onde encontro-o concordando e apoiando as ideias de Oz. Grossman escreve que "também os palestinos são culpados de inúmeros erros". E também não diz a que erros se refere. Só se pode deduzir de longe, a partir de uma cuidadosa leitura de seus ensaios completos, que Grossman pensa em "oportunidades perdidas para a paz". É possível tecer algumas deduções de sua biografia política como redator de uma fracassada iniciativa de paz, a Iniciativa de Genebra de 2003 (uma aura de neutralidade impregna o uso da cidade-da-diplomacia). Essa iniciativa incluía, entre outros pontos, o reconhecimento do Estado de Israel com capital em Jerusalém, a anexação dos territórios com assentamentos mais extensos e da Jerusalém oriental ocupada, em troca de um Estado palestino desmilitarizado e sem exército próprio. Esse documento, aprovado por Oz e por A. B. Yehoshua, outro escritor da esquerda sionista, considerava, disse criticamente Ilan Pappé, que a reivindicação do retorno era um "impedimento para a paz", enquanto a sugerida expansão de Israel não o era. Mas Grossman interpretava a recusa em aceitar como uma expressão cultural da "teimosia dos palestinos" de insistir em voltar a suas casas, em não se conformar com sua derrota, em se negar a sonhar com outras possibilidades e persistir em seu desejo ao invés de aceitar o que Israel lhes ofereceu em negociações do passado. Interrompo aqui minha escrita e saio da mesa. Se eu fumasse, escolheria este momento para acender um cigarro e encher os pulmões de fumaça. Se vamos falar de equivalências, penso, intoxicando-me imaginariamente, se vamos falar de igual para igual, dividindo responsabilidades e erros e também esperanças e íntimos desejos, por que nos negamos a aceitar que os palestinos não vão renunciar ao que perderam há meio século? Os judeus nunca renunciaram ao que haviam perdido há milênios. Os próprios sionistas deram o exemplo de que era possível satisfazer a nostalgia do retorno. Talvez o ideal, mais do que repartir culpas em partes iguais, seja admitir, como sugere Pappé, que Israel cometeu uma espoliação e que é sua responsabilidade reconhecer o direito de retorno dos refugiados palestinos ou pagar indenizações ou negociar com eles verdadeiramente de igual para igual e oferecer opções aceitáveis como condição prévia para a paz.

TELEGRAMA DE ISRAEL

Chega uma mensagem telegráfica de Uriel, de Jerusalém, falando de algo que não poderei ler. "Hoje artigo insuportável de Grossman desenhando conflito como simétrico. Um horror: os que narram o conflito de forma simétrica o descontextualizam quase tanto quanto os sionistas de direita".

JUDEUS DO EXTERIOR

As formas de praticar o judaísmo variam dentro e fora de Israel. A adesão ao sionismo a partir da d i á s p o r a foi em alguns períodos mais militante e mais uniforme, enquanto o dissenso sempre foi encoberto: dentro pode haver rixas, reza a lei internacional, mas fora é preciso estarem unidos perante a crítica (antissemita). O dissenso externo tem sido um discurso sussurrante, mas não inexistente. E vem aumentando nos últimos anos, liberado de outra velha acusação: a de que o crítico internalizou o ódio aos judeus e odeia a si mesmo. Um que não se deixa intimidar: Noam Chomsky. Filho de sionistas socialistas em tempos de sionismos mais tolerantes, foi precursor de uma dissidência descontraída, capaz de fazer as palavras mais duras de Oz esmorecerem. Chomsky desafiou e ainda desafia os interesses territoriais de Israel, desafinando, assim, nos acordes e acordos de aprovação judaica-americana do pensamento judaico-israelense. Chomsky nunca recuou em sua crítica, e vem ganhando companhia de uma multidão crescente. Não faz muito tempo, o *New York Times* sintonizava um dial de vozes demolidoras. Um cientista-político-judeu-norte-americano declarava que "prestar reverência a um Estado fortemente militarizado é contraditório, considerando o passado do qual viemos". E este catedrático não estava sozinho ao questionar a premissa de que uma comunidade religiosa deva ter um território exclusivo e blindado e defendido por armas. Certo professor complementava que "o conceito de um Estado definido por um único povo era profundamente problemático desde o começo e levaria, inevitavelmente, a um desastre político e moral. E foi isso que aconteceu". Estes intelectuais que agora falam ao *New York Times* lançam claras advertências contra as narrativas nacionais excludentes das chamadas *democracias étnicas* apontadas por Edward Said – talvez a voz mais resplandecente, mais ressonante e respeitada da diáspora palestina. Said pensou essas narrativas como "substância a partir da qual todas as identidades nacionais são formadas". Mas ao mesmo tempo suspeitava da fixação destas identidades, "já que a dinâmica da história e da cultura garantem uma evolução e mudanças constantes". O pior, dizia, "é quando indivíduos ou grupos fingem ser os *únicos* representantes verdadeiros de uma identidade, os *únicos* intérpretes legítimos da fé, os *únicos* baluartes da história de um povo, a *única* manifestação da cultura, seja ela islâmica, judaica, árabe, americana ou europeia. De convicções tão insensatas surgem não apenas o fanatismo e o fundamentalismo, mas também a total falta de compreensão e de compaixão pelo próximo". Diante dessas versões *únicas*, contra essas posições exclusivistas da identidade legítima, é preciso apostar na linguagem do dissenso e da multiplicidade.

LEIS ABSOLUTAS

Em zonas de conflito, nos momentos mais críticos do combate, a primeira coisa a desaparecer são as nuances, os meios-tons do discurso aparecem como suspeitos. O controle é assumido pelas versões únicas e verdades simplificadas: é necessário que exista apenas um lado da história para garantir uma adesão inquestionável, para erguer bandeiras próprias, entoar aos berros palavras de ordem contra os outros, a voz martelando nas sílabas do ódio. Para ver os detentores de ideias contrárias ou de identidades diferentes como inimigos. Para aceitar leis destinadas a destruí-los. As versões únicas tornam-se indispensáveis em tempos de guerra e são impostas mediante seu constante bombardeio pela imprensa. Volto a um trecho sublinhado de seu *Writing in the Dark*, no qual David Grossman, lúcida testemunha dos processos de limpeza da linguagem, explica que os discursos da segurança ou da superioridade nacional exigem uma claudicação da capacidade crítica. Escreve, ele, a frase que copio do meu caderno: "Eu me torno parte da massa quando renuncio ao direito de pensar e formular minhas próprias palavras, na minha língua, e aceito, automaticamente e sem críticas, as formulações e a linguagem ditada por outrem". Grossman se refere ao pensamento dócil de um povo, o seu, que se abstém de pensar fora dos discursos aceitos. Não por preguiça. Não por incapacidade. Simplesmente por medo, escreve Grossman. Ir além dos discursos oficiais, acerta ele em seu ensaio (quase posso imaginá-lo dizendo estas palavras com sua voz de homem tímido), pensar além do estabelecido implica em renunciar a certos mecanismos de defesa, obriga a conceber o conflito a partir da sensibilidade do *outro*. Não é fácil objetar, continua este escritor-crítico, não é fácil resistir à convincente narrativa da história contada pelos israelenses, essa história que "geralmente é a única versão permitida e *legítima* de um povo aterrorizado". (*Aterrorizado*, eu copio, e penso nos terrores de Grossman, que perdeu seu filho na guerra do Líbano.) Mas talvez a ideia mais sugestiva de seu livro seja a que ele formula a modo de pergunta. Será que seu povo "continuou lutando porque se encontra prisioneiro da versão oficial da história"? Qual é, eu me pergunto em seguida, parafraseando-o, essa história oficial que induz este povo a continuar sua luta? Será a história de que eles usam a violência ou a brutalidade única e exclusivamente porque estão em guerra, mas que quando a guerra terminar deixarão de empregá-la e voltarão a ser o povo ético e nobre que sempre haviam sido? Será a oficializada história de um povo condenado à destruição que deve sempre se defender? A história de que a Europa lhes devia um *lar nacional* como pagamento por seus abusos, que a Europa quitaria seu antissemitismo em suaves parcelas contra a vontade dos palestinos? Ou será aquela versão bíblica da promessa feita por Deus ao *povo eleito* que permite aos sionistas radicais reivindicarem não apenas os territórios palestinos, mas todo o Levante, até o último grão de areia e a última pedra e a última gota do rio Jordão que já não seria a divisa, mas que se estenderia por todo o Grande Israel segundo a promessa divina? As fronteiras dessa história oficial carecem de um traçado exato: mesmo judeus não praticantes, mesmo israelenses da esquerda laica parecem comprometidos com esta *verdade oficial* de matriz religiosa produzida e praticada pela teocracia israelense. David Grossman é um adversário precoce daqueles que pensam a escritura bíblica como versão única do passado e como mandamento definitivo do futuro. "As leis absolutas" do texto religioso, adverte ele, não sem preocupação, "requerem ações absolutas".

PEDRINHAS NO AR

Ele declara ter sido uma criança fanática, um pequeno sionista atirador de pedras contra as patrulhas britânicas que tinham o mandato da Palestina. Junto com outras crianças igualmente militantes e armadas de pedregulhos, gritava a eles, *British, go home!* Amós Oz era um declarado menino-da-intifada-judaica. É, escreve agora este filho de sionistas de direita que se instalaram em Jerusalém nos anos trinta, um "fanático reabilitado" e um especialista em "fanatismos comparados". É o que ele diz, embora esteja tudo escrito, tudo inclusive traduzido quando leio um de seus ensaios. O que acaba não contando, no entanto, é que aquela intifada de pedrinhas que agora lhe parece tão distante pôde terminar porque aqueles infantes viram os ingleses partir e deixar a terra para eles. As crianças-palestinas também viram partir os militares britânicos em quem tinham confiado, e viram os recém-chegados-israelenses tomar para si terras que eram delas. (Em sua retórica da simetria, Oz repete que se tratou de um *intercâmbio* de lares em que os palestinos e suas crianças *permutaram suas casas* pelas de outras centenas de judeus-orientais expulsos dos países-árabes. Mas não se tratou de uma casa em troca de outra; foi, quando muito, uma casa em troca de uma barraca de campana dentro de um eterno refúgio que nunca chegou a ser mais do que uma indicação de domicílio assumido como temporário.) Talvez as crianças-palestinas da época pensaram ou disseram, naqueles acampamentos onde iriam envelhecer, a mesma frase com outro vocativo. *Jews, go home!* As crianças-palestinas juntariam as pedras deixadas pelas crianças-judias e começariam sua própria *intefadah*. Mas jogar pedras agora é um ato criminoso. Há cinco crianças-palestinas condenadas à prisão perpétua por apedrejar o carro de um colono israelense em territórios lotados de assentamentos ilegais. Há quase duzentas crianças-da-intifada nos presídios israelenses: a cela transformada em outro lar. A cada ano Israel prende setecentas. A matemática da prisão é incompreensível e às vezes invisibilizada: há quase uma década as crianças de Gaza vivem a prisão perpétua de uma cidade sitiada e de casas amontoadas.

UNS SOBEM, OUTROS DESCEM

Essa é a dolorosa questão. Os palestinos não poderem se mudar a outros pontos da península arábica nem adquirir outras cidadanias. Não encontrarem outro lugar que pudessem chamar de seu. Terem se tornado eternos refugiados no limbo das nações. A dolorosa questão de que não lhes é permitido voltar porque a lei do *retorno* se aplica, perpétua e exclusivamente, apenas aos judeus. Os que chegaram antes da *independência*. Os que continuam chegando de lugares tão afastados como Etiópia ou Argentina. Os convertidos recentes, posicionados nos assentamentos como linha de frente e de defesa de novas expulsões palestinas. ("Todo judeu que chega, como eu, para se instalar em Israel, é um *ole hadash*. Um novo *subidor*", explica Uriel, meu amigo-argentino-*ole-hadash*, em outra mensagem telegráfica. "Viver em Israel", insiste, "é *subir*".) Os judeus do mundo continuam *subindo*, enquanto os palestinos *descem* porque são impedidos de retornar. Não se trata, como quer Oz, de um mero conflito "entre o certo e o certo, entre duas reivindicações muito convincentes, muito poderosas, sobre o mesmo pequeno pedaço de terra". Não é "simplesmente uma disputa sobre quem é o proprietário da casa". Os palestinos têm reivindicações fundadas no pertencimento territorial recente, além de ancestral, aprovado e reconhecido por organismos internacionais; mesmo assim, não contam com o *direito* de retornar à sua terra natal. Apenas os judeus, tanto os descendentes de uma minoria levantina quanto os chegados da Europa, ou da África, estes últimos sem outras raízes além das atribuídas pela narrativa religiosa, sentem uma nostalgia retroativa e furiosa, assumem como direito a promessa divina, mesmo que tenham se tornado ateus. Oz, que apesar de laico acredita no retorno à *terra prometida*, reconhece, em tom contrito, que por muito tempo ninguém em Israel queria ver nem ouvir falar que os palestinos continuam vivendo entre parênteses, que a "Palestina é o único país a que podem se agarrar" – eles e seus filhos e seus netos. Continuam condenados à nostalgia do regresso. No limbo dos acampamentos, as crianças-palestinas nunca falam do lugar onde nasceram. Falam do herdado lugar de onde *são*. Este *ser-de* nomeia sempre o povo e a rua e a casa da qual seus avós foram expulsos.

ENSAIAR O DESPEJO

A questão do retorno à casa sempre volta. Não importa onde eu esteja: a casa e sua falta me convocam. Tarde da noite, enquanto leio Oz, ou talvez Said e Grossman (há uma pilha de livros sobre minha mesa), chega por e-mail a mensagem de um aluno-egípcio que passou por uma de minhas aulas, tempos atrás. É uma carta formal escrita para ser enviada a muita gente, mas há um sobrenome no cabeçalho que me inquieta: "Cara Professora Meruane". (Faz meses que ver meu Meruane por escrito me enche de aflição; é como se eu tivesse dificuldade de me reconhecer nele, como se algo tivesse sido deslocado ou despejado, como se entre minha pessoa e meu sobrenome se intrometesse uma vírgula.) A esse começo, segue-se a história em que descubro que Aimin-o-egípcio é membro da organização secular Estudantes pela Justiça na Palestina, que acaba de levar a cabo uma ação política que consistiu em colocar, debaixo da porta dos dormitórios de dois mil estudantes, notas de despejo como as que o governo israelense costuma deixar aos palestinos pouco antes de derrubar suas residências. O propósito era triplo, escreve Aimin. Um: protestar pacificamente contra a política de despejo e demolição de casas palestinas praticada nos territórios. Dois: chamar atenção da vasta comunidade universitária para esse abuso. Três: convidar todos aqueles estudantes de-outras-origens a despojar-se de suas identidades e se colocar no vulnerável lugar dos sem-casa. A falsa-nota-de-despejo anexada por Aimin revela, no rodapé, números arrasadores. Cento e sessenta mil palestinos ficaram sem um lar desde 1967. Vinte e sete mil casas palestinas foram destruídas para ceder espaço aos assentamentos ilegais construídos nas terras esvaziadas e legalizadas de forma retroativa. Os palestinos são impedidos de construir suas casas. Até mesmo reformar as que têm pode ser considerado ilegal e motivo de destruição. Também por decreto e a modo de revanche são destruídas as casas dos agressores palestinos, mesmo quando essas casas não são suas, mesmo quando ninguém na família participou da agressão ou teve informações prévias; mesmo quando nunca foram apresentadas acusações ao suposto agressor. As justificativas para expulsá-los são tantas, tão diversas, que não faz sentido citá-las, uma por uma, nessas folhas brancas de papel. Talvez também não venha ao caso registrar naquela folha o que disseram sobre o assunto historiadores revisionistas israelenses: que por trás do despejo são tramadas políticas de erradicação étnica definitiva dos não-judeus para permitir que os sim-judeus possam expandir. Nada disso é dito ali. A folhinha de papel não contém mais do que a advertência falsa e os números informativos. Mas a impetuosa resposta à ação não demora a chegar: entre os alunos judeus que recebem estes falsos avisos há quem declare à imprensa sensacionalista ter sido alvo de assédio antissemita (mas nem os dormitórios eram judeus, nem a organização pró-Palestina é religiosa). Há quem diga ter sido violentado pela mensagem de ódio (mas não havia na nota mais que um tom de burocrática cordialidade). Garantem que a organização é financiada pelo Hamas (mas não apresentam provas). Uma estudante diz ter sentido medo (e neste momento me lembro da frase em que Norman Finkelstein, um conhecido cientista político judeu norte-americano, aponta que "a enganosa vitimização gerou consideráveis dividendos: a imunidade israelense perante a crítica"). Em sucessivos e-mails, Aimin me conta que a organização refutou todas as acusações, alegando que a inofensiva ação estava salvaguardada pelo "direito de liberdade de expressão, que mesmo nos temas mais controversos deve ser assegurado pela universidade". Mas a organização ou seus advogados entenderam que a universidade devia estar sendo pressionada pela poderosa Liga Antidifamação, e pediram o apoio, isto é, assinaturas dos professores para evitar punições que poderiam incluir a *verdadeira* expulsão dos estudantes pró-palestinos. Não só de seus dormitórios, mas da instituição.

LAR FORTALEZA

O símbolo da casa, de um lar sólido, de paredes firmes, é o estilhaço cravado também em Israel. David Grossman declarou, não sem nostalgia, que seu país ainda não representa para ele um lar porque "as fronteiras de Israel mudaram e se moveram tantas vezes, toda vez que há uma guerra ou uma ocupação militar. É como trabalhar, morar, estar numa casa com paredes móveis. A terra está sempre tremendo sob nossos pés". Ele atribui essa angustiante incerteza à impossibilidade de negociar uma paz permanente para que os israelenses "tenham a sensação de que o país é sua casa". Acredita que seria decisivo fixar de forma definitiva os simbólicos muros da nação e normalizar as relações com os vizinhos. A ideia de lar (é inevitável acrescentar aqui o adjetivo *seguro* ao substantivo *lar*) terá, insiste ele, "uma fronteira ilusória" até que sejam retirados os massivos assentamentos do coração do território palestino. Até lá, haverá apenas um "sentimento de *fortaleza*, mas ainda não de lar". É o contraponto perfeito. De um lado do muro de concreto, a falta-de-lar (de tranquilidade, de aconchego) ao menos proporciona um espaço protegido para os israelenses. Do outro, no entanto, essa fronteira tão sólida tampouco garante a existência de lares aconchegantes ou tranquilos ou seguros: delimita o espaço de uma asfixiante ocupação.

CHAMEMOS DE MURO

Volto algumas páginas para revisar as palavras que fui acumulando. Antissemitismo, *shoah* e lar seguro, mas também *nakba*, casas arrasadas e retornos impossíveis. Silêncio. Direitos. Despejo. Destruição. Combatentes legais. Terrorismo. Nesse ponto crítico do planeta, cada palavra ativa ecos de ressonâncias imprevisíveis e perigosas. Em uma nova página em branco, escrevo outra daquelas palavras complicadas – m u r o – com plena certeza de que preferir, ou proferir, este substantivo indica uma posição política. Dizer *muro* é reduzir a quatro letras uma quilométrica barreira de concreto, alta, lisa, cinzenta, que às vezes é uma cerca de arame farpado, que em alguns trechos está eletrificada: menos para eletrocutar do que para indicar a presença de um corpo inimigo. A palavra *muro* exige a quem a enuncia complementar seu uso com os verbos *cercar* e *confinar* e *obstruir*. *Barreira de segurança* ou simplesmente *cerca divisória* situa semanticamente quem usa estes termos do outro lado do conflito; então não se trata mais que de *separar* ou *proteger* Israel dos árabes. A escolha não é neutra. Não pode ser. Nessa região não existe neutralidade. Não é inofensiva, tampouco, a política do muro.

Ariel Sharon iniciou a construção de 721 quilômetros ao redor da Cisjordânia sob o lema da *defesa* diante dos atentados suicidas das intifadas; aproveitando essa obra, ainda em curso, continua-se praticando a anexação ilegal de terras palestinas. O muro empurrou para o leste a fronteira traçada em 1967, corrigindo o perímetro legalmente acordado entre as partes. Em alguns vilarejos – é o caso de Budrus em 2010, de Bil'in em 2006 –, a grossa muralha de sete metros de altura os cercava, estrangulando-os. A parede de concreto partia o vilarejo de Abudis em dois. Em outros pontos, o muro separava vizinhos que eram quase de uma mesma vila. O concreto e o aço criavam prisões para os palestinos enquanto construíam fortalezas para os israelenses, mesmo quando acabaram as intifadas e os ataques suicidas. Os governos de então (Sharon) e de depois (Netanyahu) classificaram essa operação mural numa linguagem entre matemática e militar: a dos *lucros estratégicos*. Para retirar a dura posição do governo e as toneladas de cimento já seco foi preciso mobilizar os habitantes de Bil'in e de Budrus e de Abudis, convidar observadores internacionais, jornalistas e fotógrafos e cinegrafistas estrangeiros, convocar jovens ativistas israelenses para manifestações pacíficas. Aqueles alambrados e a parede podem ter se aproximado da fronteira legal anterior, mas nunca coincidiram com ela. Os agricultores voltaram a plantar suas centenas de oliveiras arrasadas pelas escavadeiras, e a esperar com paciência elas crescerem, enquanto ao longe, lentamente, outro horizonte de concreto erguia-se de novo.

APARTHEID OU NÃO

É ou não é uma situação de *apartheid*? – outra palavra submetida a um frio escrutínio, a um debate incendiário. E quem acendeu o pavio foi Noam Chomsky ao acusar Israel não apenas de assessorar e fornecer apoio armamentista às ditaduras latino-americanas (nas quais morreram não poucos judeus de esquerda), como também de vender armas à África do Sul e, assim, apoiar a segregação racial. Vinte anos antes de acabar o sistema de *apartheid* naquele país, Israel e Estados Unidos foram os únicos membros da Organização das Nações Unidas que se negaram a assinar o veto à opressão que em 1973 começou a ser aplicado a todos os atos cometidos com o objetivo de estabelecer e manter a dominação de um grupo racial sobre outro de modo sistemático, negando o direito à liberdade aos demais cidadãos, submetendo-os a prisões arbitrárias e ilegais, expropriando suas casas, transferindo-os e obrigando-os a viver em guetos, privando-os da possibilidade de movimento, vetando seu direito de entrar e sair do país, impedindo a realização de casamentos mistos; todos exemplos de crimes praticados sob o sistema do *apartheid*. Percebendo a evidente conexão, Chomsky escolheu a palavra *apartheid* para definir a situação palestina, mas não poucos foram logo levantando objeções contra ele. Amós Oz se opôs a seu uso alertando seus leitores de que naquelas terras levantinas não houve conquista nem invasão. Tentando guardar distância do passado sul-africano, o romancista israelense recorre à sua retórica-da-simetria colocando judeus e palestinos em pé de igualdade histórica: a tese defendida por ele é que ambos os povos foram *igualmente* maltratados pela Europa. "Usados como parque de diversões imperialista", os palestinos. "Discriminados, perseguidos, ameaçados e assassinados em massa em um crime genocida sem precedentes", os judeus. Seu apelo à solidariedade entre os dois povos vitimizados, porém, é estridente, porque por trás desse verdadeiro histórico de abusos coloniais, a Europa aceitou as demandas judias, mas negou as palestinas. Foi uma nação europeia, pressionada por seus vizinhos, igualmente europeus, que cedeu aquelas terras aos israelenses; outro país do mesmo continente remiu suas culpas antissemitas indenizando suas vítimas pelo resto da vida e apoiando economicamente o Estado de Israel. A relação desvantajosa dos judeus com a Europa é agora coisa do passado. Para os palestinos, não deixou de ser coisa do presente. A palavra *apartheid* ressoa aí, mesmo que tenha sido cunhada em outro contexto e que algo sempre se perca numa tradução. Seu valor reside em permitir iluminar uma realidade, que não se entende completamente, com o brilho terrível de outra que sim. É por isso que o *apartheid* está agora sob fogo linguístico cruzado. Nelson Mandela disse, celebremente, em meados dos anos noventa, que "o fim do *apartheid* não seria completo sem a liberdade dos palestinos". Mas um jornalista israelense criado na África do Sul do *apartheid* publicou, há várias semanas, no *New York Times*, um longo artigo desmentindo se tratar da mesma coisa. "Ninguém simplesmente desaparece em Israel. Existe a liberdade de expressão. E o dissenso existe, os movimentos de protesto existem, a mídia de oposição cobre os protestos". Isso é verdade dentro de Israel, mas o argumento de Hirsh Goodman perde força quando examinamos como a l i b e r d a d e   d e   e x p r e s s ã o acaba nos territórios palestinos. Lá, quem protesta com cartazes ou pedras enfrenta soldados com armas de fogo e pólvora, tiros de borracha muitas vezes letais e não poucas mortes a sangue frio. A proibição de filmar, as ameaças, a prisão domiciliar de Emad Burnat para evitar que produzisse o que seria, depois, o impactante documentário *Five Broken Cameras*, os espancamentos que acabaram com seus colegas palestinos durante os pacíficos protestos contra a construção do muro em Bi'lin não constituem um testemunho das proclamadas liberdades de expressão. A realidade ilícita dos a s s e n t a m e n t o s (que em sucessivas limpezas de palavras começam a ser chamados de *bairros judeus*) neutraliza outro argumento de Goodman quando ele explica que ninguém foi retirado de suas terras como foram os negros na África do Sul. Talvez não da mesma maneira, mas desde 1967 Israel destruiu cerca de vinte e cinco mil casas palestinas nos territórios, causando o deslocamento de cento e sessenta mil pessoas; os palestinos constituem a maior comunidade de exilados e refugiados do mundo. Anoto no meu caderno e sublinho, para não esquecer, que as tentativas de estabelecer diferenças são apenas malabarismos linguísticos: não é fácil manter no ar essas comparações. Goodman parece sem alento ou sem talento quando alerta seus leitores de que essa palavra está destruindo a imagem de seu país perante o mundo. "Israel", ele anota, e eu o imagino parado diante deste nome como se o invocasse, sombrio, porque por trás de seu argumento está o anúncio arrasador de novos assentamentos ilegais que se juntam aos já cento e vinte existentes. Há repúdio e há reprovação, mas Israel segue em frente, armado de escavadeiras e de soldados e caminhões e tanques e casas pré-fabricadas e betoneiras girando cheias de cimento. "Israel", escreve Goodman, "está se deixando ser chamado de um *estado de apartheid*, e está inclusive incentivando isso", termina, admitindo uma contradição. A soma das partes (racismo + despejo + ocupação + assentamentos + bloqueio) não teria como resultado justamente o estremecedor *apartheid*? Na verdade é *apartheid*, mas por pensar a contrapelo eu me pergunto se esta palavra não nos desloca para outro ponto do planeta, outro momento histórico, outra narrativa de discriminação, outro modelo de racismo que poderia nos distrair das particularidades deste *apartheid*. "Chamá-lo de *apartheid* invocando o estilo sul-africano da segregação racial", diz Chomsky, respondendo à minha pergunta de forma contundente, "é fazer uma cortesia a Israel. O que está acontecendo nos territórios ocupados é muito pior. Há uma diferença crucial: na África do Sul a população branca precisava da população negra como força de trabalho, mas os sionistas simplesmente querem prescindir dos palestinos, querem se desfazer deles, expulsá-los, aprisioná-los".

ELYAHUD

Entre as primeiras palavras de Gibreel, estavam *jess* ou *exército*. E *matat*. E *al-jidar*. *Cartuchos de bala* semeados na terra após os protestos de Bil'in. Contra o *muro*: a terceira palavra. Na época, o muro que atravessava Bil'in era uma cerca de arame cheia de farpas sustentada por uma enorme porta resguardada. Gibreel, filho caçula de Emad Burnat, aprendeu a saudar os soldados do *jess* enquanto cruzava o *al-jidar* e brincava de protesto pacífico com os *matat*. Estava começando sua aprendizagem do mundo no vocabulário da o c u p a ç ã o. Pouco depois, aprenderia a falar das mortes de vizinhos que testemunhou durante as manifestações organizadas e filmadas por seu pai com cinco câmeras diferentes – todas seriam quebradas e consertadas e quebradas de novo até ficar em condições irreparáveis. Não só a realidade de Gibreel, mas todo o discurso de gerações de palestinos e israelenses foi sequestrado pela lógica linguística da guerra. Mas, diante desta "tentativa de dissimulação semântica, os palestinos responderam com uma radicalização da linguagem", diz, também por escrito, Leah Tsemel, advogada israelense-de-nascimento conhecida por sua defesa judicial de dezenas de palestinos. "Antes, os que vinham me consultar falavam de *soldados* ou de *colonos* que, por exemplo, tinham roubado suas ovelhas, mas agora tanto as crianças-palestinas quanto os adultos deixaram de usar essas palavras. Culpam os *elyahud*. Os *judeus* confiscaram meu documento de identidade. Os *judeus* me bateram. Os *judeus* destruíram minhas oliveiras. Que o Estado de Israel se transforme assim em representante de todos os judeus do mundo é algo que me aterroriza", ela escreve e eu registro, "porque todos os judeus", diz ela, e a religião judaica, acrescento eu, "ficariam associados à imagem de soldados, policiais e colonos...". Mas Gibreel não fala dos *elyahud* no filme *Five Brooken Cameras*, ou não me lembro. Fala, ainda, dos *jayalim* do *jess*. A radicalização de sua linguagem não ocorreu. Ainda.

TORCER A LÍNGUA

Não existem armas mais traiçoeiras que as da linguagem. É preciso escolher as palavras com escrúpulos, carregá-las com cuidado para que não se voltem contra nós, para que não acabem disparando, sozinhas, contra quem as pronuncia. É isso o que demora a entender o jovem prisioneiro de um filme palestino. Na hora do almoço no presídio, outro réu o alerta para que tenha cautela. Tentarão enganá-lo mandando um amigo falso para obter informações dele. "Não confesse nada a ninguém", insiste, olhando de relance ao redor. "Não vou confessar", responde o rapaz palestino, sem entender que acaba de se declarar culpado para o falso amigo sentado à sua frente. O verbo o condena, a conversa fica gravada, dando início à sua tortura. Preso na dinâmica perversa das confissões imposta pelo agente israelense e na impossibilidade de se safar do que disse, desejando acima de tudo sobreviver, promete delatar os seus para se salvar. Está determinado a não fazê-lo, e pode, inclusive, contar isso a seus cúmplices quando o libertarem. Porque, na atual realidade palestina, todos os jovens vivem a mesma condição uma vez que entram ou saem das prisões israelenses. Prometem informação. Nem sempre entregam. E começam a brincar de dedo-duro, arriscando a própria pele. Nessa tragédia de equívocos, construída numa sucessão de silêncios e subentendidos, o rapaz (seu nome é Omar, como o título do filme) vai perdendo tudo o que importa para ele. O amor de uma garota. A confiança dos amigos. A vida de seus cúmplices na resistência. E suas economias, que significavam a esperança de um futuro que acabará não se materializando. Ou é o que suspeitamos. A máquina da confissão vai triturando tudo. Omar vai entendendo que a única forma de azeitar a engrenagem da segurança israelense é manipulando mais uma vez as palavras, agora a seu favor. Não há outra saída senão inventar uma mentira ao seu captor, embora a queda de um implique a queda de ambos. Mas não vemos esta dupla queda de Omar e do agente, apenas adivinhamos. O mais surpreendente desse filme que deixa seu final aberto é que o argumento se repete quase igual em outro longa-metragem, não palestino, mas israelense, do mesmo ano. Em *Bethlehem*, outro jovem cisjordaniano também transita entre duas línguas e entre a verdade e a mentira, a delação e a salvação, a morte e a morte. Por mais que se use a fala (e fala-se muito neste filme, pessoalmente e por telefone) para prolongar o tempo e buscar saídas, as palavras não oferecem nenhuma escapatória. Muito pelo contrário, vão enredando a cena até torná-la sufocante. O rapaz palestino, Sarfur, deve medir cuidadosamente o que diz, baixar sempre a voz, cuidar para que ninguém lhe tome o telefone cheio de mensagens do agente israelense que o forçou a delatar seu irmão para salvar seu pai. Diante da fragilidade da cena familiar, o agente israelense conseguiu ocupar (simbolicamente, afetivamente) o lugar de irmão mais velho, de pai poderoso que oferece todo tipo de incentivos e sobretudo promessas de segurança. As lealdades se complicam. Os laços sanguíneos e os acordos são relegados por dilemas morais e linguísticos. Sarfur deve torcer a língua para não colocar o agente em problemas enquanto continua ocultando o esconderijo de seu irmão, enquanto continua sendo seu cúmplice na cruzada de um violento movimento de resistência do qual gostaria de poder escapar. Vendo-se cercado, o rapaz entende que nem seu irmão palestino (nem seus correligionários), nem seu irmão israelense (muito menos o Shin Bet) o ajudarão a permanecer vivo. Sarfur entende que não é mais do que um mediador de interesses alheios: vale pela informação que possa oferecer ou ocultar. Seu poder sempre frágil e traiçoeiro é a palavra. Decide usá-la. Arma uma cilada para o agente-quase-irmão, que fica entre a cruz e a espada. Tenta arrancar dele se as promessas são algo mais concreto que palavras, porque para Sarfur essas palavras já não servem de escudo. Nem o agente, elas poderão proteger. A queda, mais uma vez, se anuncia compartilhada.

SOFRER JUNTOS

Revanche, de etimologia francesa, é um dos sinônimos da reparação e da vingança. Em Israel, estes e todos seus equivalentes passaram a significar a imposição de c a s t i g o s c o l e t i v o s diante de um ataque individual em que a comunidade não esteve necessariamente implicada – tampouco se pergunta se esteve: o castigo deve estabelecer um precedente dissuasivo. A narrativa da revanche tem variantes. A primeira diz: para cada judeu morto, dezenas de palestinos perderão a vida. (Em versões radicais algum nacionalista israelense disse: "para cada vítima nossa haverá mil palestinas".) A segunda é igualmente dramática, e diz: cometido um ataque suicida ou um assassinato, não apenas perderá a própria vida como também a casa daqueles que são sua família. As apelações sempre serão negadas e a ordem de despejo chegará minutos antes de sua execução, das mãos dos mesmos militares que levarão a cabo a destruição do imóvel. Não se trata apenas de botar abaixo a casa – símbolo de resistência ameaçado pela coação do despejo –, mas também da desapropriação da terra onde a casa ficava. Da impossibilidade de a família do assassino suicida se mudar para outro lugar e refazer sua vida, caso pudesse bancar tal mudança. Os que sobrevivem à violência ficam marcados por ela em atos de vingança desproporcional. Não a bíblica olho-por-olho, mas a de um olho-por-corpo – o corpo coletivo. Que, para muitos israelenses, é uma espécie de corpo sem corpo, sem valor, sem reconhecimento, um fantasma do direito. Talvez um dos paradoxos seja que justamente as instâncias de aplicação de violência são também as do encontro cara a cara. Um encontro com o outro em sua vulnerabilidade. É nestes casos – o serviço militar é o exemplo perfeito – que às vezes acontece alguma transformação. Penso nisso voltando ao documentário sobre o Shin Bet que vi muitas vezes em busca de pistas. Retrocedo com o cursor até topar com Yaakov Peri, diretor deste serviço secreto nos tempos da primeira intifada, que fala, quando eu pauso: "Toda violência exercida contra os palestinos acaba incutida nos que a exercem... por isso, quando você termina este trabalho, se torna um pouco mais de esquerda", e sorri. Seus dentes perfeitos, a cabeça quase calva. Retrocedo, repito a frase assaltada por outro momento de reversibilidade: executar a violência é entendê-la de dentro e recebê-la de volta. Movo o cursor, adianto até encontrar Peri explicando que a violência não faz mais do que incitar em quem sofre o desejo de ver sofrer aquele que o fere. "E o trágico", diz Ami Aylon, outro diretor do Shin Bet, talvez o mais lúcido, "é que ganhamos todas as batalhas mas sempre perdemos a guerra. Porque a vitória dos palestinos, que já quase não têm Estado, é ver os israelenses sofrerem". "Quanto mais nos fizerem sofrer, me disse", diz Ayalon, "um psiquiatra palestino, mais nós continuaremos a fazê-los padecer também. Continuaremos, para sempre, sofrendo juntos".

PEQUENO ROTEIRO DA RESISTÊNCIA

As guerras não fizeram senão piorar a situação dos palestinos. As duas longas intifadas posteriores fracassaram: a resistência armada careceu de apoios duradouros. Atraíram atenção para o sofrimento palestino, tiraram a ocupação da invisibilidade, mas também mancharam seu nome: atacar civis israelenses gerou um compreensível repúdio e reforçou a mensagem de que a cidadania israelense era a única vítima sangrenta. O povo palestino entrara em uma espiral perpétua de violência que acabaria deslegitimando o legítimo teor de sua reivindicação. Também não funcionaram as tentativas de acordo: as condições impostas pela potência ocupante eram sempre inaceitáveis para os ocupados, que careciam de alianças substanciosas ou de força negociadora. Faz uma década que Israel vem anulando os líderes que representam os palestinos, tornando-os *alvos seletivos* de seus ataques midiáticos ou tachando-os de terroristas para silenciá-los. O protesto pacífico também não conseguiu deter o braço pesado de um Estado cujos líderes já não se perguntam como encontrar uma solução, mas como fazer para viver sem ela. Não são poucos os críticos externos que sustentam esta hipótese: se o que se busca não seria uma solução, se no fundo a única saída aceitável seria a anexação de um território já sem palestinos. Tampouco houve pressão para Israel buscar uma saída justa que alterasse o curso da história: as eventuais advertências dos Estados Unidos são sempre moderadas e avalizam o ataque em legítima defesa com um exagerado orçamento militar. Talvez o último recurso seja o boicote: uma estratégia idealizada pelos palestinos-da-diáspora cansados da marcha nas ruas, exauridos pelo frustrante piquete pacifista, jovens com curso superior e novas estratégias que veem a *questão palestina* como um desafio e chegam à ideia de um boicote em três esferas: intelectual, estimulando a suspensão de atividades acadêmicas e culturais e turísticas em território israelense; econômica, orientada a promover o *desinvestimento* bancário em empresas israelenses e a incentivar o corte no consumo de bens produzidos em Israel ou de empresas que colaboram, mesmo que por omissão, com violações aos direitos palestinos. E judicial, exigindo que sejam impostas as sanções judiciais apresentadas pela Corte Internacional de Justiça se Israel não desmantelar os assentamentos ilegais. Fico sabendo dessa estratégia pelos jornais, mas encontro uma forma concreta de agir através de um grupo de ação pró-Palestina que, em duas linhas de e-mail, pede que eu retire meu fundo de aposentadoria de uma empresa que investe em retroescavadeiras responsáveis por desmantelar vilarejos palestinos. Não tem quase nada nessa conta mas não posso, por princípio, destinar os centavos da minha velhice à destruição de mais casas e mais oliveiras e mais famílias árabes. Isso eu posso fazer e faço, e em seguida anoto no meu caderno todos os produtos do boicote como um lembrete, mas me sinto ultrajada, no entanto, pela certeza de que é ilegal me abster de pagar impostos que acabarão financiando a compra de armas usadas contra os palestinos. Pergunto-me também se o julgamento público da comunidade internacional, traduzido num enorme boicote contra esta ocupação que envelhece e para a qual nunca se pensou uma estratégia de saída, poderia mudar o estado da situação. É uma aposta, e a ela se compromete um dos Barghouti, Omar, que lidera este movimento que, sem ameaçar a existência de Israel, acrescenta ao boicote uma esperada porém necessária petição. O retorno às fronteiras de 1967 (Oz e Grossman e outros intelectuais-sionistas estariam de acordo). O direito de retorno às terras que foram expropriadas em 1948 (Ilan Pappé aprovaria isso, mas não os escritores e muito menos os partidos políticos que lideraram o país). O reconhecimento da igualdade dos árabes-palestinos que vivem dentro de Israel, mesmo que este país ainda não tenha uma constituição e não ofereça, legalmente, cidadania igualitária aos não judeus. (O sionismo de direita se opõe a todas estas propostas.) Nada conseguiu mobilizar cidadãos e políticos israelenses para o fim da ocupação, e nenhuma nação ou organização os obrigou. É por isso que Barghouti e os sofisticados jovens-palestinos-da-diáspora conceberam a ideia de mexer no bolso do Estado de Israel.

NÃO EM NOSSO NOME

Pensar os pequenos atos que desativam o ódio. Negar-se à violência, simplesmente por princípio. Ensinar, dos dois lados do alambrado, "a julgar as pessoas de acordo com seus atos e não de acordo com suas origens". Leio esta frase da corajosa advogada Leah Tsemel e me vêm à memória as palavras do funcionário da escola integrada de Jerusalém. Dobro o canto da página para não perder a advogada e volto à gravação, repasso a hora e meia de entrevista com o funcionário-judeu-norte-americano até encontrar o eco que estava procurando: as exatas palavras de Tsemel na boca de Ira. "É preciso apostar numa educação diferente". Essas eram suas palavras no meu gravador há mais de um ano, suas palavras salpicadas de estática. "É preciso saber criar uma atmosfera diferente. Parar de ver os outros como *representantes* do governo ou como *representantes* do Hamas, ver cada pessoa pelo que é e o que faz, como indivíduo responsável por seus atos". Reflito sobre essa ideia compartilhada, que procura desativar preconceitos étnicos e libertar os indivíduos daquilo que faz o coletivo ao qual pertencem. Vou dando mais corda e começo a encontrar os nós desse argumento: é apenas compreendendo o contexto de um indivíduo que se pode mensurar o grau de resistência e de oposição aos sedutores apelos coletivos à violência. Quanto mais poderosos os discursos dominantes dos dois lados, mais brilham os gestos contrários ao ódio. Gestos que percorrem estas páginas e gestos que surgem e se multiplicam a cada nova escalada de atrocidades. Às mulheres israelenses protestando nas estradas contra o opróbio sofrido pelos palestinos, somam-se outras, como Nourit Peled-Elhanan, que perdeu a filha adolescente num atentado suicida e soube, para além da raiva, para além de uma dor que nunca a abandonará, que a opressão israelense era a causa indireta dessa morte. À sua associação, *Parent's Circle Families Forum*, que reúne israelenses e palestinos que concluíram, como ela, depois de terem perdido seus filhos, irmãos, cônjuges ou pais, que "nunca haverá paz se não houver diálogo", somam-se manifestações de judeus que pedem para não ser associados à arrogância da força israelense, ou sobreviventes do holocausto que condenam a violência que irrompe na faixa de Gaza enquanto eu avanço em direção ao fim destas linhas. O ataque cruel que Israel começa a executar nesse território superlotado desencadeia a indignação e os pequenos atos contra o ódio de muitos que antes eram indiferentes às ações do Exército israelense. Diante da destruição de centenas de corpos de homens e mulheres e de centenas de crianças gazenses, erguem-se cada vez mais vozes de vergonha, que, em publicações e colunas de opinião, denunciam a violência; são pessoas furiosas, que pegam o microfone e se arriscam a perder o emprego por sabotar o operativo militar, que saem às ruas e aos parques para pedir pelo fim do extermínio, que levantam cartazes em todos os países onde vivem, e gritam não, e dizem não, sussurram não, não a este horror, não a esta atrocidade. Não em meu nome, não no nosso.

PAZ, OU UM ENORME CANSAÇO

Não surpreende que Susan Sontag, em seu discurso de recebimento do Prêmio Jerusalém, tenha escolhido se referir à "consciência das palavras". As palavras, sugere ela, não são mero material de trabalho: não são tijolos neutros, cimento transparente, ferramentas sem ressonância. São sobretudo portadoras de múltiplos significados que servem para construir realidades. Naquele discurso, Susan pergunta a si mesma, e pergunta a toda uma plateia de israelenses, que significado é atribuído à palavra p a z. Ou *shalom*, que é também saudação e despedida, que em inglês é *peace*. Que em castelhano tem apenas três letrinhas, penso eu, como em hebraico, uma língua que se escreve sem vogais. *Shin. Lamed. Mem.* Da direita para a esquerda. Volto a Sontag, que se pergunta ou lhes pergunta e em sua obra continua questionando, a nós, a mim, sobre esta palavra que tantos intelectuais israelenses têm debatido ao longo de décadas. O que se quer dizer com paz? "Queremos dizer *ausência de conflito*? Queremos dizer *esquecimento*? Queremos dizer *perdão*? Ou queremos dizer um *enorme cansaço*, um *esgotamento*, um *esvaziamento do rancor*? Parece-me", continua Sontag severamente, "que o que a maior parte das pessoas quer dizer quando diz *paz* é *vitória*. A vitória do *seu* lado. É isso o que significa para alguns, enquanto para outros *paz* significa *derrota*". E depois continua dizendo – imagino uma Sontag impassível, uma Sontag que levanta o rosto já enrugado, as pálpebras pesadas, os olhos negros, e olha para o público entre as mechas de seu cabelo grisalho com partes completamente brancas, uma pensadora avaliando a reação deles enquanto pronuncia estas perguntas acusatórias – que, embora a *paz* seja, a princípio, desejável, se ela implica na renúncia a demandas legítimas, se é uma paz às custas da justiça, então o mais plausível é que ocorra o *confronto bélico*. E se atreve a dizer, também, diante da plateia israelense, que nunca haverá *paz* de verdade, daquela que não supõe vencedores e vencidos, daquela que não exige submissão, se os assentamentos não forem interrompidos. Passo as páginas até o final de seu discurso e confirmo que a cerimônia estava acontecendo em plena intifada, um segundo levante que ainda estaria em curso após a morte de Sontag. E, como se a estivesse apoiando através do tempo e dos mares, como se se tratasse de um diálogo entre dois grandes fantasmas, um militar prussiano de séculos atrás dá razão a esta pensadora contemporânea. "Vitória", diz Carl von Clausewitz, "é a criação de uma realidade política melhor". Isso seria uma *vitória*. Não a conquista, não ganhar todas as batalhas mas nunca a guerra, como lembro que dizia um dos diretores do Shin Bet: quatro bombardeios a Gaza em doze anos não possibilitaram uma melhor realidade política para ninguém. Uma realidade de *paz* que não implique em *derrota*, que não vislumbre turbulências futuras. Porque nem a *paz* nem a *vitória* podem ser alcançadas por meios militares. Uma paz vitoriosa só pode ser construída a partir da liberdade e da confiança mútua.

DE UMA VEZ POR TODAS

A caminho do metrô, passo pela sinagoga da esquina. Vejo três judeus-ortodoxos, em seu habitual traje negro, com sua habitual quipá, conversando animadamente como conversam sempre aos sábados. Não me olham e eu não olho para eles, não me veem mas eu os ouço e sei que falam da guerra em Gaza. Que matem todos eles, de uma vez por todas, diz um, soltando um palavrão; os outros assentem com a cabeça, e os que estão dentro da sinagoga também, e assentem os que estão em suas casas assistindo ao bombardeio como se fosse uma partida esportiva, assentem comemorando e felicitando-se, que os matem, que se livrem daquela escória, de uma vez por todas façam ela desaparecer. Apresso o passo e não olho pra trás para não guardar o rosto deles.

OS OUTROS VIZINHOS

Amós Oz abandona seu silêncio sobre Gaza concedendo uma entrevista a um jornal alemão e anunciando que vai começar a conversa de maneira incomum, lançando duas perguntas ao público daquele jornal. "Pergunta número um: o que você faria se seu vizinho da frente sentasse na sacada, pegasse o filho nos braços e começasse a atirar na direção do quarto do seu? Pergunta número dois: o que você faria se o vizinho da frente cavasse um túnel do quarto do filho dele para explodir sua casa ou para sequestrar sua família?" O defensor de um Estado palestino independente, o opositor dos assentamentos, o intelectual consciente de que toda ocupação corrompe, compara os soldados do Hamas e demais gazenses com vizinhos comuns e correntes (vizinhos que inexplicavelmente enlouqueceram) ao invés de usar uma comparação mais apropriada: menos do que vizinhos, os gazenses são prisioneiros de um gueto sufocante, dispostos a lutar contra aqueles que os colocaram ali, preparados para resistir ao assédio e para rejeitar tréguas que não incluam suas demandas.

VELAS PARA UM ACORDO

Volto a minhas anotações ainda com a turbulenta *p a z* entre as mãos e folheando as páginas em busca de a c o r d o. Encontro esta última palavra entre os termos favoritos de Amós Oz, a quem volto pela enésima vez, porque lê-lo me obrigou a olhar certas palavras à contraluz, e enxergá-las. Discordo da sua maneira de definir os termos, mesmo não sendo nem israelense nem judia nem verdadeiramente palestina, só um pouco árabe de sobrenome inverossímil e outro pouco chilena, porém cidadã de diversos conflitos que me impõem o "dever fundamental de deixar testemunho" (assim escreve, em algum de seus livros, Susan Sontag). E suficientemente inteira, ainda, para me permitir pensar a linguagem do conflito a contrapelo ao invés de simplesmente aceitar premissas alheias. Enquanto escrevo, alguém me disse que não tenho direito a velas de verdade nesse enterro, mas eu digo que a algumas velinhas, sim. Às velas que carrego acesas no sangue. Às que trouxe, apagadas daquela vez, de Beit Jala. Às que estou queimando ao retornar por escrito à Palestina enquanto arde o terrível bombardeio de Gaza. Soprar as velas para não ver o que está acontecendo, manter silêncio podendo dizer algo, seria tornar-me cúmplice. Eu e todos nós merecemos velas nesse enterro que é da humanidade. Velas de todos os tamanhos e minúsculas chamas que me permitam iluminar algo dessa tragédia, assim como antes outros lançaram luz sobre outras desventuras étnicas. Velas pequenas, as minhas, para me guiar agora no trajeto labiríntico dos acordos fracassados. Vitória de uns. Derrota de todos. Necessidade de comprometimento, sussurra Sontag em seu discurso afiado, e depois Oz, mais conciliador ou mais calculista, dá uma definição de *acordo* que implica um difícil compromisso com renúncias de ambas as partes. É a ideia que há anos vem espalhando pelo mundo. "Quando digo *acordo*", diz e escreve ele, acendendo velas enormes como círios pelo futuro de seu país, "quando digo *acordo* não quero dizer capitulação. Quero dizer tentar encontrar-se com o outro em algum ponto no meio do caminho". E este encontrar-se, garante ele, nunca será fácil. "Um acordo feliz seria uma contradição", acerta em dizer ou escrever, porque a ideia de um consenso harmonioso, de uma conciliação, é, garante Oz, contrária à palavra *acordo*. Este valida-se justamente na possibilidade da discussão e do dissenso, e implica na capacidade racional de fazer concessões mútuas, de estarem dispostas, ambas as partes, a renunciar parcialmente às reivindicações ou posses que historicamente ganharam ou perderam. Resumindo: nem vitória nem derrota. Apenas renúncias simultâneas e a aceitação recíproca de responsabilidades mútuas. Tudo isso diz Oz, e eu volto a pensar que essas *concessões mútuas* de que fala nunca foram um *encontrar-se no meio do caminho*, mas um exigir dos palestinos que cedam às condições impostas por Israel. Grossman intervém a partir de outro ensaio, antecipando a necessidade (também sustentada por Sontag) de que os israelenses algum dia apresentem "um plano mais audaz e sério", uma proposta que "os moderados de cada lado possam aceitar".

ELOGIO DO OUTRO

Defende, David Grossman, numa linguagem paradoxal, que as aspirações israelenses "deveriam encontrar-se com as do *inimigo*". (Paro aqui, desconcertada pelo uso deste termo, quero pensar que seu itálico desmascara a semântica militar usada para falar dos palestinos.) Em seguida, o escritor-pacifista insiste que os israelenses deveriam se colocar acima da dor (e de dor ele entende), superar o passado (no seu, habita a perda), reconhecer o direito daqueles outros (os *inimigos*), admitindo que suas reivindicações têm fundamento. "Reconhecer a essência do *outro* tornará mais difícil negá-lo ou ignorá-lo como se não fosse humano. Já não poderemos desconsiderar, com nossa habitual facilidade e habilidade, sua dor, sua legitimidade, sua história". Volto à página onde Grossman escreve sobre esses outros em cujo lugar é preciso se colocar e um certo ressentimento me invade. Certa desconfiança, sobretudo, quando ele atribui à literatura um poder libertário, a possibilidade de transcender a si própria e trocar de posição com o diferente como quem executa um roque enxadrístico imaginário. Não poucos escritores imersos em situações de conflito enxergaram na capacidade de imaginar a condição necessária para a empatia. A escrita literária como dispositivo que nos permite encontrar a humanidade essencial dos outros. David Grossman atreve-se inclusive a asseverar, em um ensaio de seu livro *Writing in the Dark*, que pensar o lugar do outro é "uma obrigação de quem escreve". Deve-se permitir, afirma, com uma fé inabalável na literatura, "que o *inimigo* seja o próximo, com tudo o que isso implica". Compreender sua lógica. Seus motivos. Sua visão de mundo. As histórias que conta. Mas como, eu me pergunto, poderia a escrita garantir a reversibilidade das perspectivas e produzir, a partir da letra, uma verdadeira transformação? De que modo poderia a literatura atravessar-nos com uma ética? *Tornar-nos outros?*

PARADOXOS DA EMPATIA

E m p a t i a, penso agora, de novo separando letras mentalmente, deslizando o dedo por um artigo sociológico em busca de ideias que ampliem meu dilema sobre o conceito do outro e seu leilão contemporâneo. Trata-se de uma palavra grega, leio salteadamente, que instaura no vocabulário a capacidade de sentir, de se emocionar, de participar do que sente alguém que não somos nós, que não sou eu. E m p a t i z a r é atravessar o muro ou o espelho que representa o outro e sofrer com ele ou ela em sua circunstância. É um movimento que recorre aos afetos, contrário à rigidez do fanatismo. É identificar-se na desgraça, sobretudo isso. Apropriar-se de sua dor. Mas há algo contraditório neste sentimento: pode-se empatizar com a vítima da mesma forma com que se pode empatizar com o agressor. Envolver-se emocionalmente tanto com o palestino despejado quanto com o jovem soldado obrigado a despejá-lo ou o colono que ocupa ilegalmente o lar daquele palestino, e até mesmo com os filhos do colono que nasceram naquela casa e que sem dúvida se sentem não apenas donos dela, como também parte da missão que aquela casa cumpre. Empatia com quem defende suas paredes com unhas, com dentes, com balas e sem piedade. A empatia total é, então, um nó cego que não se desata simplesmente seguindo o mandamento ético de imaginar o outro no lugar da vítima. A possibilidade da empatia como virtude literária nunca poderia (talvez nunca *deveria*) bastar para as decisões políticas. Inclusive, a empatia poderia se tornar, aponta um sábio empatólogo, uma ferramenta politicamente adversa. Com quem empatizar numa situação complexa poderia invalidar toda ação (o fim dos assentamentos ilegais) e deixar como única alternativa a deriva da vingança (a resistência palestina). Talvez seja preciso então suspender a fé nesse sentimento e voltar às implicações éticas do despejo. Recorrer a uma política até mesmo contraempática, baseada na análise das obrigações morais. E não se trata de assumir um discurso contra a empatia e bani-la por completo a favor de uma calculada neutralidade ou do fanatismo, garante outro especialista, porque a empatia é imprescindível para transformar a razão em ação: é por nos colocar no lugar do outro que nos manifestamos e decidimos fazer algo para deter a violência ou o abuso ao qual ele é submetido. Mas a ação política não deve apenas ser verificada no sentimento de empatia que a situação do outro nos provoca, e sim baseada na justiça da reivindicação.

GLOSA DO COMPROMISSO

E vou chegando, apressada, bombardeada por notícias de morte, ao fim desta glosa sem ter me ocupado do c o m p r o m i s s o político dos escritores. Pensei tanto sobre o enganoso encontrar-se-no-meio-do-caminho da *paz* e sobre os contraditórios usos da *empatia*, e acabei evitando a questão do papel do escritor em conflitos que extrapolam as possibilidades da letra. Não tenho intenção nem tempo de voltar à velha indagação sobre a cumplicidade do escritor na necessária transformação do mundo. À crítica nem sempre acertada de que aqueles que encheram suas obras de denúncia simplificaram sua escrita até reduzi-la a mero panfleto. À ideia de que aqueles que colocaram sua arte a serviço de uma causa renunciaram ao seu potencial simbólico e à complexidade estilística por temer que a literatura não pudesse ser mais do que um recorte limitado e impreciso da realidade. É verdade que o trabalho político da linguagem estética pode ser demasiado sutil ou sinuoso ou lento em reagir; pode ser que sua força resida na contundência das perguntas, mais do que nas respostas que propõe. Que a literatura esteja destinada a estorvar e problematizar a língua redutora de certas causas. Que seja importante desconfiar dos discursos que obrigam a adesões cegas e, ao invés disso, explorar as contradições do pensamento e as pulsões que se opõem às normas do senso comum. Olhar a exceção, o singular, ampliar o olhar e aguçar a percepção crítica sem pretender impô-la. Para mim não ajuda, na urgência de um genocídio, repetir que a literatura é uma das modulações do político, talvez a mais libertária, pois exerce suas funções fora de toda instituição e contra ela. Que habita a zona instável das ideologias. Que não pode se comprometer mais do que consigo mesma – é o que escrevo, e escrevo, as digitais dos meus dedos vão se apagando ou vou deixando-as junto com meu sobrenome na superfície do teclado, e sei que ainda estou evitando uma resposta apesar de estar tentando, mas mulheres morrem e crianças explodem e também velhos e homens em Gaza convencidos de que devem lutar por sua liberdade, isto é, por sua vida. O que alguém que escreve deveria estar fazendo com essas palavras que carregam o lema de uma certa destruição?

CONTRA A CERTEZA

Bombardeados como estamos pela contingência, o sentido das palavras pode se perder, podemos nos ver tentados a falsear os significados, a manipular as metáforas, desatender a rigorosa busca da verdade que jaz sob as palavras. A única responsabilidade na escrita do conflito, digo para mim, é a de refutar a malversação da linguagem: essa é a palavra-chave, lembra-me, no canto de uma folha manchada com um círculo de café, Mourid Barghouti. Sublinhei as linhas finais de seu testemunho, onde o poeta declama contra os "mordomos da guerra" que são, para ele, muitos porta-vozes do poder e jornalistas, que "devemos restituir a cada palavra sua especificidade, torná-la resistente aos processos de vulgarização coletiva e estabelecer novas relações entre essas palavras para assim criar uma percepção nova da realidade". A literatura se distancia da vulgaridade comum dos discursos prontos e, dessa maneira, constitui em si mesma um ato de resistência ou de rebelião ou de amotinamento contra as formas dominantes porém redutoras, banalizadas e hiperbólicas da expressão política. "Os escritores sérios" (a ideia é de Susan Sontag), "os criadores de literatura não apenas devem se expressar de modo diferente das mensagens hegemônicas da imprensa como devem, ademais, se opor a elas". É preciso quebrar, com a linguagem, a sufocante dicotomia a que o discurso político nos submete, um discurso que intensifica dramaticamente as posições binárias (contra o *inimigo*, contra o *traidor*) quanto mais prolongado for o conflito. O pobre idioma da dicotomia acaba substituindo toda complexidade e todo pensamento crítico. Talvez este seja o único compromisso possível. O de voltar-se à história para poder retratar o presente. O de trabalhar contra a generalização, contra a conversão a estereótipos e o jorro de opiniões que aniquilam a verdade. Amparo-me na frase de Sontag, na qual ela afirma que a sabedoria da literatura é contrária à certeza. "Nada é minha última palavra sobre algo", escreve. Porque a certeza abarata e desbarata a tarefa do escritor. É necessário sempre patrocinar o ato da reflexão, ir em busca da complexidade e das nuances e contra os apelos à simplificação. Sempre contra a suposta universalidade da experiência pessoal que tem um valor limitado, uma verdade restrita, porque escrever é fazer ver que "enquanto algo ocorre, algo mais está acontecendo". A investigação desse *algo mais* é a nossa tarefa, alerta Sontag, ou alertava, ainda viva durante a cruel intifada que agora, em Gaza, poderia recomeçar. Ela, que viveu e escreveu em Sarajevo durante seu longo cerco, sabe que abordar estas complexidades não é tarefa fácil, entende que esse *algo mais* precisa ser descoberto e trabalhado por meio da linguagem.

PUXAR O PINO

Digito estas últimas palavras na tela para imediatamente apagá-las com outra tecla; enquanto caem novos mísseis e erguem-se labaredas de fogo eu volto a escrever com a certeza de que, mesmo apagando as letras e mesmo que meu sobrenome acabe desaparecendo, não tem mais volta: adquiri um compromisso palestino quando escrevi a palavra retorno e a inscrevi no meu presente. Quando me propus a desnudar cada palavra e escancarar sua alucinada obscenidade. Quando acolhi certas formas de dizer as coisas para proteger seu sentido ameaçado e restituir significados que foram deslocados, como se também não tivessem mais direito de retorno. Eu me comprometi quando me impus a examinar a gramática dos silêncios que deixam em branco as páginas necessárias para enfrentar este conflito, esta crise. Quando comecei a pensar, incessante e obsessivamente, na transformação da realidade que certas palavras tinham levado a cabo, todas juntas, todas separadas, ao longo de décadas. Cada palavra tornando-se parte de um complexo sistema que estrutura a maneira como entendemos a história palestina e a contamos. Seus atributos morais. Seus subentendidos ideológicos, mobilizados para servir às projeções e aos projetos do poder. Já não dá para voltar atrás, para voltar-se a alguém em busca de reforços: cada palavra é um muro alto e liso que exige ser botado abaixo, ainda que a granada que o destrói possa explodir na mão que escreve. O dedo sobre a tecla. O pino que se puxa antes do lançamento.

Nova Iorque, 2014

Enquanto eu terminava de escrever este ensaio, três jovens colonos foram sequestrados e assassinados. Nenhum grupo palestino assumiu a autoria do crime, mas a represália foi imediata: o Exército israelense realizou operações noite e dia até prender todos os representantes do Hamas, mesmo sabendo que não eram eles os responsáveis pelo crime, enquanto exigia o fim da aliança política entre Hamas e Al-Fatah na Autoridade Nacional Palestina. Os colonos, por sua vez, fizeram vingança com as próprias mãos. Ao assédio habitual da população dos territórios, incluíram violência física: vários jovens foram brutalmente espancados ou propositalmente atropelados, e um deles, um palestino de dezesseis anos, foi obrigado a engolir combustível e depois queimado vivo em Jerusalém. Nesse clima de tensão, incitado pela captura ilegítima de prisioneiros, o Hamas deu início ao bombardeio a partir de Gaza, ao que Israel respondeu, como de costume, sem atender aos princípios legais de toda contenda: empregando força desproporcional e sem distinguir entre a população civil e a combatente. É como se o alvo do Exército fossem todos os gazenses, e essa intervenção, outra etapa de uma política de extermínio que já soma décadas. Até o fim destas páginas morreram, dentro de um território cercado (são apenas 45 quilômetros de extensão por uns oito de largura) do qual não há escapatória, quase dois mil palestinos, civis em sua maioria, centenas deles menores de idade. Milhares ficaram mutilados. O bombardeio arrasou bairros inteiros, derrubou hospitais, cerceou centenas de mesquitas, destruiu escolas e inclusive centros de acolhimento das Nações Unidas, decepando mulheres e crianças que também não conseguiram escapar. Pouquíssimos cidadãos israelenses foram atingidos pelos bombardeios: a maioria soldados. A potência ocupante realizou uma invasão terrestre com o pretexto de fechar os túneis utilizados pelo povo de Gaza para resistir ao cerco. Por esses túneis entram armas e fogem terroristas, disse Israel para se justificar, mas por esses túneis entram também os alimentos e remédios que sucessivos governos israelenses têm fiscalizado mesquinhamente ao longo de oito anos. Gaza é agora uma cidade sem luz, sem água potável, sem comida fresca, sem remédios, sem telhados, com cadáveres por toda parte. A ficção de uma terra abandonada e infértil começa a se tornar realidade nessa faixa semeada de pólvora, e não há esperança, por ora, de que o fogo cesse definitivamente. Devido ao massacre em curso, me vi forçada a suspender a viagem que tinha previsto ao vilarejo dos meus avós. Assim como a deles há meio século, minha volta – o que teria sido um autêntico retorno – foi impedida pela disputa desigual.

ROSTOS NO
MEU ROSTO

Para Xadi Rohana,
entre lugares e entre línguas.

*Algumas pessoas não conseguem ver o que eu vejo
quando olho para o rosto de seu pai.
É que, por trás do rosto atual de seu pai,
vivem todos os outros rostos que já foram dele.*
James Baldwin

*Meu rosto é o espelho de um
povo defunto – um povo extinto.*
Chris Abani

*Se seu rosto já é uma mentira,
por que não o tornar uma ficção?*
Namwali Serpell

[N. da E.] O terceiro relato de Lina é todo permeado por pequenos fragmentos em árabe, alemão e, sobretudo, em inglês. Embora esse trânsito de línguas seja constituinte da trajetória da autora, além de ilustrar a essência do projeto literário de "Rostos no meu rosto", optamos por escolher alguns trechos em língua inglesa e traduzi-los em nota de rodapé. A seleção, claro, é arbitrária, mas busca em alguma medida enriquecer a experiência dos leitores brasileiros.

I. ROSTOS ERRADOS

EQUÍVOCOS

É de madrugada, é outubro, é o aeroporto de Tegel e estou viajando para alguma cidade. Amsterdã. Atenas. Foram voos demais partindo de Berlim e todos os destinos parecem o mesmo. Sarajevo. Roma. Istambul. Todos os agentes de imigração e suas expressões de tédio em esperas intermináveis. Veneza. Londres. Paris. Os *duty-free* idênticos, o ar pesado de perfumes que dão enjoo, os cigarros com avisos cancerígenos, as bebidas sem avisos, chocolates em sacolinhas pretas. Sanduíches murchando com folhas de alface que despontam nas bordas como línguas mortas. Saio equilibrando um café preto numa das mãos. A outra arrasta minha mala pelo amplo corredor do aeroporto à procura do embarque. Na falta de escada rolante, entro no elevador. Sobe comigo um casal vestido de férias: jeans rasgados, camisetas, tênis esportivos e duas malas enormes. Ele usa um lenço de pirata amarrado na cabeça. Silêncio meu enquanto nós três subimos. O pirata vira-se para mim e, esboçando um sorriso, pergunta se sou hebraica. *You are hebrew?*, diz assim, em inglês, presumindo que sou. Estranha maneira de perguntar se sou judia ou se sou israelense, misturando a identidade religiosa e nacional com o idioma. *Hebrew*, digo-me, perdendo o fôlego: tudo se move dentro de mim, menos o ar. *En chul di gun?*, balbucio em alemão, mas volto imediatamente à terra firme do inglês: *Hebrew?* Evito os olhos do pirata, que deve falar hebraico. *Why?*, insisto, sentindo minha voz desafinada, minha voz irritada, enchendo-se de erupções. *Do I look like one?* O pirata hesita um instante com o sorriso ainda esticado no rosto, ouvindo-me dizer que ele talvez tenha visto outra de minhas caras, *my mediterranean face*. Passei anos explicando que não sou francesa nem italiana nem grega nem egípcia nem marroquina nem turca nem espanhola, que nem sequer sou totalmente palestina, por mais que o olho treinado da Segurança Israelense tenha advertido na hora minha palestinidade a única vez em que viajei à Palestina. Mediterrânea, *of course*, responde conciliadora a namorada do pirata, tentando resgatá-lo de seu naufrágio. Mas ele inspira com absoluta confiança e garante que não é apenas o meu rosto. *We hebrews are very lazy*, insiste, me incluindo em seu *we*. Somos reconhecidos porque, em vez de subir escadas, pegamos o elevador. *Like you*, diz, com um brilho triunfal nos dentes. Como eu, repito, como eu, olhando para o café, que agora queima na minha mão esquerda. E a direita segura a mala. O café quente e a minha dificuldade de apoiar os pés em degraus, mochila nos ombros. Quero explicar a eles que estou neste elevador pelo perigo de um café desequilibrado ou de um tropeço e uma queda. Não por ser preguiçosa. Muito menos hebraica. Mas as portas se abrem e entendo que a resposta é outra e me atrevo a dizer que não sou nem israelense nem judia, que sou palestina, ou de família palestina, o que para eles deve ser a mesma coisa.

ÁRABE EM HEBRAICO

Não era a primeira nem seria a última vez. Anos antes, uma mulher havia se aproximado para me perguntar a hora numa esquina de Jerusalém, numa língua que não reconheci. Pedi desculpas, dizendo em inglês que eu não falava nem hebraico nem árabe, mas a mulher começou a me repreender numa língua que só então identifiquei, porque ela levantou a voz para exclamar, enfurecida, *aravit!*, *aravit!* E entendi que seu *mi po medaber aravit bijlal* equivalia à furiosa pergunta: quem é que fala árabe aqui? Como eu me atrevia a pensar que ela pudesse ser árabe? Mas ela tinha falado comigo em hebraico, pensei, ela tinha me olhado, tinha visto meu rosto, tinha acreditado que estava falando com uma israelense.

DISTORCIDO

Quantos rostos há em um rosto? Estudo agora o meu no banheiro do aeroporto de Berlim. De frente. De perfil. Como se nunca tivesse parado para contemplar as rugas da minha testa, o formato do meu nariz, a pinta fantasmal na bochecha, a pele esmorecendo e o tom de minhas olheiras. Meus olhos um pouco tortos. De tanto olhar para mim, deixei de me ver, de ver o que escondo, e agora examino meu rosto em busca daquilo que os outros veem em mim. Esfrego a cara com água fria, querendo apagá-la. Apagar dela o que não sinto como próprio. Mas não devo apagar tudo, pois cada rosto contém todos os rostos que nos antecedem. Cada rosto é único, mas pode envelhecer, pode ficar doente, pode ser queimado ou deformado ou desfigurado, pode ser extirpado, pode ser restaurado ou substituído por outro rosto numa cirurgia de transplante. É possível uma pessoa continuar sendo a mesma sem o seu rosto original? Encontro novamente minha cara já lavada no espelho, passo uma água no cabelo e seco as mãos na calça e olho para elas, limpas porém cheias de marcas que também são minhas, que também sou eu, e então lembro que até mesmo as impressões digitais vão se apagando com o tempo.

SHIT!

Ali ficaram o pirata e sua namorada-conciliadora, plantados no portão de embarque de um voo que ia de Berlim a Tel Aviv. O avião turco que eles pegariam é o mesmo em que vou embarcar daqui a alguns meses, com minha mala pequena numa das mãos e outro café preto. Na fila do voo, dessa vez para Paris, telefono ao meu marido para me despedir e aproveito para contar sobre a traição do meu rosto. Sinto o clique do seu isqueiro, seus lábios finos inalando a fumaça e exalando-a lentamente enquanto me ouve soltar um "como se atrevem", em voz baixa. Imagino meu marido revelando a mescla de dentes postiços e originais, a ironia contraindo suas bochechas de escassa barba grisalha, sua pele morena de meio galego e um pouco cigano que há quem confunda com egípcio. Ele sabe que é melhor não me interromper, que é melhor me deixar resmungar meus xingamentos. Só quando fico quieta, ele lembra que poderia ter sido pior. Sempre, sempre, sempre pode ser pior. Eu sei, aceito, monótona, eu sei que não me aconteceu nada nem mudou nada dentro de mim. Lembre-se da minha namorada, diz, dando outra tragada no cigarro, tentando me consolar. Que namorada?, respondo furiosa, sabendo que se refere àquela antiga namoradinha dele que eu nunca conheci. Nunca vi foto dela, porque ele destruiu todas. Aquela namorada – sequer sei seu nome, apenas a história que ele gosta de lembrar. Aquela namorada ou ex-namorada que não conseguia encontrar seu lugar no mundo dos semelhantes. Seu corpo era vietnamita, mas ela havia sido adotada por um pai porto-riquenho e uma mãe estadunidense loira de olhos claros. A ex fora criada entre brancos e frequentara uma escola pública de Nova Jersey em que só ela era escura, de olhos puxados, magra, franzina, e ela sabia disso mas se esquecia, como se usasse uma máscara, como se vivesse atrás daquela máscara, como se a máscara tivesse usurpado seu rosto. Estar diante do espelho era despojar-se daquela ilusão. *Shit!*, exclamava estremecida, *shit*, assustada, *I'm not white!*

PALETA DE FAMÍLIA

Deveria ter dito ao meu marido que eu vinha encontrando essa divergência de identidades por toda parte: havia se tornado um lugar-comum em todos os locais de passagem – aeroportos, hotéis, museus, shoppings –, transitados por pessoas anônimas e diversas. Mas era hora de desligar o telefone e foi o que fiz, entrando em mais aquele avião que eu imediatamente esqueceria, e enquanto procurava o número da minha poltrona, pensei em outra cena de divergência tirada das páginas de um livro que eu tinha acabado de ler. A campainha soava na casa dos Helal. Quem tocava era uma fiscal do Censo de Ohio, convencida de que havia um erro no registro daquela residência. Como era possível que, sob um mesmo teto, vivessem cinco pessoas pertencentes a uma única família e que tivessem assinalado na ficha tantas categorias étnicas diferentes? *White Non-Hispanic. African. African-American. Multiracial. Other.* O senhor Helal abriu a porta e ouviu atentamente a fiscal e pediu que esperasse um minuto enquanto chamava sua mulher e seus três filhos dispersos pela casa: *Aaazza, Maarrrwaa, Haatem, Yaassserrr.* Quando Azza, Marwa, Hatem e Yasser estavam reunidos na sala, o pai sorriu satisfeito e sugeriu à recenseadora que olhasse bem para cada um e lhe dissesse o que via. O que ela via? Pude ver essa cena enquanto lia o livro de Marwa Helal: a filha contava que seu pai era professor de biologia e gostava de apresentar esse problema aos seus alunos na universidade, e eu, professora universitária, filha de um médico que durante anos foi professor, podia imaginar o sr. Helal vendo se seus estudantes conseguiam decifrar a raça em um rosto. A raça que, embora ambígua como categoria e um conceito questionável, continua em uso como se servisse para entender alguma coisa. O que o formato dos olhos diz a vocês?, eu imaginava que Mr. Helal perguntava. Os dentes juntos ou separados? O molde do crânio? Existem verdades nas fisionomias? A feição revela algo sobre as pessoas? E o rosto, vocês podem ler alguma coisa no rosto? Sem saber que fazia parte daquele exame, a funcionária do Censo observou a gradação de tons – *shade*, escreveu Helal, mais próximo de "sombra" do que de "cor" –, que ia do marfim da mãe ao marrom-escuro do pai, enquanto os filhos eram distribuídos pela paleta da família. A fiscal fez silêncio e o pai concluiu sua lição: *We are from Egypt. Do you know where Egypt is?* Ela hesitou: *Africa?* O pai assentiu satisfeito e, não sem malícia, quis saber se aquilo tornava a todos africanos ou afro-americanos ou árabes ou uma multiplicidade inexpugnável. Somos confundidos com quase tudo, disse o pai, e todos, incluindo a recenseadora, concordaram.

ILUSÃO DE ÓPTICA

Ser objeto de dúvida em cada lugar aonde se chega. O escritor Chris Abani, filho de um ibo-nigeriano e de uma inglesa branca, diz ter sido confundido, na África, com libanês, indiano, árabe e nômade da etnia fulani, mas não na Inglaterra, onde invariavelmente é visto como um negro de origem desconhecida; nem nos Estados Unidos, onde às vezes passa por dominicano panamenho cubano. Na Nova Zelândia, maori. Na Austrália, aborígene de alguma tribo. No

Catar, paquistanês. Na África do Sul, zulu. No Egito, pertencente ao povo núbio. Em língua iorubá, ele seria um *agemo*, um camaleão, alguém capaz de se camuflar para se defender das agressões, mas em nenhum lugar Abani é um homem invisível: seu rosto é visto com desconfiança em cidades estrangeiras e próprias, em casas alheias e familiares. Quem é você? Filho de quem? Tem certeza? Será que não é filho adotivo? Mas tem certeza? Por que seu irmão é mais branco do que você? O que aconteceu contigo? E o que Abani narra não é tão diferente do que conta a ensaísta Namwali Serpell, "mulher de raça mestiça" que já foi vista como chinesa mexicana dominicana egípcia eritreia etíope somali espanhola e tailandesa, nessa ordem. Essa confusão também não é muito diferente da que Marwa Helal recita num poema que encontro no meu HD enquanto o avião se dirige a Paris, cheio de gente diversa. Gente que pode suscitar erros de classificação. *Confused with*. Assim começa a enumeração. Ela é brasileira no Egito, colombiana no Brasil, dominicana grega italiana iraniana indiana paquistanesa malaia mexicana espanhola porto-riquenha. Em Michigan, é nativa de alguma tribo indígena, e em Ohio, onde cresceu, ela é, como eu, confundida com judia. Helal aumenta a confusão, obrigando-me a adivinhar essa última origem atribuída a ela ao subtrair quatro letras quando escreve, em inglês, a palavra *i____li*.

EIS A PERGUNTA

Você é israelense? Dessa vez eu estava sentada num balcão, em outro aeroporto anônimo. Fazia um tempo que papeava com o barman que tinha me servido um malbec argentino enquanto eu esperava o anúncio do portão de embarque. Conversamos banalidades, porque essa é a regra numa encruzilhada com estranhos: falar de coisas que não ocupem espaço em nossas malas, que não atrapalhem as despedidas, que não nos sobrecarreguem com um inesperado excesso de peso. Mas não era banal, e sim arriscado, o que o barman acabava de me perguntar: se eu era israelense. Aquele barman grandalhão e grosseiro devia estar há horas de pé servindo bebidas, mas conversar não é apenas uma arte arriscada, é também um salário, uma gorjeta que se ganha ou se perde com uma palavra equivocada. Israelense. Nunca lhe ensinaram que à mesa não se discute política nem religião? Neguei com a cabeça. Sou árabe, disse. Sou palestina. Não me dei ao trabalho de explicar a ele que também era chilena, embora não vivesse em nenhum desses lugares. Apesar de ter ouvido um sotaque em seu inglês, eu não tinha a menor ideia de onde ele era, apenas intuía que não era israelense. Seria judeu, talvez? Ele mordeu os lábios. Era judeu, um judeu russo que sabia como era inconveniente ter me confundido. Começou a me explicar, como se estivesse se desculpando, que não seguia os preceitos da religião, tinha muitos amigos judeus que também não seguiam, amigos muçulmanos, amigos cristãos. Todos tomam vinho, disse ele erguendo minha taça, vazia como meu rosto, tomam cerveja e destilados, e fumam, e vão a festas, como se fosse essa a questão. Pedi a conta e, quando voltou com meu cartão de crédito, contemplei novamente seu rosto redondo procurando sinais do judeu e inclusive do russo. Não encontrei mais que uma expressão teatral que imitei com um sorriso amarelo, com olhos horrorizados enquanto declamava para mim mesma: como é um rosto israelense? De que cor é a pele israelense, os olhos israelenses, o cabelo, os dentes? Deixei a implacável gorjeta e apressei o passo rumo ao portão de embarque já anunciado no painel, perguntando-me enquanto me afastava se o barman acreditaria que as décadas de migração e ocupação na Palestina teriam igualado todos aqueles judeus oriundos de lugares tão distantes entre si, os europeus salvos do holocausto, os ladinos expulsos da Península Ibérica e os que ainda antes seguiram Moisés, aquele judeu egípcio, talvez negro, que libertou os israelitas num êxodo bíblico. Moisés teria cara de israelense?

POR VIA DAS DÚVIDAS

E é na eterna fila de imigração do aeroporto parisiense onde me dou conta de que há anos venho reunindo evidências de que os rostos são signos confusos. Ao meu lado estão portadores de rostos que entregam seus dados para serem inspecionados enquanto tentam evitar o enraizado anseio racista de defini-los, distingui-los e diferenciá-los de uma população local igualmente diversa. Porque é nas fronteiras que se dá a tentativa de rotulá-los, estereotipá-los, estigmatizá-los. Avanço na fila dos estrangeiros, sabendo que fingir que a diferença não existe também pode ser racista: ser diferente não apenas não é negativo, como é um fato legítimo. Deveríamos insistir que ninguém é igual a ninguém, que cada corpo é uma variante do humano. É justamente isso que querem negar. Querem hierarquizar o caos da miscigenação. Querem estabelecer uma ordem, cadastrar a população. Uma tia distante que entende de demografia já tinha me explicado isso. Foi ela quem sugeriu que eu examinasse os censos quando lhe contei que viajaria a Paris para tratar do tema da migração palestina no Chile. Vá atrás dos censos, escreveu numa mensagem de texto. Lá vou eu, respondi, e lá fui antes de viajar ao catálogo da Biblioteca Nacional do Chile, no qual estavam prontos para ser baixados. E foi folheando páginas amareladas digitalizadas na tela que avaliei os critérios de contagem estabelecidos em 1907, critérios que iam do gênero às ocupações e da educação às deformidades e doenças da população, até chegar às nacionalidades. Porque eu queria entender, para depois poder transmitir, o que os chilenos de antigamente tinham analisado ao traçar distinções. Descobri que, nos anos da migração do meu avô-ainda-Issa e da minha avó-ainda-Milade, as categorias eram muito grosseiras: a "população de almas estrangeiras", como dizia o censo, era tão pequena que só classificavam os grupos em nações se suas almas fossem numerosas, porque, se fossem apenas alminhas, eles juntavam todas sob os impérios que as dominavam. No exaustivo porém impreciso censo de 1907, constatou-se que os migrantes eram principalmente peruanos e bolivianos e espanhóis recém-chegados, seguidos de italianos, ingleses e alemães. Mas os árabes devem ter sido muitos entre os 1.729 catalogados como "Turquia". A exceção eram os 16 habitantes reunidos como "Ejipto", pois já tinham se libertado dos otomanos. E como saber se eram árabes os quatro sujeitos que apareciam como "África"? Era mais inexato do que eu previra, mas eu devia levar em conta que, no início do século passado, algumas nações ainda eram etnias e religiões não constituídas como corpos políticos definidos por fronteiras. A isso somava-se o fato de que o conhecimento geográfico e cultural dos recenseadores era escasso e que, por falta de equipe qualificada, o Estado teve de recorrer a centenas de voluntários para ir de porta em porta pelo comprido e estreito país. Não parei nesse censo: continuei procurando, possuída pela curiosidade e pela facilidade de acesso a um documento monumental que em outras circunstâncias teria sido impossível conseguir. Somente 13 anos mais tarde, no amarfanhado censo de 1920, emergiam oito nações antes ausentes. Uma nação: os "poloneses" encontravam seu lugar. Quatro: "sérvios", "montenegrinos", "eslavos" e "romenos", anteriormente agrupados em "Balkans" (*sic*). As três nações restantes haviam retirado pessoas da "Turquia", que entre um censo e outro baixou de 1.729 para 1.282: apareceram os "árabes" (1.849), diferenciados dos "palestinos" (1.164) e dos "sírios" (1.204), e não era estipulada a existência nem de libaneses nem de jordanos, mas sim de egípcios, que continuavam sendo escassos naqueles anos, apenas 23. Enquanto escrevia meu informe migratório, perguntei-me por que aqueles egípcios estariam separados dos árabes e dos africanos: seriam brancos? Seriam judeus? Os recenseadores não sabiam dessas complexidades ou não tiveram tempo de perguntar ou não se preocuparam em tomar nota ou ninguém lhes disse que a cor ou a casta eram importantes entre os recenseados, por mais que essa questão continuasse viva nas preocupações do Estado. Fosse como fosse, quando os levantinos começaram a fazer seu incalculável desembarque, os chilenos, que se acreditavam brancos (embora descendentes de povos indígenas de um lado e de espanhóis do outro, isto é, de europeus ibéricos misturados com árabes e judeus), não sabiam se aqueles migrantes qualificavam-se ou não como brancos. Por via das dúvidas, deixaram que entrassem.

EXCUSÊ MOÁ

Eu ficaria apenas mais uns dias naquele bairro parisiense relativamente perto do aeroporto e longe, relativamente longe, do museu do Louvre, que decidi não visitar da vez que estive em Paris. Eu tinha vinte e poucos anos e bancara aquela viagem com meu parco salário de professora numa escola de inglês. Tinha conseguido que alguém me alojasse num colchonete no canto de uma sala e me desse café da manhã. Mas em Paris eu havia andado tanto, dormido tão pouco, comido menos ainda e perdido tantos quilos que minhas calças caíam, mesmo estando abotoadas. Tinha ido caminhando até o Louvre decidida a entrar, e teria entrado, mas o ingresso era meu orçamento do dia e o sol coloria as ruas. A brisa soprava, bagunçava minhas madeixas, que na época eu usava soltas. Trinta anos se passaram e meu cabelo está preso num coque, e essa Paris sombria está coberta de nuvens enquanto passo por baixo da pirâmide de cristal e, diligente, pago os 15 euros com a ideia de ficar o mínimo possível nesse museu repleto de valiosos objetos antigos e conectado com lojas de objetos caros sem valor. Saio à caça das pinturas neoclássicas da Revolução Francesa, que, agora como professora universitária, ensino em um curso de artes modernas. Só quero ver os rostos que ficaram à sombra, rostos de mulheres e crianças que as fotografias online não reproduzem com luz suficiente. Três ou quatro pinturas revolucionárias e o retrato da velha Monalisa, prometo para mim mesma, entrando e saindo de salas de artes etruscas gregas persas entrando e fugindo das salas romanas como se perseguida por um gladiador. Atravessando a excessiva sala egípcia, paro momentaneamente diante de uma prateleira cheia de gatos mumificados: seus olhos tristes um tanto esbugalhados me empurram para fora da sala e eu continuo andando, cada vez mais desorientada. Não consigo encontrar as pinturas de que preciso entre as renascentistas e as medievais. E já vou apressando o passo ao lado das caras e máscaras funerárias de grandes olhos maquiados que os turistas, mais do que olhar, cegam com o flash de suas câmeras. Então, vejo um guarda parado num canto e tento falar com ele em sua língua, *excusê moá*, balbucio procurando palavras perdidas na minha própria antiguidade. Tateio se ele *parla anglais* ou *espagnol*, e sim, *oui*, retruca ele, *un peu d'anglais*, e imediatamente confirma, *just a little*. Peço em inglês indicações para chegar à sala de Jacques-Louis David, esse artista ou contorcionista político que conseguiu, sem grande sofrimento, pintar para o odiado rei Luís, que usou uma peruca empoeirada até ser guilhotinado; que retratou o temido Robespierre com sua peruca preta pouco antes de sua cabeça ter o mesmo destino; que imortalizou Napoleão Bonaparte, cabelos ao vento, cruzando os Alpes num cavalo nanico que o fez parecer enorme. Mas o guarda não é um daqueles homens brancos e baixinhos do século XVIII europeu. É alto. É magro sem ser franzino. Tem a cabeça raspada em pleno século XXI, e é neste século que ele estica o dedo para me indicar uma porta escondida no amplo corredor de mármore rosado. *Right there*, diz, *you see?*, com uma gentileza treinada. Sigo a flecha desenhada pelo seu dedo. Quero responder *merci, merci beaucoup*, ou pelo menos *thank you, Monsieur*, mas o que brota da minha língua exausta pela dublagem absurda em que vivo é um *danke schön* completamente fora de lugar. *Vielen dank*, e paro ao constatar que o alemão que estou aprendendo em Berlim eclipsou todas as minhas segundas línguas. Ele se compadece do meu colapso linguístico e ri, divertido, os dentes alinhados, invejavelmente brancos. Assim que lhe dou as costas, ouço o guarda murmurar, intempestivo: *you don't speak but you look like a French woman!* Agora sou eu que me viro e sorrio com estranheza, com dentes manchados de tanto café; sou eu que encolho os ombros enquanto olho para ele, de novo, não sei com que expressão no rosto. Vejo a instantânea seriedade desse guarda que deveria vigiar e não conquistar, a seriedade dos lábios grossos que dizem *pardonnez-moi, Madame.* Mas não há nada a perdoar, nada a dizer, só uma pergunta: ele se desculpa por me imaginar francesa ou por imaginar que o flerte me ofende?

RETRATOS

Eu deveria ter dito a ele: não francesa, *Monsieur*, mediterrânea, como se isso bastasse para dar conta de quem sou. Mas o que significa ser ou parecer mediterrânea? Negra como esse guarda parisiense? Branca como os italianos que moram no meu prédio em Berlim? Ou ter esse bronzeado fora de tom de gente como nós, os outros? E enquanto me afasto dando passos desajeitados entre pessoas de todos os tamanhos e cores, enquanto paro em frente às pinturas que eu procurava e que finalmente encontro, me assusto com meu inesperado reflexo em um vidro.

DABKE

Em Paris, vou conhecer Yasmine Benabdallah, a jovem cineasta marroquina que filmou um documentário sobre a dança tradicional palestina em Santiago. Não a dança-árabe-do-ventre que arrisquei o melhor que pude na minha festa de casamento e que meu marido improvisou do meu lado – e à qual a família e os convidados depois se juntaram rindo, envergonhados por sua ousada inépcia. (Esquisitices do meu pai, que nunca aprendeu a sacudir o esqueleto mas que, sem nos avisar, contratou duas moças parcamente cobertas com véus dourados que equilibravam enormes candelabros acesos na cabeça.) Não é essa a dança documentada pela jovem marroquina que às vezes cobre seus cachos com um lenço e às vezes os deixa soltos. Em *Ojalá: la vuelta al origen*, ela dirige o olhar ao *dabke* palestino e à professora chilestina da dança em Santiago, que canta e sapateia energicamente no tablado. A dançarina guia a câmera e a quem assiste ao documentário, explica que o *dabke* deixou para trás sua antiga vocação folclórica para se concentrar na história do presente: o que importa é a letra, a dura melodia da opressão. Yasmine espera que, aproveitando minha ida a Paris para dar uma palestra sobre migração, eu seja sua interlocutora na exibição do documentário e me junte aos espectadores da paristina *Troupe de Dabke*, que dançará no encerramento do evento. E eu aceitei, tentando acompanhar o ritmo do *dabke* e do documentário. Mas o que ainda não sei, porque não pedi explicações a ela, é como foi que Yasmine soube de mim e como foi que leu meu livro palestino, como afirma, se ela não sabe ler em espanhol. Suas bochechas se contraem numa expressão misteriosa: alguém de lá, um lá que não é o Chile, mas a Palestina, fez chegar até ela uma tradução para o inglês do meu *Tornar-se Palestina*. Para o inglês? Sim, assente num espanhol costurado por outras línguas, eu li em inglês, e pisca para mim seu olho marroquino.

FUSOS HORÁRIOS

Em que fuso horário você está? É a mensagem rápida que mando de Paris à tradutora que num dia está em Buenos Aires e no outro em alguma cidade da Espanha, Alemanha ou Romênia. Da última vez que recebi uma mensagem dela, Andrea Rosenberg estava morando no México. Foi uma tradutora judia quem nos pôs em contato em Nova Iorque, e presumi, pelo sobrenome, que Rosenberg devia ser também judia. Não cheguei a lhe perguntar isso daquela vez, mas, na oportunidade seguinte, não pude evitar, e a resposta foi tão ambígua que decidi não insistir. Nos encontrávamos em Nova Iorque quando ela lançava sua âncora temporária na cidade, de passagem para algum outro país. Tailândia. Inglaterra. Portugal. Sempre em um lugar diferente quando eu lhe escrevia, como agora lhe escrevo perguntando onde está, enquanto ela me pergunta onde estou. Eu, já partindo de Paris para Berlim; ela, seis horas atrás de mim, naquela casa da Carolina do Norte que raramente habita. *Dear* Andrea, para quem você entregou sua tradução do meu livro palestino? Meu livro que é *seu* manuscrito. Suas palavras que são minhas palavras, minhas frases agora suas. Sei que ela está do outro lado, porque algo se ativa na minha tela, e então um pequeno silêncio em que a imagino traduzindo minhas inquietações e retraduzindo sua resposta para mim. Vejo-a *typing*, ou melhor, vejo a palavra *typing* e me pergunto se, em vez de digitar, ela está gravando sua resposta. *Didn't you ask for my permission to send the manuscript to some people at some Palestinian Biennale you were attending, long ago?*[1] Uma bienal, penso, é verdade, tem razão, eu pedi autorização a ela para divulgar o manuscrito e o enviei, embora nunca tenha ido àquela bienal porque começou outro bombardeio em Gaza e o aeroporto fechou.

ALGUÉM

Alguém leu meu livro na Palestina, alguém o colocou em circulação sem que eu soubesse, até ele reaparecer em Paris e em Berlim e no Cairo. Alguém no México quis traduzi-lo para o árabe. Alguém para o croata. Alguém chorou ao lê-lo em Nova Iorque, alguém ficou incomodado e parou de falar comigo. Alguém me acusou de ter sido muito cara de pau ("descarada" foi a palavra que usou). Alguém disse que eu estava errada, alguém confirmaria que estou certa. Alguém, que não me arrisquei ou que fui longe demais. Que exagerei. Que menti. Que nunca entendi, que continuo sem entender nada. Alguém que não é palestino ficou emocionado ao re-

---

[1] [N. da T.] Você não tinha pedido minha autorização para mandar o manuscrito a algumas pessoas numa bienal palestina de que iria participar, tempos atrás?

cordar sua própria migração, suas próprias lacunas familiares. Suas origens inventadas. Alguém escreve com as mãos o que seus olhos viram. No meu retorno a Berlim, alguém ergue as sobrancelhas, alguém as contrai, franze os lábios, fica em silêncio. Alguém (uma professora berlinense) me dá uma carta de recomendação, avisando que deverá declarar nela seu total desacordo com a minha posição. Alguém (outra professora alemã) me conta que se tornou impossível falar de sionismo sem ser tachado de antissemita. Alguém me acusa de antissemitismo sem entender o que essa palavra significa. Alguém me critica nas redes por não "fazer justiça" ao sionismo de esquerda, como se fosse o sionismo que precisasse de redenção. Alguém concorda com o crítico. Alguém o confronta. Alguém me acusa de estar enriquecendo às custas do sofrimento palestino. Alguém sugere que eu deixe de falar sobre esse povo que sou. Alguém me lembra da crescente censura. Alguém da Palestina me adverte que os algoritmos não gostam do seu gentílico. Alguém (uma jornalista germânica) me conta que temeu represálias por ter escrito reportagens sobre Gaza. Uma escritora (britânica de origem paquistanesa) perde um prêmio alemão por apoiar a causa palestina. Alguém pronuncia as palavras *ilegal* e *boicote* como se fossem restos de carne entre os dentes. Alguém me desautoriza. De portas fechadas, alguém volta a falar comigo sobre meu contrato precário em Nova Iorque. Alguém faz uma advertência dissuasiva. Alguém me entrevista na rádio. Alguém me convida a uma conferência para que reitere o que já disse exaustivamente. Alguém sugere que eu continue escrevendo sobre a questão palestina. Alguém em Berlim (uma curadora palestina) me convoca para outra empreitada naquelas terras e eu experimento um entusiasmo desmedido.

UM ROSTO NUNCA É NEUTRO

O tempo vira areia e já estou abrindo os olhos na madrugada do meu retorno palestino, meu verdadeiro retorno se me permitirem entrar. Pensei ter apagado todas as caras mediterrâneas que habitam a minha, mas seus traços apareceram novamente. Prendi os cachos num coque, mesmo sabendo que eles sempre encontram um jeito de se levantar e ser notados. Minha cabeça se agita repassando a neutralidade da roupa que usarei para tentar despistar os agentes e as respostas a tantas possíveis perguntas para as quais eu não estava preparada da outra vez. Começo a treiná-las diante do meu interrogador imaginário. Sim, chilena. Sim, residente americana. Professora universitária? Sim. Escritora de que tipo, de que classe? (Segunda classe passando para a econômica, penso, mas meu interrogador não está para brincadeiras.) Romancista? Jornalista? Terrorista? Ativista? Sim. Sim. Não. Não ou talvez sim. Já esteve alguma vez em Israel? Vou ouvindo minha voz passar de um neurônio a outro, soltando faíscas em plena sinapse. Até ali, respostas verdadeiras que não devo esconder, caso fiquem registradas em alguma ficha. Mas depois treino respostas falsas, pois aprendi que uma palestina, por mais que seja misturada com outras gentes, por mais diluídos os seus genes e erráticos os seus traços, continua sendo palestina, e uma palestina nunca deve confessar. Uma forma pacífica de sua resistência a sangue frio é a resposta parcial ou a não resposta, ou melhor, a resposta enganosa. E eu sei que, para mentir ou omitir, preciso treinar olhar de frente sem esconder os olhos e jamais sorrir para o agente. Dizer que estou viajando de férias é simples, dizer que ficarei na casa de Maurice, aquele acadêmico que conheci numa conferência meses atrás. Não dizer que Maurice é um palestino retornado do exílio e casado com uma palestina. Não dizer que Maurice escreveu um ensaio sobre meu livro palestino. Não dizer que escrevi esse livro contra as políticas de Israel. Não dizer que dei palestras, que dei entrevistas, que escrevi, por exemplo, um poema em forma de denúncia. Não dizer que me alojarei em Ramallah e, em vez disso, dizer que ficarei no Hotel Jerusalém, próximo ao muro das lamentações. Não dizer que me reunirei com intelectuais e artistas do mundo todo, que visitaremos juntos diversas iniciativas da resistência na Cisjordânia Palestina. Não dizer que aproveitarei para visitar minhas tias. Mais uma vez, e outra vez e três vezes e variações da mesma coisa até o galo cantar.

AR APÁTRIDA

Não me fazem nenhuma pergunta no aeroporto. Nem uma só pergunta. Deve haver algum erro: fico esperando. Minhas pernas se recusam a dar um passo, meu corpo quer parar no portão de embarque e exigir essas perguntas. Tenho os pulmões cheios de respostas e vou explodir, mas a expressão cândida do comissário me esvazia: este avião turco faz escala em Istambul e será o próximo que me levará a Tel Aviv, talvez ali eu possa despejar meu roteiro. E se ali não me interrogarem, o farão em Ben Gurion. Aterrisso num avião e pego outro e volto a aterrissar e encaro – no que antes foi o aeroporto israelense de Lod, e ainda antes o aeroporto palestino de Lydda – o agente de migração. Entrego meu passaporte e fico parada vendo o oficial escanear com seus dedos as páginas cheias de carimbos e examinar o meu retrato e compará-lo com o meu rosto, sinto que ele se detém na minha íris, no seu desenho único como o de toda íris, na minha que é tão escura, estampada no passaporte. Minha íris tão minha e tão outra nessa foto. E os segundos passam e o agente levanta suas pálpebras cansadas e me olha ainda mais fixamente enquanto minha pupila se fecha cheia de aflição. Ele quer saber o nome do meu pai. Quer saber se meu pai mora no Chile. Minhas veias queimam de adrenalina: meu pai no Chile, sim, todos os meus parentes no Chile, respondo tomando ar e tornando-o meu, meu e alheio dentro do peito, e me preparo para o interrogatório que já vem, mas que não chega. Pode passar, diz ele, e sou eu que me pergunto se meu ar israelense terá ajudado.

II. WIR DIE DEUTSCHEN

MAHSOMS

Vínhamos de diferentes países e de disciplinas diversas, e eram díspares nossos corpos. Uma grega ativista quase transparente. Um jovem egípcio branco diretor de cinema. Dois rappers senegaleses, um mais empertigado e calado e escuro que o outro. Uma professora baixinha de arte hindu e seu marido indo-californiano, também professor universitário. Um filósofo alemão de cabelo ruivo desgrenhado. A escritora chilena-tornada--palestina que era eu, e os propriamente palestinos: a curadora de cabeleira castanha que havia nos convocado de Berlim, a antropóloga feminista de Jerusalém, a jovem historiadora retornada de Chicago capaz de se passar por santiaguina, que lecionava na universidade com um visto vencido. E um fotógrafo palestino de barba grisalha espessa. E o jornalista que estava saindo de uma prisão israelense. E, embora não fôssemos poucos, às vezes somavam-se a nós especialistas capazes de explicar os mecanismos políticos mais incompreensíveis. Juntos ou separados, compartilharíamos uma semana acordando de madrugada num hotelzinho de Ramallah, sete dias comendo mais do que devíamos e tomando café em excesso, fumando um cigarro atrás do outro, simplesmente para suportar – nós, os estrangeiros – a dura vida cotidiana dos palestinos. Fomos entrando em vans coloridas para ir e vir, evitando as rodovias exclusivas israelenses e usando, em vez delas, as estradas palestinas pontilhadas de *checkpoints* fixos e móveis que não eram *crossings*, como afirmavam os israelenses, mas postos de controle, de revista, de interrogatório, de extenuantes esperas. Pararíamos nos *mahsoms*, mostraríamos passaportes e seguiríamos pelos caminhos de terra. Visitaríamos plantações, muros, lamentos, mesquitas disputadas, apiários entre escombros, casas ocupadas e em ruínas, terrenos baldios, muros dividindo povoados e famílias, *mahsoms* ou *checkpoints*, mas não *crossings*, e não seria nada fácil atravessar os postos de controle. Veríamos as casas geminadas dos colonos, os bairros dos colonos de telhados rubros flamejantes, *mahsom,* paredes cobertas com rostos de crianças mártires assassinadas por soldados em alguma escaramuça ou sem motivo, por estarem ali e serem palestinas, ali, agora, mercados cercados com grades ou extintos, teatros árabes e escolas de *dabke* e lojas de sabonete natural e de especiarias em sacos de estopa, centros culturais construídos à mão, casas destruídas por tratores, cavernas cheias de morcego, muros, muros, hotéis, *checkpoints*, câmeras de vigilância, estações de ônibus, *checkpoints* torres *checkpoints*.

QUESTÃO DE TEMPO

O tempo deles foi confiscado junto com tantas outras coisas. É isso que lhes é negado nas centenas de *checkpoints* onde são detidos deliberadamente. Suas identidades exigidas. Seus documentos examinados e cotejados com outros documentos, com outros nomes, com os rostos de outros palestinos. São obrigados a esperar os minutos as horas os dias os meses que os soldados quiserem, sem que ninguém lhes dê um motivo. Um casamento, um batizado, um aniversário: podem esperar. Um funeral, um ataque cardíaco. Toda emergência terá de esperar sem desesperar. Sem saber o que se espera. Submetendo-se à ordem de uma pausa sem sentido. Porque parte da violência do poder está na arbitrariedade desse protocolo, se é que existe um protocolo. Os palestinos que nos acompanham dizem que não existe uma regra e o que se aplica é a lógica de um impedimento contínuo que lhes impede de planejar o presente, que não permite pensar o futuro. O controle do tempo dos expectantes é uma arma de cano longo carregada de humilhações. Mas eles construíram uma armadura contra esses ataques sutis que nunca chegam à imprensa. Eles sabem que a impaciência e as explosões de desespero são a recompensa dos soldados. E desenvolveram estratégias de contra-ataque. Quem me explica é o fotógrafo palestino, alisando lentamente a barba num dos *checkpoints* onde esperamos conferirem nossos documentos. Aprendemos a apreciar a extrema lentidão, diz ele, os olhos escuros brilhando à luz do sol. Se nos pedem para seguir em frente, fazemos isso muito devagar, se nos mandam parar, nossos corpos ficam pesados enquanto nossas mentes conseguem se desconectar; demoramos a língua nos interrogatórios, retardamos a apresentação dos nossos documentos, alegando que não estamos conseguindo encontrá-los. A ansiedade já não nos aflige. Somos indiferentes ao imediatismo. À velocidade, à aceleração que caracteriza o capitalismo destrutivo. *We simply space out*, diz ele, *safnin!*, diz, e me surpreende que esse "estar no mundo da lua" tenha uma tradução tão exata em tantas línguas; que em tantos lugares, entre tanta gente desarmada, esse habitar uma realidade paralela não signifique ausentar-se, mas defender-se. *Bi shu safin?* Deixar o olhar perdido no horizonte vazio. *Lesh safin fiyyi?* Embora soe paradoxal, se perdemos tempo ou nos perdemos no tempo, o tempo se torna algo que os soldados não podem usar contra nós. Não podem nos fazer mal naquilo que já não nos importa. E revidamos, fazendo os soldados perderem o mesmo tempo que eles tentam, em vão, roubar de nós.

UM CORO TEUTÔNICO

Em baixa velocidade, passamos por placas que anunciam os assentamentos com nomes hebraicos e raramente os nomes das cidades palestinas: se o motorista não fosse local, estaríamos presos no limbo contínuo dos postos de controle. Nosso motorista não se altera, mantém a janela aberta para o caso de aparecer um soldado lhe mandando parar ou outro soldado que queira espiar por aquela fresta. São sempre imberbes os soldados, parecem atores nervosos e inexperientes. De súbito, nosso veículo para, a porta se abre como uma cortina e entra um homem fardado pisando firme no degrau com o coturno e exibindo seu fuzil: exclama algo histriônico em hebraico. Ninguém entende. Ninguém responde. Só o motorista, que sussurra ao soldado que somos turistas estrangeiros. E é por isso que o soldado solta um pigarro, e é por isso que afina suas cordas vocais e grita para ouvirmos sua pergunta na língua franca da van. *Where are you from?* Dirige-se coletivamente a cada um de nós, mas cada um de nossos passaportes contém uma resposta diferente, e os palestinos, desprovidos de um, ficam escondidos no fundo. *Where are you from!*, exige, dirigindo-se ao despenteado filósofo alemão na primeira fila. *Germany*, responde Germany, com o cabelo mais vermelho que nunca, mas somente Grécia e eu ouvimos sua resposta da mesma primeira fila, do outro lado do corredor. *Where!*, uiva o soldado resoluto, procurando impor sua autoridade, mas Germany tem o dobro de sua idade e tamanho e ergue um aterrorizante vozeirão teutônico para pronunciar novamente seu *Gerrrrmany* natal, e o nome da sua cidade, a amuralhada Berlim, liberta do cerco e do infame muro que Israel teve a ideia de repetir nestas terras. *Berrrlin*, esclarece militarmente, caso o soldado não soubesse o nome da capital do país de Germany. O soldado fica parado com a mão estendida exigindo o passaporte e, enquanto confere, dá uma olhada nos assentos de trás. E talvez seja míope, porque não detecta os rostos morenos, os cabelos pretos, o crespo irrefutável dos palestinos amontoados nas profundezas da van. Parece reparar apenas no cabelo liso, quase branco, de uma Grécia agora albina de susto, nossa Grécia afundada no encosto do assento ao meu lado. Somos todos *germans*? O soldado ergue a voz enquanto seus olhos míopes nos sobrevoam, e de nós surge um retumbante sim germânico, um *yes!* africano

e indiano, um *yaaa!* que com certeza sai da garganta de
Egito, porque Egito tem sobrenome alemão e passaporte alemão, além de um rosto impregnado de alemanidade. *We are all germans!*

KARNEVAL

Assim que a porta se fechou e aceleramos pela estrada, Grécia começou a gritar um *Germany* zombeteiro, *Geeeermany!, Gerrrmany!,* fazendo rolar vogais e erres entre os lábios vermelhos. Eu a acompanhei berrando com ironia e em inglês, *Chili!, Chili!,* porque ninguém parecia entender que Chile termina em "e", e que em espanhol esse "e" não tem som de "i", e que o "i" não torna ardido meu país em forma de pimenta. Egito erguia seus braços alemães como se tivesse acabado de enfiar a bola no gol inimigo, jogava a cabeça vitoriosa para trás. Eu não via os senegaleses, mas podia ouvi-los cantarolar em dueto um *We the germans,* e o casal Índia juntou-se ao coro de sonoras e implacáveis gargalhadas palestinas cheias de vogais memoráveis. Nessa folia de gengivas e sotaques, nosso filósofo alemão se ajeitou no banco e compreendeu que, mais do que rir, estávamos expelindo o medo pela boca, e uniu-se a nós com sua própria gargalhada de vitória visigoda. Porém, sabíamos sem dizer, sem sugerir, sem risco de arrependimento, que nossa infração era completamente equívoca. Tínhamos nos escudado atrás do nome de uma nação que era parte e arte do conflito. Tínhamos usado o gentílico de uma Alemanha que continuava pagando reparações a Israel pelos abusos atrozes cometidos no passado, sem assumir os abusos que estavam sendo cometidos contra os palestinos no presente. Era absolutamente necessário que ninguém esquecesse jamais o latrocínio e a expropriação e o brutal extermínio de milhões de judeus alemães e europeus e de um número impiedoso de ciganos, eslavos e homossexuais, de doentes, de crianças com deficiência física ou cognitiva ou supostamente inferiores que não correspondiam à supremacia ariana. E, porque era necessário jamais esquecer esse horror, não esquecê-lo para não repeti-lo, os alemães se comprometeram a pagar indenizações monetárias no fim daquela guerra sangrenta que felizmente perderam. Só que continuaram pagando e batendo no peito sem exigir, mesmo setenta anos após a criação de Israel, que os israelenses não criminalizassem e prendessem e humilhassem e desapropriassem milhares de palestinos – jovens, idosos, crianças doentes e sadias, mulheres com a cabeça coberta ou exposta; sem exigir que não demolissem as casas palestinas, que não destruíssem seus bairros enquanto multiplicavam-se os assentamentos ilegais em terras palestinas supostamente protegidas por uma lei internacional que nenhum Estado cumpria. Nem a Alemanha. Porque, apenas setenta anos depois, a Alemanha ousava manifestar, na boca de sua poderosa chanceler, uma tímida discordância com a violência exercida por Israel contra a minoria palestina dentro de suas fronteiras e contra a maioria de palestinos nos territórios ocupados. Esse território que nós, *die Deuts-*

chen, percorríamos usufruindo do nome da Alemanha. Era preciso sermos estratégicos, é verdade, era preciso continuarmos usando a posição alemã como salvo-conduto. Sabíamos que dizer Palestina teria sido uma péssima ideia e dizer Chile ou *Chili!*, uma má ideia, pois o Chile era também terra de palestinos. Dizer Egito, dizer Senegal, dizer Índia teria sido pedir aos gritos que conferissem nossos passaportes e nos submetessem a um interrogatório de almas e mentes. Mesmo Grécia, que parecia holandesa e pertencia à União Europeia, não era suficientemente europeia, porque a Grécia – sussurrou Grécia com as madeixas loiras tapando os olhos, o rosto corado, a boca helênica rindo ainda – não era mais do que um ponto de intersecção, um lugar entre culturas. Mas a Grécia *é* a Europa, sussurrei sem querer contradizê-la. Como grega ela devia saber disso melhor do que ninguém. Mas ela apertou os lábios maquiados de ressentimento e, entrecerrando os olhos, começou a dizer que, embora a Grécia fosse "o berço da civilização ocidental" (fazendo aspas com os dedos nesse clichê), e embora seus filósofos tivessem inventado a democracia que ninguém seguia no Ocidente, os europeus do norte os consideravam uma pobre nação presa à Europa pelo sul. *A failed state*, disse, já sem alegria e de sobrancelhas franzidas. E aproximando sua voz da minha orelha, murmurou que sobretudo os alemães a consideravam uma nação mediterrânea e meio oriental. Porque poucos sabiam exatamente onde ficava a frágil fronteira entre o Oriente próximo, o médio e o extremo, e a Grécia entrava no recorte colonial do Império

Otomano. Nos tornamos independentes dos turcos em 1821, entende?, perguntou sem perguntar, sem esperar uma resposta. Nos tornamos independentes deles muito antes dos levantinos, nunca fomos turcos, nunca fomos árabes, nunca fomos africanos, acrescentou Grécia esticando com as palmas sua longa saia plissada. *So stupid!*, exclamou ainda em meu ouvido, pois não queria polemizar com Egito nem ferir os palestinos, que haviam passado das mãos de um império para as garras de outro. Não nos enganemos, insistiu Grécia, conferindo seriedade a seus *sigmas* e *ômicrons, taf pi deltas*. Nem por um minuto acreditemos que a máscara alemã nos cabe. Isso aqui foi apenas um momentâneo carnaval.

TIRAR SARRO

O silêncio imperou na van, porque uma dúvida decantou-se em nós: teria nossa farsa germânica sido um ato suicida ou um ato de improvisada e arriscada resistência à-la-palestina? E o soldado, tão assustado quanto nós, embora armado como nenhum de nós, poderia ter perdido a cabeça ao descobrir que estávamos tirando sarro da cara dele?

CONTRA TODA INGENUIDADE

Eu teria estremecido não de rir, mas de medo, se na hora soubesse o que descobri depois: que os soldados que conferiam nossos documentos não eram mais que a cara feia e o corpo visível da vigilância, mas que havia outra vigilância silenciosa, sistemática e muito mais eficaz. Há anos, o Exército israelense monitorava os palestinos com avançadas tecnologias de reconhecimento facial. Pesquisando, fiquei sabendo que Israel havia instalado câmeras de última geração nos *checkpoints* por onde passam milhares de pessoas todos os dias, forrando o território palestino com uma densa rede de monitores de vídeo. O diretor executivo da empresa israelense Anyvision (qualquer-visão ou visão-total) parecia se fazer de cego quando enfatizava, online, que sua empresa, que fornece a Israel o mais sofisticado software de reconhecimento, "é sensível aos preconceitos raciais e de gênero" e só vende sua tecnologia às democracias, a fim de evitar seu mau uso. Em que consiste o bom uso dessas câmeras?, eu me perguntei ao lê-lo. Em resguardar a segurança de alguns, violando a segurança de milhares de outros? Como se me respondesse, um porta-voz do Exército diria na minha tela que eles estavam usando essas câmeras para tornar "mais ágil" o trânsito dos palestinos, isto é, dos palestinos com autorização de trabalho, dos poucos palestinos dos territórios que ainda trabalham em Israel, daqueles que se apresentam no meio da noite para esperar durante horas que lhes deixem atravessar. Horas de uma espera exaustiva. Horas seguidas de horas. Me perguntei se o que aquele porta-voz queria dizer era que os palestinos deviam ser gratos por as câmeras de vigilância que registravam seus rostos "melhorarem a eficiência" daqueles *crossing* que não são bem passagens. Era assustadora a leviandade com que ele fazia essas declarações. Era, pensei, indo um pouco além, o que estão fazendo os chineses com sua minoria muçulmana, os uigures, para escândalo do Ocidente. Era o que algumas democracias estavam impondo sob o pretexto da segurança, embora já começasse a ser proibido em alguns estados dos Estados Unidos. Era algo que continuava a ser feito entre ingleses e alemães, cujas cidades têm mais câmeras por cabeça do que qualquer outro país europeu. Não parecia tão escandaloso em Israel, muito menos nas terras que ocupa, onde as operações de vigilância dos meios de comunicação e das redes, o monitoramento permanente e o registro biométrico estão entre os mais difundidos no mundo. Mas ainda mais sinistro para mim era o fato de as câmeras terem deixado de ser meros receptores passivos de imagens, as quais, no passado, alguém "atrás da câmera" deveria examinar e avaliar caso fosse necessário. Esses novos aparatos não se distraem, não se cansam, não dormem nunca, não adoecem, não recebem salário por hora, não fazem greve. São equipamentos "inteligentes", capazes de calcular o perigo de quem aparece na imagem e de enviar sinais de alerta mesmo que possam se enganar sobre a altura, a cor da pele, o sexo, a voz, a roupa das pessoas que observam numa manifestação, num templo religioso, numa festa, conferência, museu, campeonato, palestra, num escritório ou inclusive dentro de uma casa. E também nas estradas por onde circulávamos nós, os alemães, com total ingenuidade.

SOLUÇÕES

Durante alguns dias seríamos *Deutschen* dentro da van e depois veríamos o que fazer do lado de fora, quem seria cada um de nós lá fora. Porque, uma vez no terreno, mergulharíamos na tradução até que a curadora, a historiadora, a antropóloga feminista ficassem exaustas de tanto reproduzir palavra por palavra, ou de resumir a verborragia árabe em sucintas linhas inglesas. Cansadas de interpretar, no final da tarde elas ficavam caladas, obrigando-nos a apurar os ouvidos e adentrar no árabe. Vamos ver se nós, os alemães, somos tão espertos. Vamos ver se conseguimos nos libertar da língua da diplomacia, que também era a da espionagem e da guerra. Vamos ver se somos capazes de ler os sinais das mãos e o movimento dos lábios. Mas elas nos viam perdidos e logo se compadeciam, e novamente parafraseavam tudo para que não perdêssemos a enumeração dos problemas e as soluções encontradas por nossos informantes palestinos. Porque cada vez que superavam um obstáculo, um imprevisto, uma nova restrição, surgiam diante deles novos contratempos. Havia, por exemplo, mulheres que precisavam de um espaço onde se reunir, mas não contavam com nenhum e não tinham um *shekel*. Saíram então às ruas, às casas, batendo de porta em porta, de tarde em tarde, com as cabeças protegidas por lenços lilás e castanho e damasco, protegidas porém altivas; não saíram para pedir, mas para exigir dos vizinhos um *shekel* e outro *shekel*, e assim juntaram um saco de moedas e ergueram uma parede e depois um piso em cima de outro, com dólares extras de palestinos que viviam fora da Palestina e de um empréstimo que serviu para construir uma cozinha onde preparariam refeições para devolver o que deviam. "Todas as revoluções começam com um grupo de mulheres reunidas para conversar numa assembleia", brincou uma delas em seu árabe palestino, com seu lenço palestino em volta da cabeça. "Estamos forjando a revolução da vida cotidiana." E havia, por exemplo, o velho apicultor com sua esposa idosa e colmeeira, lenço rosado na cabeça, vestido preto até os pés. Eles e suas colmeias brancas numa colina perto da estrada, entre os escombros do muro que se erguia próximo a eles. Caixas de abelhas cheias de operárias ferozes que não os picavam jamais. Foi o que eles garantiram. A velha retirou a pedra que segurava a tampa e a tampa que segurava a caixa, e o velho se agachou para erguer com mãos desprotegidas um dos favos cintilantes de cera, de mel e de abelhas douradas fazendo seu trabalho cerimonial. O casal indiano batia fotos que nunca seriam mostradas, e eu, atrás deles, disparava as minhas como se fosse possível capturar as palavras de sua propriedade, voláteis, vibrantes, ameaçadas de extinção. A apicultora mostrou o interior da colmeia, as plantas de sálvia e camomila que ela cultivava ali para combater doenças. Porque, como nós, disse ela em seu árabe palestino, apontando para o peito enquanto esperava ser traduzida, como nós, as abelhas contraem doenças mortais e não podem pagar outros remédios além daqueles oferecidos pela própria natureza.

FOME DE AMANHÃ

Yallah, yallah, Grécia me dirá essa noite imitando nossa curadora palestina, sempre nos apressando pois nossa agenda, planejada por ela, está apertada e os caminhos são imprevisíveis. *Yallah, yallah*, baixando a voz enquanto nos embrenhamos na noite escura de Ramallah, distanciando-nos do hotel e suas luzes e da lua que dorme sobre a cidade. Grécia descobriu que há um bar nas redondezas e se dirige para lá com total confiança, de braço dado comigo. Não tenho olhos na escuridão, não tenho pés para o cascalho escorregadio: tropeço, resvalo, quebro tornozelos e me perco mesmo de dia se não houver uma cordilheira no horizonte. Espero que não se importe, digo, pois acabamos de nos conhecer e já estou pegando intimidade demais com a sua manga, mas ela penteia a cabeleira holandesa com a mão livre e, uma vez dentro do recinto, tira o longo casaco de lã, desenrola o cachecol que traz no pescoço e pendura ambos na cadeira. *Yallah, we made it!*, exclama satisfeita e me oferece seu braço para qualquer outra noite, pois está acostumada a guiar. Pedimos duas taças de vinho para descarregar nossas impressões como se fossem munições pesadas. É Grécia quem dispara mais, a Grécia que fez parte do *Occupy* Atenas e dos protestos contra as medidas de austeridade impostas ao seu país. Grécia fala rápido demais para seu sotaque, e fala sem parar enquanto meu cérebro vai decifrando apenas pedaços do que diz. Eis o que ela observa: que os palestinos faziam bem em manter a resistência cotidiana, em decidir o dia a dia da atual ocupação. E diz isso enrolando um cigarro que não sei se chega a fumar, mais ávida por despejar conceitos de ação do que por tragar fumaça. A intervenção política, acrescenta, só pode responder ao aqui e agora, não pode copiar uma fórmula ou desejar uma estabilidade futura, ela deve desconfiar das promessas de estabilidade que tantas vezes implicam aceitar uma ocupação que aqui só piorou e que significaria aceitar a normalização favorecida pelos ocupantes. Significaria desistir. Significaria entregar tudo a eles, e isso nem pensar.

CAMPUS ABERTUS

Outro dia, outro motorista, outra van palestina em que nós, os supostos-alemães, entramos para dar início à viagem até a fronteira, onde seremos recebidos por um palestino que abandonou os estudos para cuidar da fazenda da família: com a morte do pai, sua herança de árvores frutíferas e arbustos e terra úmida estava sendo embargada pelos israelenses. Antes de recuperar dois terços da fazenda, esse homem passou 15 anos numa prisão israelense e outros tantos estudando leis para enfrentar o país que o prendera. Esse homem agora é um agricultor especialista em terra confiscada. Uma placa indica em árabe e inglês que estamos no que ele chama de *Global Campus Palestine,* um campus a campo aberto, a céu aberto, onde esse fazendeiro de baixa estatura, de bigode branco e espesso cobrindo os lábios, de pele bronzeada pelo sol (no México, teriam achado que era mexicano; na Turquia, turco; na Alemanha, espanhol), onde esse homem palestino nos confiava sua história de sucessivas expropriações. A extensão da sua propriedade já havia sido interrompida pelo muro, disse, apontando para a construção às suas costas: lá estava ele, a poucos metros de distância, plantado na sua terra, na sua lavoura, na sua colheita, nos ofuscando com a sombra do seu cimento e nos filmando com suas câmeras. Além de cerceado com aquele muro infame, outro pedaço da sua propriedade também fora roubado por um tapume mais baixo, mas igualmente ilícito: sobre uma parte do que era seu, funcionava agora uma fábrica de produtos químicos que há anos despejava substâncias letais para acabar com suas plantações e forçá-lo a abandonar o que restava de suas terras. Mas o letrado-agricultor e sua esposa, humilde e de olhar insolente, que sorria mostrando os poucos dentes que lhe restavam colados na gengiva, não iriam desistir. Resistiram a cada um dos ataques usando todos os meios disponíveis. Um: exigindo pela via legal a devolução de suas terras. Dois: denunciando os insidiosos ataques da fábrica vizinha e provando que seus químicos causavam câncer, infertilidade e cegueira nas crianças, motivo pelo qual aquelas fábricas haviam sido proibidas e banidas de Israel. Três: complicando a tarefa dos soldados que tentavam impedi-los de entrar em sua propriedade. Quatro: escondendo-se na fazenda quando os soldados que controlavam o acesso os deixavam entrar por uma hora, obrigando-os a procurá-los quando dava a hora estipulada, cansando, irritando e os fazendo perder seu precioso tempo. Cinco: poupando recursos diante da escassez e do alto custo dos produtos vendidos aos palestinos pela nação ocupante. Seis: mantendo o meio ambiente limpo – haviam aprendido a produzir esterco aproveitando as fezes das vacas vizinhas e extraíam energia de um enorme tambor cheio de merda, e a energia do gás liberado pelo excremento durante a fermentação era completada pela energia fornecida pelos pequenos painéis solares que arranjaram, não disseram onde. Somava-se a isso a construção de duas estufas que funcionavam como a arca dos vegetais salvos da extinção, com bananas em pencas penduradas no teto. E a reciclagem de jeans sem uso como contentores de sementes para a temporada seguinte. Nesse campus experimental, aprenderam a desidratar o excedente da fruta para ser consumido depois. E quando as formigas chegaram, bloquearam seu caminho colocando água em volta. E quando a madeira começou a apodrecer. E quando começou a faltar água. E quando as bactérias. E quando foram acabando as sementes. E quando. Um repertório interminável de obstáculos que desesperava, surpreendia, angustiava e fascinava a todos nós, mas sobretudo os senegaleses, que viam no talento do agricultor soluções para as deficiências agrícolas do seu próprio país, do seu próprio continente empobrecido.

MATAR PÁSSAROS OU COELHOS

Era preciso matar dez pássaros, ao invés de dois, com um só tiro, disse o fazendeiro usando a expressão em inglês, que não requeria balas, como em castelhano, mas uma arma muito mais exigente, *stones* – e que, em português, requer uma cajadada só.

CAVERNA

Lá fora os pássaros sobrevoavam, lá fora o sol queimava, mas dentro da caverna era de noite e, para chegar àquela noite repleta de morcegos guinchando, descemos lentamente por uma estradinha escorregadia e subimos por uma encosta íngreme. Subir com esforço, descer sem cair no barranco: nossos corpos tornando-se metáfora das imensas dificuldades do território palestino. Índia havia encontrado um pau e o usava para se apoiar. Senegal-o-alto e Senegal-o-médio ganhavam impulso fazendo um rap com a frase *nobody can stop the waves with his hand*,[2] rimando e rindo e nos fazendo repetir o refrão sem fôlego enquanto seguíamos em direção à caverna sem os equipamentos necessários. Sem a roupa adequada. Sem os sapatos certos. Nenhum de nós trazia água, muito menos Egito, que estava mais habituado à aridez. E, porque tínhamos sede, economizávamos a saliva da reclamação. Ao chegar à entrada de pedra, a

---

[2] [N. da T.] Ninguém pode parar as ondas com a mão.

curadora descascou umas tangerinas e começou a distribuí-las em gomos quando nos sentamos para descansar e ouvir a explicação daquela tarde. Nossa guia usava um uniforme esportivo de cima a baixo, enquanto sua cabeça e ombros estavam enrolados num lenço roxo, e seus olhos, protegidos por óculos de leitura que não lhe davam, pelo menos fisicamente, a aparência de espeleóloga. Porém, nos falou sobre topografia, formações rochosas, o uso das cavernas na resistência, nos falou sobre a água, a umidade, as cobras que rondavam a região. Quando terminou, seus três assistentes se ofereceram para nos ajudar. Índia, Senegal, Egito e os palestinos se levantaram, *yallah, yallah*, a ordem para seguirmos em frente, que eu repetia a Grécia, *yallah*, mas a grega não parecia disposta: havia subido conosco muito a contragosto, com mais uma saia comprida até o chão e delicados sapatos vermelhos de camurça e salto alto, completamente inapropriados. Agora, negava-se a descer à cavidade subterrânea. Apesar de estarmos levando lanternas. Apesar de estarmos acompanhados dos especialistas da caverna invocando seu *yallah* como um mantra. A guia-de-óculos não insistiu, também não desistiu. Era frágil a superfície porosa do caminho, perigoso aquele buraco negro por onde nos embrenhávamos, mas ficaríamos fascinados, dizia ela. Grécia murmurou que preferia não tentar, mas nós insistimos, *yallah*, imploramos, *come on, yallah?* Já estávamos ali, seus sapatos já estavam detonados, só tentaríamos evitar que ela escorregasse com seus absurdos saltos quebrados. Esta é uma experiência de resistência, comentou a curadora palestina com severa convicção, olhando para todos nós, caso mais alguém estivesse pensando em desistir, porque Germany já ia se desculpando: sofria de claustrofobia, poderia ficar paralisado, grandalhão e pesado do jeito que era, naquela caverna insondável. Se isso acontecesse, como o tirariam dali? A curadora esticou os lábios cheios de sarcasmo e, sem responder, dirigiu-se àquela escuridão que conhecia desde a infância, e nós, sentindo-nos abandonados pelo nosso Ali Babá, seguimos os passos seguros da espeleóloga. E foi assim que entramos, sem olhar para trás, sem perceber que Grécia decidia se aventurar e que, ao vê-la, Germany se desvencilhava de seu pânico e também se embrenhava. E atrás dele entrou Chile, muito discretamente. Chile com o olhar fixo no chão, porque eu não era um morcego capaz de me virar no escuro e tinha pavor das cobras, que, segundo a especialista-em-cavernas, podiam morder mesmo uma hora depois de mortas.

CARA BOA

Nós, os *Deustchen*, fomos aprendendo com a resistência palestina: o exercício cotidiano de fazer cara boa para o eterno tempo ruim. A cara boa dos atores no teatro palestino de Haifa, dos jovens dançarinos ensaiando nas catacumbas de Jerusalém cheias de soldados israelenses, cara boa, porém maus pensamentos perante as instituições que ofereciam a eles auxílio em dinheiro em troca de obediência e da educada cortesia daqueles que não têm nada. Faziam cara boa como quem usa uma máscara: por trás, gesticulavam e xingavam e mordiam a língua. Não faltavam, no entanto, os que arrancavam o disfarce e se recusavam a aceitar aquele auxílio que impunha censura, a traiçoeira assistência das instituições, governamentais ou não. Não faltavam os que se organizavam para dar oficinas gratuitas em escolas ou se reuniam em clubes de leitura para discutir romances ou filosofia ou livros de sociologia. Não faltavam os ativistas que denunciavam a perseguição das minorias sexuais e das prostitutas, porque, para muitos palestinos, Israel não era o único opressor que eles desprezavam. Não era o único portador das pétreas tábuas da lei.

LIÇÃO PALESTINA

A dupla de senegaleses entrava em todas as mesquitas, e nós, os agnósticos, passeávamos pelas redondezas enquanto esperávamos que eles terminassem de rezar. Mas aquilo era Jerusalém e aquele era o disputado templo de *Al-Aqsa*, que não apenas Senegal, mas todas as nossas nações queriam conhecer antes que alguém o incendiasse, antes de ser explodido ou arrasado. Antes de desabar sob o peso do presente ou do passado tão pesado. Nas páginas do Alcorão, dizia-se que o último dos profetas havia voado de sua *Makkah* (ou Meca), na Península Arábica, a este oratório palestino no lombo de uma égua islâmica alada que portava na cabeça um rosto humano, feminino. Uma vez em *Al-Aqsa*, a égua havia permitido que o profeta ascendesse aos céus e retornasse. Tudo isso numa mesma noite mítica da Antiguidade. Mas estávamos a 13 séculos de distância daquela liberdade de movimento, e aquela mesquita colossal, sob a suposta autoridade de um *waqf* islâmico independente e de seu grande *mufti* árabe, era patrulhada e controlada pelas Forças de Defesa de Israel. Sobre aquele templo, assim como sobre Jerusalém Oriental, Israel exercia uma soberania *de facto*. Houve bloqueios, cortes de energia, incêndios, rumores de atentados, e nós não queríamos ir embora sem vê-lo, vê-lo por dentro. Estávamos arquitetando um jeito de fazer isso, num corredor amplo cheio de soldados, quando percebemos que Índia e seu marido indiano haviam se adiantado. Ela cobria a cabeça com um lenço e o marido decorava versículos do Alcorão, porque sabia-se que os muçulmanos que não aparentavam sê-lo passavam por um teste para comprovar que eram autênticos devotos. Nossa curadora instruíra os dois, o restante de nós não, muito menos a mim, mas eu usava meu lenço preto enrolado no pescoço e comecei a envolver minha cabeça nele. Bem coberta, talvez pudessem acreditar que eu era muçulmana e me deixassem entrar sem recitar. *What are you doing, Lina?* – perguntava a curadora, que não usava lenço algum nem o teria posto para entrar no inferno. Ela me censurava com um *don't be ridiculous, you are not going in. Why not?*, respondi, fazendo não uma cara feia, mas uma cara horrível para a curadora transformada agora em suprema guardiã do templo. *Because you are not*. *Not* o quê?, pensei, *not* admissível ou *not* suficientemente palestina ou simplesmente *not*? O que eu ainda não havia entendido era que, ali, não apenas os adversários eram terríveis, como também os aliados podiam sê-lo. A lógica da proibição e da negação era contagiosa, e fazia-se necessário dar lições a nós, que não éramos completamente dali. *Because you are not*. Olhando nos olhos dela, entendi que a curadora palestina estava há dias exercitando comigo todas as partículas negativas que ela tinha à mão, seu *laa kalla abadán*, seu *wala shii*. Quando eu quis saber se seu nome era comum em árabe, ela me respondera *laa*, não havia *wala shii* comum nela. Quando me atrevi a perguntar há quanto tempo havia deixado a Palestina, ela me explicou que *abadán* havia deixado de viver ali, que ela continuava ali, aquela era sua casa mesmo quando vivia a maior parte do ano viajando, mesmo quando estava instalada em Berlim. Quando eu quis explicar uma questão palestina para um dos alemães, ela me interrompeu negando tudo, *laa laa* Lina, *laa*, balançando a cabeça. Com o lenço ainda nas mãos, entendi que eu devia aceitar aquela lição palestina: parar de demonstrar interesse, parar de me surpreender, parar de responder a ela, parar de lhe dirigir a palavra. E ficar feliz, sem ela saber que eu tinha ficado feliz, pelo casal indiano ter voltado para nos contar que não conseguiu se passar por muçulmano. Pelos senegaleses também não terem passado no teste de islamismo. Precisavam recitar na entrada os primeiros versículos do texto sagrado, mas eles, alunos assustados, tiveram um branco na hora da prova.

FACHADAS SEM FUNDO

Jamais seríamos alemães, mesmo que alguns pudessem reivindicar sua alemanidade. Talvez Germany, que era de lá, e Egito, que era em parte alemão. Grécia não – apesar de parecer alemã, mal podia exigir reconhecimento europeu. Índia não. Senegal não. Chile não, por mais que eu estivesse passando um ano em Berlim e aprendendo palavras isoladas nível *survival german*. Não apelaria a nenhuma alemanidade, embora houvesse tantos alemães no Sul profundo do meu país, porque essa era uma história já antiga, a história daqueles colonos convidados por um ministro que sonhava em "melhorar a raça" ou "branquear o índio", diluir o desdenhável sangue mapuche décadas antes de chegarem os palestinos. Também não seriam alemães os nossos companheiros de viagem, palestinos que não tinham autorização para entrar em Israel e, por isso, não nos acompanharam a Haifa nem ao passeio noturno que fizemos certa noite pelo bairro fantasma de Wadi Salib. A curadora palestina, que podia circular entre territórios, explicou para nós que os casarões desse bairro árabe haviam sido evacuados durante a catástrofe de 1948. Seus donos saíram por alguns dias, acreditando que poderiam retornar. Não puderam. Não deixaram que voltassem. Fecharam a passagem da fronteira, taparam as portas e janelas de suas casas para impedir a entrada, e a lei israelense declarou-as abandonadas, impossibilitando, *ad eternum*, seu direito sobre a propriedade. Israel respaldava e promovia o *aliyah* de tantos judeus dispersos pelo mundo (os asquenazes e os sefarditas, os do Magrebe ou *mizrahim*, os lembas, os beta Israel), mas impediu, desde sua criação, o retorno dos proprietários. Aqueles casarões palestinos de pedra amarela foram usados para acolher os judeus marroquinos quando já estavam em condições deploráveis, e o bairro inteiro, arrasado. Em pouco tempo, explodiu em Wadi Salib a faísca da superlotação, bem como os protestos dos judeus africanos. Houve manifestações massivas. Houve feridos. Houve violência desenfreada e acusações de discriminação. Os judeus poloneses, que eram europeus e brancos, receberam terras melhores. Os judeus africanos exigiram pão, trabalho, teto, e prometeram isso a eles: foram transferidos para outro setor. Wadi Salib ficou mais uma vez vazio. Aquelas casas de pedra estão agora completamente destruídas. As portas arrancadas de suas dobradiças. Os buracos das janelas sem os vidros. Fachadas como rostos cegos, como máscaras sem fundo. Pulamos um tapume coroado de arame farpado, ajudando uns aos outros, e tomamos posse como *okupas* na escuridão total, enquanto fotografávamos uma Palestina mal-iluminada ao fundo. Percorremos o que resta de uma casa que um dia já foi mansão, mas vou ficando para trás, porque, apesar de recorrer à lanterna do meu telefone, tenho medo de tropeçar num degrau, enfiar o pé num buraco, escorregar nas lajotas quebradas e amontoadas no piso instável. É preciso agachar, preciso pegar um pedaço de azulejo centenário e enfiá--lo na bolsa, como se guardar um pedacinho de ruína palestina pudesse conter sua iminente destruição.

III. WHERE ARE YOU FROM–FROM

DOS GENES

Serão dez e meia da noite quando deitarei para processar os acontecimentos do dia e enviar breves sinais eletrônicos ao meu mundo externo, para avisar que estou bem, com o corpo inteiro e o ânimo partidos, mas bem. Indignada e insone, mas bem. Atrasarei a hora de dormir para deixar o mínimo de espaço possível à pergunta retumbante do soldadinho de plantão disposto a me acordar com seu *Where are you from*. Mas não será ele quem me acordará, e sim o fato de eu não poder desvendar em sonhos se a resposta que ele procura é a do passaporte ou a dos genes.

TRAVA-LÍNGUAS

Where are you from-from?, escreve Marwa Helal possuída pelo eco angustiante desse trava-língua que funciona em inglês e em árabe, embora a ênfase seja colocada em pontos diferentes da mesma frase: *de-de onde você é*, em inglês; e em árabe, *de onde-onde*. *Inti min wein-wein*. Em ambas as línguas, a pergunta apela a uma essência que se supõe oculta: árabe de verdade ou apenas meio árabe? Dos Estados Unidos, *really*? Mas *de-de onde-onde*, então? Quem pergunta suspeita que, por trás da resposta genérica, exista outra, a genética. Duvida do *I am from here*, do *from here-here*, do ainda mais específico *born and raised (here)*. E se o rosto de quem responde não bater com o suposto rosto, surgem sinais de desaprovação.

Porque quem indaga toma como certa a existência de um *from there* anterior e de um *there-their* que indica que o lá é o próprio, e quem é de lá quer se apropriar do que é próprio daqui. Indica que se o de lá está aqui, é porque foi desapropriado e veio para se apropriar. Quem pergunta quer descobrir *Where is their there?* Onde está o seu onde? O onde das lealdades íntimas, o onde de uma traição sempre prestes a ser revelada. O onde para o qual os suspeitos deveriam retornar. *Go back to where you came from (from-from)*. É cada vez mais frequente ouvirmos as hostes de presidentes e políticos populistas invocando o hino da expulsão daqueles que não *são-são* daqui, daqueles que não somos. *Send! Them! Back! Send-them-back! (Back to where they're from-from-from!)*. Esse clamor vai somando vozes, aumentando de volume. Mas não é porque alguns exigem que os outros sejam devolvidos ao lugar de onde supostamente são-são que esse lugar se fará presente. Para muitos, esse lugar já não existe ou só existe para aqueles que ficaram, e esse lugar tampouco os reconhece mais como próprios. Não é porque alguns gritam que vai se materializar o *there-there* dos outros, muito menos quando os chamados outros já são ou sempre foram *from-from here*.

ZUM–ZUM FAMILIAR

O *from-from* do poema não me larga, por mais que eu deixe o livro sobre a mesa de cabeceira e apague a luz. O cansaço noturno só me permite ler um ou dois poemas antes de fechar os olhos, mas não consigo dormir entre os versos de Helal e o pesadelo do soldado inquisidor. As perguntas me mantêm acordada. Será que os documentos de residência ou de nacionalidade não bastam? Será que os anos vividos em um país não são suficientes? Será que é possível participar sem nunca chegar a pertencer? Pertencer sem participar? Será que é possível *ser* de vários ondes ou será que é imprescindível escolher um? E escolher é um modo de desistir? Me pergunto se meu avô, nascido palestino em 1905, desterrado com documentos turcos em 1920, nacionalizado chileno em 1936, e que nunca mais voltou a sua casa (casa essa que ainda existe, a casa que seria doada ao município de Beit Jala, a casa que continuo sem conhecer), se meu avô chegou a se fazer essas perguntas. E por que será que minha avó, que chegou ao Chile muito antes dele, só se nacionalizou 25 anos depois? Meu pai me disse que não tem nenhuma lembrança desse trâmite, embora já fosse adulto na época. Talvez sua mãe sentisse que tornar-se chilena fosse uma renúncia definitiva, uma traição. Talvez ela se importasse demais para mergulhar no drama da renúncia. Porém, como poderia renunciar àquele lugar que os ingleses já haviam tirado deles? A coisa menos lembrada sobre a história da diáspora palestina é que, já em 1925, o mandato britânico havia começado a negar o retorno aos palestinos que tinham fugido do Império Otomano, facilitando, ao mesmo tempo, a entrada dos judeus europeus que o solicitavam, motivados pelo sionismo. Essa decisão sem precedentes para o império colonial britânico provinha da ideia distorcida de que os palestinos eram cidadãos turcos, com documentos turcos, e que além disso eram etnicamente turcos. Ao colocar árabes e turcos no mesmo balaio, os ingleses consideraram que os palestinos não eram de onde-onde diziam ser: que deviam voltar a uma Turquia de onde-onde não eram. E os israelenses fariam o mesmo mais tarde: botariam os palestinos no balaio árabe, embora houvesse diferenças históricas, étnicas e religiosas entre os árabes, embora falassem de um jeito diferente a mesma língua: um árabe com outro som.

AS IT W(H)ERE

Estou comentando esse poemário por e-mail com uma escritora nascida na Inglaterra, filha de pais indianos, criada no Quênia, educada em Londres e casada em Berlim, onde mora há quase duas décadas. Quero confirmar se perguntam a Priya de onde ela é com a mesma frequência com que perguntam a mim, enquanto tentam decifrar seu rosto. Quero saber se lhe perguntam ou se consideram óbvia sua origem. Para mim, esse *where are you from* nunca parece uma pergunta, mas uma afirmação, uma adivinhação: ou é um *are you from...* que termina com o nome de um país e um ponto de interrogação, ou é um *are you...* seguido de um gentílico qualquer. Às vezes nem isso, simplesmente falam comigo numa língua que não domino, esperando que eu entenda. *This notion of projecting, placing and therefore estranging someone is so powerful*,³ comenta sucintamente minha amiga Priya em sua mensagem de resposta. "Na Alemanha, como em tantos lugares, persiste a ideia de que há um fenótipo especificamente 'alemão'", explica, pondo alemão entre aspas para questionar a própria ideia de alemanidade. "Claro que todos nós estamos sempre lendo as pessoas, principalmente lendo seus rostos para ver se conseguimos situá-las geograficamente – e não apenas culturalmente ou mentalmente, *as it were*. Parece que sempre queremos confirmações, que inclusive necessitamos delas." E eu anoto sua reflexão, entendendo que ela não respondeu à minha pergunta.

ROSTOS ESTRANGEIROS

Não é preciso, porém, ter tantas genealogias estampadas no rosto: meu colega Benjamin, alemão-a-vida-inteira, pode explicar essas formas de catalogação: "Meus pais – escreveu dia desses nas redes – eram chamados pelos vizinhos de 'espanhóis': a tez morena da minha mãe e o bigode preto do meu pai eram suficientes para fazer pensar que aquele casal não poderia ser alemão. E olha que eles já haviam sido elevados à categoria de 'raça' espanhola: durante os anos 1970 e 1980, em todos os postos policiais, sempre tinham que sair do carro,

---

³ [N. da T.] Essa noção de projetar, situar e, portanto, alienar alguém é tão poderosa.

pois eram confundidos com turcos, curdos, palestinos ou alguma outra espécie com potencial terrorista". Sua irmã mais velha teve menos sorte que os pais: um colega da escola a censurou por ter "olhos de judia", enquanto a irmã mais nova foi questionada: E você, de onde vem? Essa irmã, que nunca tinha saído de sua cidade natal, não entendeu. "Sei que você é daqui, mas de onde você é *realmente*?" Meu amigo falava de um racismo "aterrorizante" que, mesmo tendo origem na ingenuidade e não no ódio, provava como estava normalizada a ideia de que existe um "fenótipo nativo", um rosto puro, e que quem não o tem deve ser estrangeiro. "Às vezes me dá vontade de fazer uma fotocópia do *Ariernachweis* da minha avó, o certificado de 'ariana' emitido no Terceiro Reich. De certa forma, minha avó tinha sorte de poder recorrer à sua linhagem e ao critério sanguíneo, porque, como era muito morena, também era chamada sempre de 'moreninha', assim como meu avô, que tinha um ar 'exótico', era chamado sempre de 'asiático'."

SEND HER BACK

Numa dessas noites, recapitulo meus anos de *legal alien* nos Estados Unidos. Legal, porém alienígena, ou *alienus*, que significa "outro, diferente, estrangeiro", e isso é o que eu era: uma estranha que marca espontaneamente a categoria de *other* no censo racial. Algumas vezes, marquei *asian* e *black*, porque o Oriente Médio é Ásia e é África, e outras vezes acrescentei *spanish* ou *hispanic* ou *latino* ou *white*. *Send her back*. Lembro que, enquanto solicitava meu visto de residência para abandonar minha condição de *alien*, precisei viajar ao Chile e, ao retornar, me mandaram para a salinha dos migrantes: dois agentes examinaram meus documentos e comentaram em voz alta sobre meu visto de estudante vencido e meu casamento com um cidadão para conseguir os documentos que facilitariam a minha vida. Os agentes tinham a palavra final e me mantinham em suspense naquela sala escura, sem olhar para mim, mas fazendo questão de que eu os ouvisse zombar da minha biografia migratória. *Send her back*. *Send her back*. Meu coração sacodia o resto do corpo, eu estava sufocando de incerteza: eles poderiam me deixar entrar ou me deportar e aproveitar para me matar de um ataque cardíaco, mas, antes de o miocárdio entrar em colapso, aumentei o volume da música do meu telefone até deixar de ouvi-los. Fiz da música minha armadura. Dez anos depois, continuo morando no mesmo país, continuo casada com o mesmo homem, continuo sem pedir cidadania, e isso me faz cair na categoria de *alienada*, que não quer pertencer nem participar, ou que quer participar sem pertencer de todo, solicitando a renovação de um *green card* completamente branco. *Send her back*. Lembro que, no pedido de renovação, devolveram meu cartão verde-porém-branco com um selo vermelho indicando apenas uma extensão de 12 meses. *Twelve months only, sir? Yes*, afirma o *sir* sem levantar os olhos para mim, ocupado que está em colar mais *stickers* em outros cartões igualmente brancos. Estão demorando muito mais do que antes para entregar cartões que deveriam durar uma década. A investigação de cada indivíduo se tornou mais rigorosa; o processo, mais moroso. Eu deveria agradecer que aquele selo me permitia continuar nos Estados Unidos enquanto estou em Berlim, e na Palestina por uns dias, penso comigo, cobrindo as pernas com uma manta, porque a temperatura caiu e estou tremendo. Deitada na cama com Marwa Helal nas mãos, lembro que ela, ao se aproximar da maioridade americana, solicitou a residência permanente. Mas a burocracia demorou tanto que ela fez 21 anos e deixou de ser elegível para o processo que conferia status legal aos filhos de pais *alien*. Permaneceu em terra de ninguém, ou em terra de todos menos dela. *Send her back. Send her.* Helal foi deportada para a casa de seus pais no Cairo, onde passaria muito tempo sozinha, tentando conseguir de volta o direito de morar na casa americana onde nascera, onde ainda moravam seus pais e irmãos. *I come back to the US because it is what I know*, escreve sobre esse momento. *Because this is where my family and friends are. Where my home is. Where my work is. I come back because I am American. It is hard because Egypt is where my family and friends are. Where my home is. Where my work is. It is hard because I am Egyptian.*[4]

---

[4] [N. da T.] Volto para os EUA porque é o que eu conheço. Porque é aqui onde minha família e meus amigos estão. Onde está o meu lar. Onde está o meu trabalho. Volto porque sou americana. É difícil porque o Egito é onde minha família e meus amigos estão. Onde está o meu lar. Onde está o meu trabalho. É difícil porque sou egípcia.

TRAVA-TRABALHOS

Já é noite na van de todos os dias enquanto converso com Rana sobre esse ser e sentir-se dividida de Helal, tão parecido, penso, com a situação vivida por esta palestina nos últimos anos. Rana nega com a cabeça, com o corpo todo, balança os cabelos pretos arrepiados pela brisa. *Laa, laa, bilmarra*, diz ela. Não é a mesma coisa! Rana insiste em jogar sobre mim partículas de árabe como se eu fosse aprender a língua aos pedaços. Ela diz ter escolhido ser mais de Ramallah que de Chicago, escolheu a Palestina como pátria, por mais que seja *born and raised* nos Estados Unidos. *Tirbayit Amrika*, porém Palestina! Decidiu aperfeiçoar seu árabe, estudar história palestina, decidiu aceitar, anos atrás, o cargo de professora na Universidade de Birzeit. Seu pai palestino teria preferido que ela permanecesse na casa estável que ele tentara lhe proporcionar, mas ele já fizera sua vida e teve de aceitar que ela fizesse a dela. Diferentemente de Marwa Helal, que precisou lutar para ser reconhecida como estadunidense *além de* egípcia, Rana só está exigindo sua palestinidade. E não se enrola no trava-língua do *from-from*: a questão pessoal é o de menos, garante, o *mais importante* é ter os documentos em dia para poder sair e entrar e poder participar plenamente do mundo acadêmico dentro e fora da Palestina. Mas, para os professores que entram nos territórios com passaportes estrangeiros e contrato universitário, Israel não oferece mais que um visto de turista. O documento que permitiria trabalhar legalmente não existe para estrangeiros aqui. Não há um equivalente ao *green card*? A cabeleira de Rana se agita novamente: o que há – ou melhor, o que houve, comenta, corrigindo-se – é que você vai até um escritório com o seu visto de turista e o seu contrato de trabalho e pede uma extensão de um ano do visto de não trabalho que lhe permite ficar graças ao fato de ter um trabalho. Um trava-língua laboral, digo. Sim, diz ela, um trava-tudo. E, vendo minha cara de interrogação, suspira: pois é, não faz sentido, é kafkiano, não à toa *Kafka was a Jew. Did you know that?* Assim são as coisas aqui, ou eram até o ano passado, acrescenta, porque de repente sete professores tivemos essa extensão negada e ficamos sem documentos. Por isso não posso sair da Palestina, por isso não posso cruzar até Israel ou ir a lugar nenhum, por isso tenho que evitar *the damn checkpoints. I am an undocumented Palestinian!*

SUA CASA, SUA PRISÃO

Me lembrarei dessa conversa muito tempo depois, quando nos encontrarmos para almoçar em um boteco de Nova Iorque e eu lhe perguntar como foi que decidiu aceitar um convite temporário para lecionar numa prestigiada universidade dos Estados Unidos. Se terá problemas para retornar a seu cargo e sua casa em Ramallah. Ela dará de ombros e me dirá que não se arrepende dessa decisão, por mais arriscada que seja: saiu da Palestina sem documentos e não sabe se poderá voltar. Mas decidiu não aceitar que Israel transforme sua casa numa prisão, nem que Israel dite o resto de sua vida pessoal e profissional. Reparo, porém, que em todos esses meses seu cabelo preto ficou cheio de grisalhos, como se ela soubesse, sem dizer para si mesma, que talvez já não possa voltar.

TRÊS PERGUNTAS

Leciono culturas globais na Universidade de Nova Iorque há anos. Para começar a matéria, todo início de semestre eu peço a minhas alunas, porque são principalmente alunas, que se apresentem respondendo a três perguntas. E quais são, pergunta Rema, a mordaz antropóloga de Jerusalém que viaja com a gente, explorando com a gente esse outro lado da sua pátria. A primeira pergunta, digo a ela em inglês: *Where does your family originate?* A segunda, digo a elas, incluindo Rana: *What is home for you?* E a terceira? A terceira é a que me causa mais problemas: *What languages do you speak other than English?*[5] Rema e Rana dão um sorriso luminoso, sabem bem que essas questões despertam o ressentimento de uma faculdade acostumada com privilégios que incluem a língua. Elas sabem – pois estudaram numa universidade dos Estados Unidos – que alguns dos meus colegas terão franzido as sobrancelhas e advertido, no sentido de advertência, que eu não deveria

---

[5] [N. da T.] De onde vem sua família? O que é lar para você? Quais idiomas você fala além do inglês?

fazer essas perguntas. Ambas sabem, como se fossem uma só, que não é apropriado formular essas perguntas culturais, que poderiam ser vistas como discriminatórias ou intimidadoras ou simplesmente incômodas, e não se deve perturbar um estudante que paga uma dinheirama pela sua educação. Rana e Rema sabem que aqueles que só falam inglês se sentem ameaçados ou diminuídos ao descobrir que seus colegas europeus e suas colegas latino-americanas falam a língua dominante e a materna, e que o número de línguas dispara entre as asiáticas, indianas e africanas. A garota do Zimbábue fala cinco. A de Bangladesh, três e meia, porque ainda não pode dizer que domina o mandarim, que está aprendendo por prazer. Eis a desvantagem, talvez a única desvantagem das estadunidenses: terem nascido na língua dominante e nunca terem precisado de outras línguas, nunca terem sido fisgadas pela curiosidade de saber o que os outros dizem. Mas, como isso também não pode ser dito, o que minhas colegas argumentam é que um estudante sem documentos poderia se sentir ameaçado pela pergunta e com medo de dar uma resposta que pudesse incriminá-lo. E o que você faz? As duas me olham com tanta atenção que, mais do que olhar para mim, parecem estar lendo meu pensamento ou, pior, me atravessando com a visão. Nada, digo eu, não digo nada, porque em todos esses anos, que já são muitos, nunca tive problemas com minhas alunas. Nenhuma reclamou, e só uma vez uma estudante chinesa preferiu se abster. Porque responder, digo a elas, é uma opção tão válida quanto não ter resposta.

MISTUREBA

Sou eu quem começo me apresentando para a turma e compartilhando o que, em espanhol, chamo de minha mistureba e, em inglês, *my mixup*. Falo dos meus antepassados mediterrâneos, da minha metade palestina, do meu pedaço italiano, da parte anônima que poderia ser indígena ou ter chegado ao Chile vinda da Península Ibérica nos tempos da conquista. Rema, a mais velha, e Rana, a mais nova, observam absortas como tomo posse teatral da cena pedagógica, e se colocam, ambas, no lugar desconcertado das minhas alunas. Ter um histórico familiar não significa, explico a ambas em meu atrapalhado inglês-didático, notando que se contorcem em suas incômodas carteiras, *it doesn't mean*, repito, que não haja em mim, como em todo mundo, pessoas que ninguém nunca revelou. Talvez esses segredos inconfessos se manifestem na proeminente curvatura das minhas costas, na pigmentação da minha pele, em traços mais ou menos acentuados. Rema e Rana riem dessa insinuação adúltera, mas imediatamente recobram sua expressão de alunas circunspectas, de alunas que prestam atenção enquanto eu explico que, no quesito idioma, além do meu inglês cheio de sotaque e do meu espanhol chileno, tenho apenas pedaços soltos de algumas línguas que se desgarraram do latim, todas línguas que, na minha boca, encontram sua ruína. Rema e Rana me dão uma piscadinha crítica: não é verdade que seu inglês seja tão ruim, e você não disse que estava aprendendo alemão em Berlim? Aprendendo não é ter aprendido, não ainda, o que eu sei é *nur ein bisschen*, e isso não é muito, embora deva dizer que a minha ideia sobre o alemão mudou, porque todo o alemão que eu tinha ouvido na vida, ouvido sem entender, vinha de filmes da Segunda Guerra Mundial, em que os nazistas, em vez de falarem, latiam como cães raivosos. E vejo que elas assentem e dissentem, assentem ao erro, dissentem de todo o resto. Mas deixem-me terminar de dizer, digo a elas, que, embora tenha vivido vinte anos em Nova Iorque, não me tornei cidadã deste país. *Why not?*, pergunta a voz de Rana, estridente em sua representação de jovem gringa. Por quê?, respondo eu. E esse porquê é difícil de responder. Porque... murmuro e me calo porque não sei, talvez porque continue sendo e me sentindo chilena, porque duas vezes por ano renovo minha chilenidade visitando e até mesmo vivendo algumas semanas em Santiago. O que significa exatamente *ser do* Chile, *continuar sendo de?* Há vinte anos deixei de ter um endereço chileno e de residir permanentemente em meu país, apesar de nunca ter ido embora por completo, porque a pátria ainda me comove e me irrita e me faz rir, porque ainda habito suas angústias e crises, porque me sinto a apenas algumas teclas de distância. Porque essa referência originária determina o que escrevo. Porque, embora me custe lembrar certas ruas e certas cidades e datas solenes, e todos aqueles heróis dignos de esquecimento, todos esses nomes e anos são ativados assim que aterrisso no aeroporto, são revelados para o seu uso imediato. Porque o meu passaporte ainda é chileno, embora tantas vezes não tenha me servido para votar. Mas o que me resta, se já não modulo bem o sotaque, se pronuncio o que os meus conterrâneos aspiram ao falar, o que resta se só lá fora se nota esse cantarolar que é um resíduo mortiço em minha língua, um remanescente vivo porém discreto, quase inaudível? O que me resta se a gíria me escapa ou se mistura com outras que adquiri em outros lugares? O que me resta se perdi a gestualidade, se já não tenho mais "cara de chilena"?

PRIVILÉGIO DE PÁLPEBRAS

Uma vez uma aluna soltou, em voz alta para que todas ouvissem, que eu tinha um privilégio. *You have the privilege of passing.* Sua boca contraída, o olhar furioso. *The privilege of fooling a lot of people,*[6] disse, fazendo uma pausa acusadora, e então murmurou que ela não tinha o privilégio de parecer de muitos lugares. Que seus olhos puxados a tornavam estrangeira, embora fosse do Colorado e só falasse inglês. *Tell us more*, respondi, querendo saber mais. Posso mudar de nome, acrescentou, posso adotar, no futuro, o sobrenome do meu marido, posso pintar ou cachear os cabelos, mas não posso esconder minhas pálpebras. Algumas alunas a observaram de canto de olho, outras desviaram o olhar. Reparei naqueles olhos dela e baixei os meus, sem saber como lhe dizer que não escondesse aquilo que a singularizava, que a tornava única. Que nem lhe passasse pela cabeça

---

[6] [N. da T.] Você tem o privilégio de passar. O privilégio de enganar muita gente.

arredondar os olhos cirurgicamente, como faziam cada vez mais mulheres buscando ser aceitas como iguais, às custas de apagar seus traços.

ANEMIA

Uma editora brasileira de ascendência japonesa me contou que não gozava do privilégio de ser vista como pertencente à sua origem. Soube disso na única vez que viajou ao Japão: lá, conheceu o desprezo pela sua pele, tão bronzeada, tão escura, tão provocadora de todo tipo de comentário, enquanto para ela as japonesas pareciam tão pálidas, um pouco anêmicas. E eu me lembro de ouvi-la dizer que nunca quis voltar àquele lugar, que não exporia suas filhas àquela situação, que suas filhas já são brasileiras de pai brasileiro. E posso vê-la dizer mais alguma coisa, ou talvez esteja sonhando, só sei que fechei os olhos, exausta, só sei que meu despertador está tocando, só sei que preciso acordar e me arrumar e tomar banho e me vestir e tomar o café para sair em busca da minha família no interior turbulento da Palestina. Beit Jala: de onde os morenos meruane morany marwani merauneh da tribo dos saba supostamente são.

IV. MÁSCARA MORTUÁRIA

CUMPRIR UMA PROMESSA

Perdi o número de telefone das tias palestinas em Berlim ou antes, em Nova Iorque. Ou talvez tenha sido extraviado em Santiago, mas minhas tias chilenas também não conseguiram encontrá-lo. Não tive como me comunicar. Se eu havia chegado uma vez, podia chegar de novo, comentou meu pai por e-mail, e minha mãe insistiu que não podia ser tão difícil, e eu pensei que, de um jeito ou de outro, encontraria as tias Abu Awad, essas tias que, a rigor, eram minhas primas distantes e a quem, cinco anos atrás, eu havia prometido retornar.

MAPA DE PAPEL

Grécia se uniu aos meus planos para a única tarde em que nos deixaram livres. Iríamos juntas até Belém e lá nos separaríamos: ela cruzaria à vizinha Jerusalém e eu partiria em sentido contrário, rumo a Beit Jala. Começamos a planejar o trajeto num bar de Ramallah, dois drinques e um mapa de papel entre nós. É melhor o mapa no papel do que na tela, sussurrou Grécia: deveríamos dispensar os telefones, caso estivéssemos sendo vigiadas sem saber. O algoritmo é um dispositivo de vigilância, advertira Germany em um jantar. Toda vez que você pesquisa um endereço, escreve um nome, digita palavras como *Palestina* ou *sionismo* ou *terrorismo*, são gerados alertas que ficam registrados por algoritmos de vigilância predefinidos e racialmente tendenciosos. E, como já sabíamos que estávamos sendo vigiadas de todas as formas possíveis, o tempo todo, resolvemos deixar os telefones no hotel antes de partir. Eu confiava no senso de orientação que Grécia demonstrara me guiando em bares noturnos, e que me faltava completamente. O *gê--pê-ésse* não veio incluído no meu sistema quando nasci, e toquei minha cabeça com um dedo para indicar a Grécia onde estava essa falha, enquanto o seu – e apontei para sua testa – é de última geração. Grécia assentiu dizendo que levaria seu mapa, porque uma coisa era ser orientada, outra era chegar a um lugar sem tê-lo visto antes.

PASSAPORTES CHILENOS

Seguindo Grécia, que seguia o mapa de Ramallah, paramos na rodoviária ao lado de uma cafeteria de logo verde e redondo chamada *Stars & Bucks*, que era e não era uma cafeteria americana. A rua estava apinhada de gente, mulheres descobertas ou embrulhadas em trajes longos, e homens, especialmente homens, comerciantes taxistas transeuntes motoristas de van gritando a plenos pulmões. Cada vez que perguntávamos qual daquelas vans amarelas como gemas fazia o trajeto até Belém, indicavam vans que iam para outras cidadezinhas, que não eram nem Belém nem Beit Jala. Não descartamos nenhuma dica, nem mesmo a de entrar no shopping e pegar o elevador até o último andar e nos embrenhar por um estacionamento escuro. Não podia ser ali, mas era: ali estavam as vans que se dirigiam ao nosso destino. Entramos numa delas, sentamos nos dois bancos ao lado de um garoto árabe e saímos todos em direção à luz, à estrada. Se não houvesse nenhum contratempo, levaríamos uma hora até o sul. E fomos comentando o caminho, discutindo quem seria o dono daquela estrada que estávamos percorrendo. E fomos especulando como seria a cidade santa, quanto tempo levaríamos para dar uma volta nela e visitar o templo ou a gruta onde supostamente Jesus Cristo nasceu. Tudo isso antes de nos separarmos. Foi então que o garoto árabe se atreveu a perguntar de onde éramos. Da Grécia, disse Grécia. Do Chile, disse eu, entoando minha chilenidade, e então o rosto árabe do garoto palestino se iluminou. Eu também sou um pouco chileno, chileno *as of today*, disse em inglês. E, abrindo a mochila, fez surgir um novíssimo passaporte bordô com letras douradas e o brasão dourado com o condor e o huemul, que lhe enviaram de Santiago junto com uma carteira de identidade. Eram os mesmos dois documentos que eu trazia na mochila. Troca rápida de passaportes, meus dedos ágeis pelas páginas vazias até chegar ao seu nome: o garoto agora chileno se chamava Nicola Jadalah Tit, mas o garoto palestino estava me dizendo que seu nome era Nicola Antón Hanna Khalil, e que o sobrenome do seu pai era Alteet. No Chile, haviam lhe dado o materno. E, embora eu quisesse saber como é que o Serviço de Registro Civil e Identificação tinha se enganado e transformado Nicola em duas pessoas, como é que haviam confundido os sobrenomes em pleno século XXI, outra inquietação ficou vibrando nos meus tímpanos. Tit... Alteet... Eltit?

Sim!, exclamou, ostentando um *yes* orgulhoso. Alteet e Eltit eram o mesmo nome com o pronome incluído. Os tios chilenos da família Tit vinham visitá-los a cada verão com seus passaportes vermelhos, eram muito próximos de seu pai. Contava isso em inglês, porque Nicola entendia tanto de espanhol quanto eu de árabe, duas ou três palavras educadas. Mas eu insistia naquele Eltit, pois esse era o sobrenome da escritora descendente de Beit Jala que havia sido minha professora. Com aquela Eltit, brinquei certa vez que nossas famílias deviam ter sido vizinhas, talvez tivéssemos parentes em comum. Talvez fôssemos primas distantes, ou ela fosse minha tia e não sabíamos. E Diamela Eltit riu dessa ideia, que podia ser verdade: Beit Jala era tão pequena nos anos da grande migração que as ruas não precisavam de nome, nem as casas, de número. Sabe quem é Diamela Eltit? Conhece?, perguntei com entusiasmo e inveja dos Tit, porque o sobrenome deles estava aqui e lá, enquanto o meu havia desaparecido ou nunca existiu. *Diamila?*, repetiu com cuidado, com esforço, tentando erguer as camadas de poeira da memória. Não, *laa, laa*, mordia os lábios e balançava a cabeça, envolta em cabelos pretos e em barba preta cerrada. Ele não sabia quem era essa Diamela, não sabia que havia uma escritora chilena tão importante com seu sobrenome, e sorriu apertando os olhos, também escuros, envergonhado por não conhecê-la, por nunca ter ouvido seu nome antes. Prometeu consultar seu pai, que com certeza saberia. Porque seu pai tinha vivido vários anos no Chile, enquanto ele nunca havia pisado lá.

QUESTÕES CAMBIÁRIAS

Os últimos *shekels* se foram numa transação duvidosa na Basílica da Natividade, que parecia uma paróquia em pleno restauro. Nesse templo, foram descobertos mosaicos de ouro sob a cal, as paredes estavam sendo limpas com financiamento europeu, mas não era essa a grande atração, e sim a pobre manjedoura das catacumbas onde, contava-se, nascera Jesus. Havia centenas de pessoas tentando descer àquele pedacinho de terra onde haviam descansado os animais e José e a Virgem grávida. A fila era muito longa, mas os turistas esperavam o que fosse preciso para posar, por meio minuto, e estampar seus rostos multifacetados nas câmeras. E para contemplar a estrela que indicava onde dormiu o filho de Maria, que não era de José. Aquela estrela não podia ser tocada. Tudo isso era informado em um site de turismo que Grécia tinha lido na noite anterior. A multidão era de fato enorme, e nós não tínhamos tempo a perder. Valeria a pena esperar? Nicola ergueu os ombros e questionou: éramos devotas? E nós duas nos olhamos sem saber o que responder, porque aquela não era uma questão de fé. Não tinha se passado um minuto quando um guia (que certamente nos ouvira falando em inglês) se aproximou para oferecer encurtar nossa espera por apenas 25 *shekels*. Nem mesmo negociei aqueles 10 dólares fariseus. Paguei por todos e fiquei sem troco. *Don't work yourself* – interveio Nicola, tentando me consolar com traduzida inépcia –, lá fora haveria caixas eletrônicos. E realmente encontrei um, mas esse caixa fornecia dinares jordanianos que serviam apenas para trâmites oficiais. Sem saber disso, sem calcular qual era o câmbio, saquei uma quantidade enorme daquela moeda inútil. *Don't work yourself* – repetiu Nicola palestinamente –, sempre há uma solução: poderíamos ir até uma casa de câmbio. E foi isso que nós três fizemos, entramos num local onde um homem de barba comprida pontuada de fios grisalhos e um nariz notável pegou meus dinares com sua mão de dedos estendidos e, com a mesma mão, me entregou o troco. Ele deveria te dar 800, calculou Nicola, erguendo sobrancelhas escandalizadas, porque ali havia apenas 600. Aquele sim era um problema para o engenheiro Al Teet: os dois começaram a discutir bradando a língua árabe enquanto eu olhava de relance para Grécia, que soprava a franja, desesperada de calor. O homem da barba que parecia postiça achou uma calculadora a contragosto, os músculos faciais contraídos, as comissuras da boca afundadas, os dentes manchados de séculos, e diante da vigilância palestina daquele Eltit agora chileno, pôs-se a bater os números, a multiplicar e dividir cifras equivocadas que, uma vez corrigidas, acabaram sendo uma fortuna na moeda israelense.

O DESCONHECIDO

Grécia iria para Jerusalém num ônibus; eu iria para Beit Jala em outro. Nicola partiria com seu pai, que vinha buscá-lo: falava com ele por telefone enquanto nos despedíamos e eu pescava de suas frases árabes às minhas costas a palavra Chile. Chile. De tanto em tanto, meu país abrigado naquela língua intransponível para mim. Do outro lado da linha, Antón Alteet dizia que nunca havia retornado ao Chile e que queria me conhecer, disse Nicola traduzindo seu pai. Queria me levar a Beit Jala e me deixar na praça Chile, ao lado da casa de minhas tias. E embora talvez não fosse aconselhável entrar num carro com não apenas um desconhecido, mas agora dois, me despedi de Grécia no ônibus, que já estava dando a partida, e fui andando com Nicola até a esquina onde ele e seu pai haviam combinado de se encontrar. Entramos num veículo caindo aos pedaços e aquele homem, já de idade, me fez sentar na frente para conversar comigo num espanhol-chileno de sotaque palestino intercalado com palavras francesas. Ele despejava em mim aquela mistureba de um jeito sôfrego, porque Beit Jala estava muito perto e Antón tinha muito para me contar... Parou o carro minutos depois. Esta é a praça Chile. Onde moram suas tias. Por ali, falei, apontando vagamente em direção a uma ruazinha. Talvez fosse a outra rua. Eu não tinha certeza. E a que horas estão te esperando, perguntou Antón, mas ninguém estava me esperando. E como você disse que era o nome, mesmo? E eu repeti o sobrenome das tias, os nomes das duas, Maryam, Nuha. Não conheço, disse Antón surpreso, e virou para trás, para seu filho, e trocaram algumas frases. Antón se desculpou: olha, não sei onde elas estão, mas conheço umas mulheres dessa família e elas devem saber. Mas é hora de comer, preparei umas alcachofras com carne e, como se diz? – seu espanhol demorando – arroz! Venha, vamos almoçar na nossa casa e eu prometo que depois te ajudo a procurá-las. Pensei na hospitalidade palestina, na quantidade de pratos que poderiam ser devorados no pouco tempo que ainda me restava de visita, mas pensei que precisaria de ajuda naquele território ao mesmo tempo familiar e ignoto, e aceitei, avisando ao pai em espanhol e ao filho em inglês que eu não poderia ficar mais de uma hora. Feito o acordo, o pai ligou o motor velho do carro e fomos à casa dos Tit, no topo de uma colina.

UMA MOÇA DE BEIT JALA

A praça se chama Chile. Eu havia dito a Nicola que não a conhecia ou não me lembrava dela, mas que ficava no caminho dos ônibus que passam por Beit Jala. As pessoas descem ali, eu desci ali quando estive na sua cidade, insisti, hesitando um pouco, me perguntando se não poderíamos estar usando mapas diferentes. Há uma placa bem grande escrita em árabe e em espanhol, mas ele levantou as sobrancelhas grossas como cerdas, como se erguesse os ombros, e mudando de assunto me disse: *You look so much like a girl from Beit Jala*. E disse que não eram só os cabelos encaracolados e os olhos de amêndoas: era o tipo da risada, a facilidade da risada, o jeito de mexer as mãos ao falar.

CIDADÃOS DO MUNDO

Ele me contaria depois, meses depois e por escrito, que Antón não tinha vivido apenas no Chile, mas na França Argélia Jordânia Brasil, e que tinha passado pela Turquia Líbano Egito Síria Líbia Chipre Bulgária Monte Carlo Nice durante os verões, quando se mover ainda era fácil para eles. Difícil seria a volta. O pai era professor e estava lecionando na Argélia com sua irmã quando ela decidiu se casar. Era 1967, o ano da guerra de apenas seis dias cujas consequências ainda são sentidas. Era 1967, li na mensagem de Nicola, o pai e a tia não foram autorizados a cruzar a fronteira. 1967. O mesmo ano em que meu avô, já adulto, já casado, já pai de cinco filhos universitários, já cidadão da República do Chile, quis em vão voltar para visitar sua casa palestina. E como o jovem Antón também não pôde retornar à dele da Argélia, partiu para o Chile, onde viviam e trabalhavam seus tios, os Tit. *They used to work in bunnies iris with recollita*, escreveu Nicola num e-mail, e eu traduzi: rua Buenos Aires com Recoleta. *He lived near patronato, and his uncle used to live in rio dejunaro*, que era Rio de Janeiro. Entendi que Nicola estava transcrevendo o que ouvia Antón dizer em árabe, por telefone, da Palestina, porque era de Omã que Nicola me escrevia em inglês, e o parágrafo terminava com *he used to work in this area*. Durante um ano e meio, Antón havia trabalhado com seus tios naquele bairro têxtil costurado por ruas com nome de cidades, depois abriu sua própria loja de roupas. O Chile era o país em que ele vivera por mais tempo, quase sete anos, e já havia oficializado sua cidadania chilena quando retornou, obrigado pelo avô Alteet, que lhe proibiu passar dos trinta anos em um país estrangeiro. Deveria voltar para se casar com uma palestina e ter filhos palestinos e multiplicar os galhos da árvore genealógica. Foi o que Antón fez, no momento certo, logo após o golpe de Estado chileno.

ALCACHOFRAS NO ALMOÇO

Antón serviu umas alcachofras tão despetaladas e picadas que nem pareciam alcachofras, exceto pelo sabor. Nicola enterrou o garfo no prato como se enfiasse uma moeda num cofrinho, e eu perguntei pela mãe – que existia, havia me cumprimentado ao chegar, mas caminhava sozinha pela sala arrastando um vestido azul enquanto nós, sem ela, já estávamos comendo. Nicola ergueu a faca até a garganta e simulou um corte horizontal para me indicar que ela seria operada na manhã seguinte. A mãe estava em jejum, impaciente. Minutos depois, irrompeu na cozinha com um ar circunstancial e um lenço no pescoço: seu mal estava ali embaixo, na tireoide, que seria retirada. Minha mente se deteve nessa glândula disforme, na cartilagem, na traqueia da mãe que podia perder a voz, nos músculos e ossos forçados a manter a cabeça presa ao resto do corpo. Eu devia pensar em outra coisa, comer aqueles corações de alcachofra naquele molho vermelho de tomate, engolir sem esforço os gomos da laranja que puseram no meu prato. Terminamos de comer ao lado dela. Antón olhou a hora: estava começando a ficar tarde.

LABIRINTO DE UM SOBRENOME

E demos voltas em várias esquinas, mas minhas tias não estavam onde as deixei em minha lembrança. As ruas eram todas iguais. As casas, de indistinta pedra amarelada, misturavam-se com as casas que eu fotografara, mas não podia recorrer a comparações, porque meu telefone estava morto. Toquei uma campainha qualquer. Quem abriu foi um garoto sem camisa que parecia saído de um cochilo, e encolhendo os ombros me deu a entender que não conhecia aquelas irmãs Abu Awad pelas quais eu perguntava. E demos mais uma volta, mas a casa da minha memória havia evaporado. Antón me consolou em seu espanhol quase chileno, ei, não se preocupe, vamos resolver isso rapidinho. Ele conhecia vários Abu Awad, que eram muitos, mas eram todos iguais. Iríamos até a casa deles, perguntaríamos por elas. Eu tinha mesmo certeza de que o sobrenome era esse? Mas minha certeza agora estava tão perdida quanto a casa que eu procurava. Andamos outro tanto naquele carro velho com Nicola no banco traseiro e chegamos a uma casa de pedra com portas na frente dos lados nos fundos e batemos em todas elas com os nós dos dedos e depois com a palma da mão, até que uma jovem apareceu com três filhos pendurados em diferentes partes do seu corpo. Antón lhe dizia alguma coisa enquanto ela me olhava e eu a ela com os mesmos olhos – devia ser minha prima, outra prima distante. E vi que ela assentia, mas depois negava com a cabeça e olhava de novo para mim e eu para ela, buscando um parentesco que não encontrei. E vi que Antón assentia levemente e se virava para mim e me dizia que minha tia ou nossa tia estava morta. E, como se uma tia não pudesse morrer, como se cinco anos não fossem tempo suficiente para morrer, como se a própria morte não fosse possível, insisti que essa prima desconhecida e cheia de filhos devia estar equivocada, devia se tratar de outra Abu Awad, de outra tia sua, dela, não minha, ou também minha, mas não a que eu estava procurando. E comecei a descrever a tia baixinha de cintura grossa e cabelos pretos, ela é neta da minha tia-avó Emilia ou Jamile, esteve no Chile anos atrás, fala espanhol ou um pouco de espanhol, eu dizia tudo no presente da existência, negando-me ao passado, àquele passado em que ela havia desejado que nos encontrássemos de novo. Minha tia havia usado um *Insha-Allah* que soara como uma prece. Insisti: ela tem uma irmã mais nova, mais alta, mais magra, que nunca saiu de Beit Jala... Antón traduzia e a prima, os filhos correndo em volta, continuava assentindo, sem dúvida era ela, ela, aquela tia havia morrido meses atrás de um câncer no cérebro.

NÃO DIZER

Não poderei mais dizer à minha tia o que eu havia preparado para ela. Não poderei contar que meu pai e minhas tias decidiram vir ou retornar à Palestina, a Beit Jala, para bater como eu à porta de sua casa. Não lhe contarei que foi a leitura do livro que escrevi depois de conhecê-las que acabou convencendo meu pai, ou quem sabe foi a insistência da minha mãe que o convenceu, ou talvez tenha sido meu irmão-mais-velho que conseguiu isso ao organizar a viagem, porque ele também quer ver o que eu vi, mas não quer ver isso sozinho, como eu, e sim acompanhado dos nossos pais e tias e da sua esposa chilena de sobrenome árabe. Não poderei fazer a Maryam esse anúncio que a teria deixado feliz.

MÁSCARA MORTUÁRIA

A casa parece diferente. As pessoas são outras. Pela porta, entra um irmão de Maryam nem um pouco parecido com ela ou com meu pai, e que mora com seus filhos num segundo andar que não visitei. Nos sentamos na cozinha, onde sua esposa palestina prepara a janta e sorri para mim toda vez que me olha, solta umas palavras castelhanas resgatadas dos anos, já distantes, em que viveu em Honduras. Já ele, que fala apenas sua própria língua, repete meu nome sem parar, alongando as vogais docemente, Liiinaaa, Liiinaaa, como se quisesse traduzir os nomes da minha avó italiana, Lina, e da minha mãe, María Lina, esse Lina que herdei sem saber que era tão mediterrâneo e comum, meu Lina transformado em árabe na sua boca. À Liiinaaa de Beita Jala que agora sou eu, Emil oferece laranjas que ele mesmo descasca e café que ele mesmo prepara. Na falta de outras palavras, esses gestos. E vejo que ele faz várias ligações pelo celular e, minutos depois, começa a chegar o resto da família que ainda está viva. Lucía senta ao meu lado e quer me contar que há um irmão deles no sul do Chile. Quer me dizer que outra irmã, porque eram em oito, não poderá vir para me conhecer, que alguns já estão mortos, enquanto eu tento dizer a todos que meu pai, minha mãe, minhas duas tias, meu irmão e sua mulher logo chegarão para visitá-los, e reparo que só a mulher do meu tio entende, pois fecha os olhos imaginando o que irá cozinhar para agradar a família chilena que ela não conhece. E ela está me contando alguma coisa, mas entra outra mulher, outra tia que é outra prima minha, e por um momento acho que vejo Nuha naquele rosto, e então tenho certeza de que é Nuha com cinco anos de tristeza impressos na pele. Nuha me olha um instante, me reconhece em seguida e me abraça como se eu fosse a filha pródiga respondendo ao seu abraço. Seu corpo estremece levemente, mas logo depois ela está chorando sobre o osso do meu ombro, soluçando sem a menor compaixão. E eu gostaria de acompanhá-la com a minha dor, mas não encontro nenhuma lágrima. Dentro de mim, há apenas uma alegria incomensurável: estou feliz por vê-la, feliz por tê-la encontrado, feliz por estar conhecendo esses outros membros da minha tribo perdida. E, talvez por isso, gostaria que Nuha não fizesse o que está fazendo agora, se afastar de mim, secar os olhos, alisar o vestido com as mãos. Procurar seu telefone e ligá-lo. Na falta de palavras para comunicar sua tristeza, ela entrega o aparelho para mim, aponta com o dedo para a tela e faz rodar um vídeo de Maryam ainda viva. O dedo implacável de Nuha me obriga a contemplar aquele rosto familiar completamente inchado de remédios. Seu rosto transformado na máscara terrível que a doença lhe deu e que Maryam levará junto para o túmulo.

V. PROVAS FIDEDIGNAS

ORELHAS

"Quando voltar a Berlim, você tem que ir ao Tränenpalast", escreve, inesperadamente, minha amiga Priya de Berlim. "Você vai adorar a história das orelhas." E de fato aquelas orelhas captam o meu olhar, que percorre com avidez a mensagem. Priya me descreve o chamado *Palácio das lágrimas* como a sala pequena e prosaica das despedidas. Um salão situado junto à labiríntica estação ferroviária de Friedrichstraße, no lado oriental do muro que isolou uma parte de Berlim durante a Guerra Fria. *Times in which, as you know*, escreve ela, *the police controlled the passport of those who tried to cross the border into the West.*[7] Eram tempos dos *tearful goodbyes* entre parentes ou amantes que talvez nunca mais se vissem novamente. Mas Priya não se atém às lágrimas nem às cartas de amor nem às fotos exibidas naquela sala-transformada-em-museu, e sim ao sistema de identificação dos passageiros. Os funcionários não eram da polícia "do povo" – a *Vopo* ou a *Volkspolizei* da RDA –, mas de uma unidade especial da própria Stasi, a *Passkontrolleinheit*, treinada para reconhecer documentos falsos e identidades adulteradas. Em vez de estudarem as impressões digitais ou o padrão das assinaturas, esses funcionários prestavam atenção na correspondência entre o retrato fotográfico e o rosto. No formato do crânio. Nas entradas do cabelo. Na altura e largura

---

[7] [N. da T.] Tempos em que, como você sabe, a polícia controlava o passaporte de quem tentava cruzar a fronteira para o Ocidente.

da testa. *Die Lage, Form und Wuchs* das sobrancelhas. Especializavam-se principalmente nas orelhas, na altura da orelha e no tamanho do lóbulo e na curvatura de cartilagens fossas hélices tragos conchas tubérculos reentrâncias, que não apenas são absolutamente únicos em cada pessoa, como também não envelhecem.

ICH BIN EIN BERLINER

Essa frase alemã de John Kennedy ecoa nos meus tímpanos. Procuro o vídeo de sua aparição naquela Berlim dividida, nos dias em que ele visitou a cidade e se tornou berlinense. "Todo homem livre, onde quer que viva, é um cidadão de Berlim." Suas frases célebres de 1963, já desgastadas pelo uso, devem ter irritado os ouvidos dos hierarcas soviéticos que em 1961 ergueram seu muro de tijolo e concreto, pequeno em comparação com o muro palestino. Observo Kennedy lembrando ao mundo, em inglês, a responsabilidade de vir a Berlim e se declarar berlinense como ele, usando a língua alemã, agradecendo ao intérprete que traduziria essa frase. Kennedy ri enquanto o público o aplaude, baixa a cabeça, ergue-a, a câmera mostra-o sempre de frente, sempre otimista. Chegará o dia, diz ele, desfocado na filmagem, chegará a liberdade. E antes de deixar o palanque, se despede dizendo: *I take pride in the words, Ich bin ein Berliner.* E deixo-o partir enquanto procuro na internet uma foto que o mostre de perfil, dou zoom em seu retrato diante de quatro microfones, observo suas orelhas. Será que estão muito baixas ou sua testa é que é alta demais, sua cabeleira frondosa demais, penteada num topete? Seria possível dizer que seus lóbulos, tão colados ao rosto, são uma prova fidedigna da sua essência berlinense? De tão minuciosa, minha análise fisionômica vai tornando essas orelhas mais e mais estranhas, mais arrevesadas, fazendo delas orelhas inesquecíveis.

MULTIPLICAÇÃO DAS CÂMERAS

O muro soviético constituiria um modelo nefasto para todos os autoritarismos e capitalismos que viriam depois. O muro entre as Coreias. O muro da vergonha israelense. Os muros contra imigrantes em toda a Europa e nos estados desunidos da América. Os bairros murados do meu próprio continente, o muro que quiseram construir em Santiago para isolar os ricos recém-chegados dos vizinhos que viviam ali há décadas. Muros que não são meras paredes de tijolo cimento arame farpado, mas que vêm coroados por câmeras de vigilância. Centenas de câmeras indiscretas que escaneiam rostos, facilitando a repressão governamental de manifestantes legais, imigrantes ilegais, minorias raciais. Discutimos o assunto durante mais um jantar palestino, enquanto comemos uma infinidade de pequenos e variados pratos que Germany, fingindo ser especialista em língua árabe, chama de *mezze*, que os palestinos conhecem como *mazza* e que eu traduzo, já mastigando, porque comecei a petiscar, com a espanholíssima palavra *tapa*.

E bebemos, alguns de nós, um *arak* da marca *Sabat al--Muthallath*, de Belém, e outros, várias taças de vinho chileno, que em Ramallah é o mais comum. Supõe-se que temos direito à privacidade mesmo em espaços públicos, mas isso é apenas uma suposição, diz nosso filósofo alemão, voltando ao seu temor legítimo. Estamos sob permanente vigilância, continua ele, erguendo o copo e levando-o aos lábios. Vigiados, murmura a curadora com desgosto, mas não aqui, Germany, não neste restaurante. Nossos olhos percorrem as abóbadas do teto e os cantos recônditos do local; desligamos dissimuladamente nossos aparelhos telefônicos quando conto a eles quantas vezes a Siri, supostamente dormindo no telefone, na minha escrivaninha, na minha sala de aula, acordou para me perguntar o que acabo de dizer. *I did not understand your question.* Sua voz singela, porém mecânica. Sua orelha sempre ligada. Desliguem os celulares totalmente se não quiserem ser ouvidos, digo, desligando o meu. Germany assente com a boca cheia de pão pita e os olhos emoldurados pelos óculos, e guardando o aparelho repete que a vigilância de fato vai além das câmeras multiplicadas nos *checkpoints*, ela está em todos os cruzamentos das cidades, nas escolas, nos templos religiosos, em centros comunitários, cassinos, clínicas, em museus, estações de trem e no metrô; estão por toda parte e são capazes de pesquisar rostos entre milhares e identificar pessoas captadas apenas de perfil. Porque esses rostos são comparados com aqueles armazenados em bancos de dados nos quais todos nós já estamos, diz. E não só porque tiram fotos nossas para o passaporte, o documento de identidade ou a carteira de motorista, mas porque a camerazinha do computador está nos observando, acumulando nossas expressões. E sempre que entramos nessa rede social chamada *Facebook: the book of faces! It's quite literal*, diz ele, todos assentimos, envergonhados de participar voluntariamente dessa rede que vendeu os rostos de 87 milhões de usuários para uma consultoria eleitoral, a fim de influenciar a votação presidencial de um maluco de cara vermelha, boca carnuda, lábios projetados para frente, olhos minúsculos que nos espreitam. Estão nos vigiando. Senegal-o-médio levanta a mão para indicar, num inglês afrancesado, que quer complementar algo. E o que ele acrescenta são nomes de empresas privadas que filmam cidadãos sem o seu consentimento para depois venderem o coletado para a polícia ou o exército. Enriquecem descaradamente às custas da nossa cara, diz, desenhando no rosto o símbolo do cifrão, e Senegal-o-alto, um *bigboy* pouco dado a expressar opiniões, assente várias vezes, assobiando. Todas essas empresas têm nomes eloquentes: *Facewatch*, no Reino Unido, e *Faception*, como *perpection*, aqui em Israel, responde o-médio por ambos os senegaleses. E *Anyvision*, aqui mesmo, nestes territórios, acrescento eu, que acabo de encontrar essa companhia na internet. Mas Germany não se deixa interromper mais e retoma o fio da meada de sua advertência, ruminando que nossos dados biométricos são muito mais sensíveis do que o número de uma carteira de identidade ou de um cartão de crédito, porque esses números podem ser alterados. *But you can't really change your face, can you?*,[8] disse Rana, sombria, seguindo o fio. *Genau!*, quer dizer, exatamente!, confirmou Germany. E naquele momento, naquela noite iluminada por lâmpadas palestinas, descartamos, sem dizer uma palavra, sem chegar a um acordo, a ilusão de tirarmos uma foto em grupo.

NUDEZ

O cidadão Edward Snowden, honrando seu sobrenome de neve no exílio russo, publicará suas memórias e dirá em todos os lugares, em sites, em vídeos – os óculos de armação invisível no rosto melancólico –, que desde o atentado às torres, desde a queda daquelas torres que eram duas, seu país, que é quase o meu, mergulhou em táticas de espionagem desenfreada embora dissimulada, e que o pior dos perigos ainda está por vir. Snowden fala sobre o refinamento de uma inteligência artificial focada no reconhecimento automático de rostos e de padrões de comportamento. Porque uma câmera inteligente não é um simples aparelho que filma, mas algo parecido com um agente automatizado, capaz de tomar decisões. Snowden insiste que os Estados Unidos e outros governos, todos auxiliados por empresas digitais sofisticadas, estão fazendo um registro detalhado de todos os habitantes do mundo, de todos os seus movimentos, de todas as suas ações públicas e privadas, suas compras, suas viagens, suas refeições e festas, as

---

[8] [N. da T.] Mas você não pode realmente mudar seu rosto, pode?

músicas que ouvem, as séries que assistem, o pornô que consomem, as pessoas com quem conversam ou se encontram ou sonham de noite, seus coitos noturnos. "Somos obrigados a viver nus diante do poder", diz ele, talvez sem saber que isso já foi dito por um filósofo. É a intromissão total, diz, e a previsão é de que haja consequências.

SUPER-RECONHECEDORES

Há aqueles que têm uma habilidade superlativa para o reconhecimento de rostos. É uma capacidade de 1 ou 2% da população, mas só é revelada quando a pessoa super-reconhecedora trabalha para a polícia. Sabe-se de um super-reconhecedor que conseguiu capturar centenas de suspeitos a partir de fotos vistas numa única ocasião, anos atrás, em câmeras ou registros fotográficos. Para um super-reconhecedor, trazer um rosto à memória é tão instantâneo e instintivo quanto piscar. Não requer nenhum esforço, mas também não é algo que possa ser treinado. E embora errem eventualmente, os super-reconhecedores são quase infalíveis e muito mais precisos, dizem seus defensores, do que as tecnologias de reconhecimento facial.

IGUAIS ENTRE DIFERENTES

Nós, que não somos dotados dessa super-habilidade, só reconhecemos em média cinco mil rostos. Porém, uma coisa é reconhecer ou se lembrar de pessoas racialmente próximas; outra é distinguir traços daqueles distantes de nós. Costumamos ser melhor dotados para capturar nuances entre os primeiros, enquanto os últimos parecem muito semelhantes entre si. Idênticos. Um rosto indistinto do outro. Preferiria não reconhecer minha própria deficiência como leitora facial: custa-me diferenciar as alunas asiáticas, sentadas uma ao lado da outra na fila de trás, e às vezes confundo o nome das garotas negras, por mais que se sentem em lados opostos da sala. Toda vez que isso acontece, peço desculpas e tento encontrar explicações para essa forma de racismo que foge à minha vontade. Descubro um estudo que não me conforta, porque foi elaborado por cientistas brancos, possivelmente tentando justificar suas limitações. Esses cientistas afirmam que esta minha "dificuldade", e de muitos outros, não se deve – não necessariamente – a um racismo aprendido, mas a uma característica cognitiva do cérebro que dificulta a discriminação de rostos diferentes do nosso, rostos que não são familiares, rostos estranhos, com os quais nos deparamos ao longo da vida. O estudo insiste que o verdadeiro racismo é cultural: consiste em assumir, ao ver duas pessoas negras como idênticas entre si, que o comportamento de uma corresponde ao comportamento de todo um grupo historicamente estigmatizado. Como se uma aluna asiática mais calada tornasse todas silenciosas, todas desinteressadas ou distraídas em sala de aula; como se a pele escura de algumas fizesse delas sombrias na alma. É isso que "o Ocidente faz com o Oriente", aponta a afiada Jessa Crispin em um ensaio de viagem. É isso que nós fazemos, "imaginar que os impulsos obscuros (...) vêm com pele e cabelos escuros". Mas se nós fazemos isso por deficiência, cognitiva ou cultural, como explicar que a tecnologia de reconhecimento seja incapaz de distinguir uma mulher negra de outra, uma mulher negra de um homem negro, um homem negro barbudo de outro? Um garoto encapuzado de outro, se for um garoto negro? A resposta é que são homens brancos que programam o software à sua imagem e semelhança.

TESTE GENÉTICO

Espero algumas horas antes de telefonar para o meu marido em Berlim. Não quero acordá-lo, obrigá-lo a levantar da cama, procurar os óculos e colocá-los desajeitadamente no osso do nariz. Não é urgente contar a ele – embora eu precise fazer isso agora mesmo, antes de descer para o café da manhã em Ramallah – o que andei lendo ontem à noite. Ouço-o bocejar do outro lado da linha, baixar o volume das notícias espanholas ou nova-iorquinas ou chilenas que fazem companhia ao seu solitário café berlinense. Devo estar interrompendo-o, mas não pergunto, quero comentar com ele – ele, que em sua vida anterior foi casado com uma intelectual judia – que, apesar do que diz a Torá, há quem queira certificar seu judaísmo com base no seu material genético. Ouço-o pigarrear, mas continuo lhe dizendo que não são poucos os judeus tentando certificar sua etnicidade. Hein?, ouço-o resmungar ao telefone. Sim, insisto, procure no *The Guardian*. Um sujeito chamado Oscar Schwartz escreve contando que seus pais enviaram uma amostra de saliva para um desses laboratórios especializados em decifrar origens genéticas. Pelo correio, receberam de volta uma carta certificando que ambos eram "100% asquenazes". Cem por cento?, ouço-o dizer, não viemos todos da África? Ou da China, acrescento, me fazendo de entendida num assunto para lá de complexo. Mas o judaísmo tem a ver com uma identidade religiosa ou cultural, qual é a relação com o sangue? É justamente isso que os nazistas argumentavam, que os judeus eram uma raça. Exato, continuo eu, mas segundo Schwartz, seus ancestrais raramente se misturavam com outras comunidades e, assim, foram reduzindo a diversidade do seu material genético. O próprio Schwartz comenta o paradoxo de os judeus terem sido violentados devido à sua suposta diferença racial. Se, quando criança, Schwartz sugeria em casa que alguém parecia judeu, sua avó respondia sarcasticamente: *Oh really? And what exactly does a Jew look like?*[9] A avó era mais astuta do que o neto, e ela tinha toda a razão, porque os judeus, assim como os muçulmanos, os cristãos, os protestantes, budistas e hinduístas, existem em todos os modelos, formatos e cores. Mas o que a avó não diz é que o teste genético contraria o que até agora era visto como a essência da identidade judia: que

---

[9] [N. da T.] É mesmo? E como um judeu se parece exatamente?

qualquer pessoa aceita como judia pela própria comunidade judaica não pode ter sua identidade arrancada. O princípio dita que os determinantes identitários mais importantes são sociais, não biológicos.

TRIBOS PERDIDAS

Você pode reconhecer o outro como próprio, mas pode, da mesma forma, reconhecê-lo como impróprio, alheio, inaceitável. O teste genético dá ambos os resultados e é realizado com o intuito de desqualificar e discriminar aqueles que, pretendendo ou acreditando serem judeus, descobrem que não o são. As autoridades rabínicas em Israel começaram a exigir confirmações genéticas antes de conceder algumas autorizações de casamento, que na nação judaica é um rito religioso, não civil. Porque, enquanto muitos israelenses podem provar que a mãe é judia com uma certidão de nascimento ou de conversão por casamento, para muitos imigrantes recentes, que tiveram de esconder seu judaísmo para sobreviver ou em cujos países a documentação é escassa, isso é mais difícil, se não impossível. É o caso de 1 milhão de judeus que fugiram das antigas repúblicas soviéticas há três décadas porque eram judeus e que, na pátria judaica, são colocados sob suspeita por não conseguirem comprovar que o são. Situação ainda pior é a dos que afirmam ser judeus de uma das 12 tribos de Israel, a tribo perdida e espalhada pela geografia africana. Esses são insultados sob a alcunha de *falashas* – *apátridas*, na língua amárica.

São judeus negros, que representam um dilema racial num judaísmo marcado por uma origem mais europeia do que africana, a dos asquenazes e, em certa medida, dos sefarditas. Esses primos ex-etíopes ou ex-sudaneses ou ex-africanos resgatados por Israel e devolvidos ao judaísmo numa reconversão *express*, esses judeus em nada parecidos com os judeus ex-poloneses ex-alemães ex-franceses ex de tantos outros países europeus ou da ex-União Soviética, todos judeus pálidos, enfrentam a resistência dos israelenses mais dogmáticos, que os desprezam, mas precisam deles: os judeus negros fazem o trabalho que antes era feito pelos palestinos.

MAIS OU MENOS

O que farão os rabinos quando descobrirem que, por algum deslize amoroso do passado, por algum abuso sexual não registrado pela história, existem muçulmanos descendentes geneticamente de judeus ou judeus com genes palestinos? Ghayath Almadhoun, poeta gazense sírio sueco, garante que é mais judeu nos genes do que muitos de seus amigos judeus. Ele me contará isso quando nos conhecermos num terraço de Berlim. A esposa dele, iraquiana sueca e tradutora, piscará para mim enigmaticamente enquanto ele recita seu sangue como se sua composição estivesse escrita em verso: Dos genes/ 50,4% são do Oriente Médio/ 15,5% são a soma de judeus sefarditas e asquenazes/ tem também 10,7% da Sardenha/ 9,9% do Norte da África/ 7,9% do Sul da Ásia/ 3,1%

da Península Ibérica/ e uma pitada de outros lugares.// O árabe ganha em porcentagem, mas, em segundo lugar, vêm seus antepassados judeus. O cálculo me deixará pasma, assustada, me fará duvidar visivelmente, e sem saber o que dizer piscarei para os dois. A possibilidade de um muçulmano ser mais judeu do que outros judeus amigos dele, cujos genes judaicos somam uma porcentagem menor, parece-me inesperada e subversiva.

CONDE ROSENBERG

Você é judia? Estávamos esperando o momento de leitura da tradutora Andrea Rosenberg, que leria em inglês sua versão ainda inédita, e o meu, que leria fragmentos da minha saga palestina em espanhol. Andrea suspirou e sorriu, corando um pouco, sem me dizer sim ou não. Me contou que, quando era criança, as pessoas sempre deduziam isso. Os vizinhos do bairro. As mães que a contratavam como *baby-sitter* dos seus filhos. Os colegas da escola. Supunham que devia ser judia e lhe perguntavam se era, e ela dizia que não, perplexa, com a mesma perplexidade sentida pela sua irmã e, à mesma idade, pelo seu pai e sua tia. Me contou que essa tia havia perguntado ao seu pai, o avô Rosenberg de Andrea Rosenberg, e esse respondera que na Europa Central, de onde vieram, havia muitos judeus forçados a adotar outro nome, e que um conde alemão-não-judeu de sobrenome Rosenberg lhes oferecera o dele: por isso havia tantos judeus chamados Rosenberg. Mas o avô tinha deixado claro à filha – a tia Rosenberg de Andrea Rosenberg – que eles descendiam diretamente daquele generoso conde alemão. E isso era tudo, mas era difícil acreditar em tudo isso e era inclusive necessário duvidar, porque não era verdade. Foi a história que o avô Rosenberg inventou, aquele avô descendente de um judeu-laico-comunista, aquele avô criado e discriminado em Kentucky, aquele avô que se casou com a avó meio escocesa e criou sua família na religião presbiteriana. Andrea me contara que viveu acreditando que era alemã e cristã, quando na realidade era um oitavo lituana-judia e um pouco inglesa-escocesa e outro pouco irlandesa-finlandesa-holandesa e até mesmo um tanto indígena-americana, porque, no meu passado, disse Andrea, houve um caçador francês que se casou com uma Pawnee. E um toque africana ocidental, *but that's a long story*, resumiu em inglês sem dar outras explicações. Enquanto ela me contava sua história miscigenada, eu examinava seu rosto sem reconhecer nenhuma daquelas peças sob seus cabelos castanhos completamente lisos. E pensava que, em porcentagem, ela tinha mais genes judeus do que qualquer outra etnia. E você se tornou judia? Talvez não devesse, mas não pude evitar a pergunta – eu, que só fazia alguns anos que havia me tornado palestina. Andrea negou com a cabeça. Não chegou a se sentir judia, embora tenha explorado o assunto com a irmã que havia iniciado a pesquisa genealógica e a leitura dos antigos censos da Europa Central, a irmã que havia confirmado as suspeitas do judaísmo da família. Andrea acompanhou essa irmã nas cerimônias e tentou acompanhá-la no sentimento, mas não conseguiu reverter o olvido: *I was never able to embrace it*,¹⁰ foi a frase que usou. Então, calmamente, acrescentou que para ela a identidade sempre foi pessoal e individual, "mais sobre mim mesma e a minha relação particular com o mundo do que sobre meu pertencimento a uma família ou comunidade". *Even though I visited Germany with the family fakery fully intact, I didn't feel like I was visiting a homeland of any kind.*¹¹ Também não havia sentido a necessidade de visitar Israel, por mais que gostasse tanto de viajar, por mais que aquela viagem fosse oferecida gratuitamente. Ou talvez porque fosse gratuita, porque nunca nada é de graça e um presente pode ser um compromisso. Sabendo-se judia dessa maneira, contradizendo os dogmas sionistas do judaísmo, Andrea se ofereceu para traduzir minha crônica palestina com a generosidade de uma condessa Rosenberg.

IMPUREZA

What does it mean to be genetically Jewish? Can you prove religious identity scientifically?,¹² pergunta-se Oscar Schwartz. Quanto material genético é necessário para provar o judaísmo ou o islamismo? Cinquenta e um

---

¹⁰ [N. da T.] Nunca fui capaz de aceitar isso.
¹¹ [N. da T.] Embora eu tenha visitado a Alemanha com a farsa familiar totalmente intacta, não senti que estivesse visitando qualquer tipo de pátria.
¹² [N. da T.] O que significa ser geneticamente judeu? Consegue provar cientificamente a identidade religiosa?

por cento é o suficiente ou é demais? E quão exata é a ciência que determina essas porcentagens? Os dados fornecidos pelos cromossomos são confiáveis? Raramente, apontam alguns especialistas, rebatendo outros. A evidência está longe de ser conclusiva, insistem os desconfiados, mas não faltam aqueles que aproveitam uma fé, a científica, em detrimento de outra, a religiosa, para validar o argumento etnonacionalista. Mas Israel, onde vivem 20% dos cidadãos árabes, foi declarado um Estado "exclusivamente" judeu, e é possível que, em breve, qualquer requerente à cidadania israelense tenha de fazer um teste genético e aguardar a confirmação científica de sua pureza. Que assustadora é a aspiração à pureza, sussurro, me olhando no espelho de corpo inteiro enquanto me preparo para ir ao aeroporto de volta a Berlim.

NÚMERO SUSPEITO

A curadora palestina avisa que, quando sairmos do país, colocarão um adesivo em nosso passaporte e que é preciso prestar atenção no primeiro número da cifra. O número 1 é para os judeus, o 6 é para os indesejáveis. É provável que todos receberemos esse número, e de fato, no dia seguinte ao nosso retorno à cidade de onde saímos, chega uma mensagem da curadora, que seguiu viagem rumo à Coreia do Sul, perguntando como foi com a gente, porque ela tirou o número mais alto. *I got the special treatment with number 6 as a start for the code, anyone in my club?*[13] Grécia é a primeira a responder: *I got 6 too!* Ter em seu passaporte grego um carimbo da muçulmaníssima e balcânica República do Kosovo tornou-a imediatamente suspeita. "Não teve jeito de acreditarem que estive lá para uma conferência", escreveu em sua mensagem, "como se não houvesse universidades e acadêmicos e conferências no Kosovo!". Em seguida, chegou um e-mail de Senegal-o-médio trazendo notícias dos dois. Eles também receberam um 6, foram retidos, interrogados e, não havendo nada suspeito em sua bagagem, acusados de porte de rosto. E traduzia a si mesmo do francês senegalês, ou talvez do uólofe ancestral, para escrever num inglês pontuado de erros de digitação, *like I said, nobody can stap the waves whit he's hand. FREEEEEEE PALESTINE. Miss everybody & love ya-all.* Em seguida escrevi eu, feliz por aquele 6 que todos haviam recebido como reconhecimento de sua palestinidade. E contei a eles que fiquei presa num *checkpoint* e me muni de espera e lentidão e viagens mentais à lua, mas perdi o voo. No apuro para conseguir outra passagem, na angústia de quanto me custaria aquela passagem de última hora, gastei adrenalina demais. Quando finalmente cheguei ao Posto de Segurança e o agente quis saber se eu já tinha estado antes em Israel, em que ano, em que mês, em que cidade, na casa de quem, não consegui lembrar se tinha viajado em 2011 ou no ano seguinte e o mês poderia ser abril ou talvez novembro,

---

[13] [N. da T.] Recebi o tratamento especial com uma cifra começando em 6, mais alguém no meu clube?

nem consegui lembrar se o nome israelense da cidade era Yaffa ou Jaffo. O agente insistiu em saber o nome do amigo que havia me hospedado e me deu um branco. *I don't seem to remember the name of my friend,*[14] falei, baixando a voz, consternada pela certeza de ter me esquecido dele, porque nunca mais nos vimos. Não nos falamos novamente. Seu nome havia desaparecido junto com ele. O agente me deixou passar sem perguntar mais nada. E quando pude respirar de novo e me atrevi a olhar o número, vi que, apesar das minhas incoerências, ou talvez por causa delas, recebi um 2: não digna de suspeita.

---

[14] [N. da T.] Não sei se me lembro do nome do meu amigo.

VI. انت من وين-وين

NOME IMPRÓPRIO

É meio-dia, é fevereiro. São prédios e estradas e dunas egípcias desenrolando-se à minha frente pela janelinha. *Welcome to Cairo*, lembra-me uma voz que é traduzida para o árabe enquanto tiro os fones de ouvido e levanto do meu assento. Na porta do avião, um homem de terno preto, pulôver azul e gravata cinza me chama pelo nome. Sou eu, respondo em espanhol, mas imediatamente me corrijo, *I am Lina*, sentindo-me estranha diante daquele Lina que herdei da minha mãe e da minha avó. Ter crescido entre Linas fez do meu nome um substantivo menos próprio. Meu nome nunca me identificou como uma só. Se meu pai dizia Lina, éramos as três que virávamos a cabeça e respondíamos simultaneamente de diferentes pontos da casa. Nunca um eu solitário, sempre um eu triplicado, um *we*. Mas minha avó já não está viva e minha mãe está muito longe e o elegante egípcio que me chama estende sua mão formal apenas para mim. *Nice to meet you, miss Lina*, diz ele, instalando um sorriso na rigidez do rosto, enquanto sua mão risca a Lina escrita numa folha de papel, fazendo-nos desaparecer completamente. Sigo esse homem desconhecido, pensando que deve ser quem me avisaram que viria me buscar. *Someone will meet you at the airport*, dizia o e-mail que recebi antes de sair de Berlim, e acrescentava: *and a taxi driver, Ahmed.* E eu tinha imaginado que encontraria Ahmed do lado de fora, não na porta do avião. Mas o protocolo aqui devia ser assim: o taxista entra para buscar sua passageira, o taxista arrasta sua mala pela alça. O taxista... Levo um tempo para entender que esse não é Ahmed, o taxista, mas Ibrahim. Ibrahim o quê? O que entrega meus documentos a outro egípcio de terno e gravata. O que explica ao colega que venho dar palestras na Universidade Americana do Cairo. O que diz em árabe que sou do Chile, e eu sei que ele diz isso porque Chile é uma palavra que entendo em qualquer língua. O colega de Ibrahim é mais jovem, embora mais arqueado, e confirma pelo telefone que chilenos não precisam de visto. Isso eu não sei como deduzo (talvez ele esteja verificando se não estou em alguma lista proibida), mas assim que a burocracia é resolvida, o colega-do-telefone devolve meu passaporte a Ibrahim, que está ali, agora eu entendo, para ser meu salvo-conduto num aeroporto em plena ditadura, como o resto do país. Não sei se estou em boas mãos ou em más mãos ou se aqui as más mãos são mais seguras do que as boas, mas minha bagagem demora a chegar. A cortesia me obriga a puxar conversa e pergunto a ele algo que me interessa mais do que o tempo: se os cairotas falam inglês ou se pelo menos entendem, se na rua, se os taxistas. *Yes...!,* responde Ibrahim com cara de surpresa, *of course everybody here speaks English,* diz, muito sério, talvez incomodado, talvez ofendido. *We used to be a British colony, you know?,* balança a cabeça com um gesto ambíguo, sim, claro, eu sei disso, os britânicos foram donos de tudo isso e muito mais. Eu também padeci de uma *british education,* mas o inglês em mim é sempre uma hesitação. E porque estudei a história dessas colônias, sei que o Egito não é a Índia, com suas múltiplas línguas oficiais além do inglês. A língua aqui é apenas o árabe padrão ou sua forma egípcia, o *masri*. Ibrahim deve ter visto na minha cara que não estou escutando o que ele diz e acrescenta, chamando minha atenção com sua veemência, *We still learn English at school*. Ah!, digo eu, ainda bem, e digo isso em espanhol, sem olhar nos seus olhos coléricos, *menos mal*. Se acontecer alguma coisa, usarei meu rosto em legítima defesa ou me defenderei na língua colonial.

RETRATOS EXAMINADOS

Na sala de bagagens, enormes retratos de gente famosa nos fazem companhia, e é com eles que Ibrahim começa seu exame, pronto para se vingar da professora que questionou o inglês dos egípcios. *What are you doing here?*, pergunta ele, e por precaução, porque fiquei paranoica, não digo que vim falar sobre meu livro palestino num congresso sobre literaturas migrantes, não digo que sou meio palestina. Minto para ele descaradamente, dizendo que vim dar uma série de conferências sobre a literatura árabe da diáspora. A literatura do *mahyar*, digo, improvisando a pronúncia. E o digo acreditando que com isso acabariam as perguntas, porque sempre que invoco a palavra literatura as pessoas mudam de assunto: leem pouco ou não leem nada ou não têm nada para dizer a respeito. *Ah*, responde Ibrahim, estufando o peito e ignorando que a diáspora árabe quase não escreveu em árabe, *Arabic literature is good!*, exclama. Sim, digo eu, assentindo e sorrindo enquanto ele ergue os olhos e o dedo para o retrato de alguém que deve ser um escritor egípcio consagrado. *Do you know who that is?* E penso que aquele rosto entre tantos outros rostos poderia pertencer a Naguib Mahfuz, porque, de fato, aquele rosto inalterável de olhos um tanto puxados, protegidos por um par de óculos, é dele. Mahfuz. Correto! E sabe quem é aquele? Olho fixamente para o retrato como se estivesse tentando reconhecê-lo ou adivinhar seu nome, mas não, não estou tentando nada: sei que nunca vi esse senhor de bigode espesso nem nenhum dos outros que sorriem duramente, que nos olham sem nos ver, com ou sem óculos, com as cabeças encaixadas ou não num elegante *tarboush* de feltro. Todos aqueles escritores mortos, porém eternizados nos retratos, que posam de cima para impressionar a nós, os estrangeiros preocupados com questões tão prosaicas – malas, libras egípcias, cartões telefônicos e o idioma da cidade –, sem parar para admirar aqueles domadores do árabe. E esse, de boina preta? *You don't know?*, me pergunta com a mesma impaciência com que responde: Tawfiq Al-Hakim! E o de óculos escuros? Como é possível que eu não conheça nem tenha ouvido falar do "conquistador da escuridão"? *Our only blind writer, you don't know him?*, diz, contendo sua frustração, seu orgulho de vidente, seu respeito pela cegueira ilustrada do chamado *Qāhir al-Zalām*. Mas eu ainda não sei, por mais que devesse sabê-lo, que Tāhā Husayn é o Borges egípcio. O grande escritor e intelectual (cego) da língua árabe, que foi professor e decano da Faculdade de Letras da Universidade do Cairo, onde darei a terceira de minhas conferências palestinas. É retumbante meu fracasso como reconhecedora facial do *establishment* literário egípcio, e dando como reprovado o tortuoso teste, e porque seu dedo sádico aponta para outro retrato, me atrevo a interrompê-lo. *Would you mind if I take a picture of you?* Porque não pretendo memorizar o rosto desses escritores, mas gostaria de poder lembrar a cara incômoda de Ibrahim, de poder olhar de novo sua expressão irritada naquele momento. *Only one picture*, e franzo as sobrancelhas em súplica. Ibrahim não assente mas acede, e eu, mais do que fotografá-lo, escaneio-o com um aplicativo do meu telefone. *Done!*, digo, e penso: *locked up in my phone for future reference,* com todos aqueles senhores garbosos atrás dele e pirâmides coloridas impressas em papel.

EMPANTURRAR-SE

Pronunciado na minha língua, seu nome é Tahía, mas na dela é Taheya, e não apenas descende da estirpe pan-arabista, independentista, socialista dos Abdel Nasser, como é a professora que leu meu livro palestino e me convidou para dar duas palestras na sua universidade. E é ela quem se oferece para me buscar naquele primeiro dia, felizmente livre, para almoçarmos. Mas ela vem de muito longe, e o congestionamento no centro do Cairo é tão terrível quanto no Chile, e digo a ela que nem tente passar para me buscar: caminhar não só será mais rápido, como me permitirá comer sem culpa todos os *mazza* que Taheya vai pedir para mim, balançando sua longa cabeleira castanha. Caminhar e comer, penso, subestimando sua hospitalidade: nem se tivesse corrido horas ao longo do Nilo poderia compensar aquele suntuoso almoço no restaurante Al Pachá. É daí que deve vir aquilo que minha mãe diz quando se *empacha*, quando se empanturra: comi como um paxá. Dá fome só de me imaginar naquele banquete egípcio, mas ainda nem saí do hotel. Não vai se perder, né?, questiona Taheya ao telefone em seu impecável sotaque britânico. Não se preocupe, saberei como chegar, tenho o rio como coordenada e, se me perder, posso perguntar, porque todo mundo fala inglês nas ruas do Cairo. Caminhar, digo sob o sol, e dou trinta passos rápidos ou cem passos curtos e já chego ao restaurante às margens daquele Nilo comprido, largo e calmo que serpenteia até o Mediterrâneo. Ao fundo, prédios altos. Resolvo me aventurar e cruzar para a outra margem. Vou seguindo. Vou passando por dentro de uma parada de ônibus, aberta nas laterais em formato de *mihrab*, não para permitir a passagem, mas para guiar o olhar em direção a Meca e lembrar os pedestres das cinco orações que o dia exige. Vou deixando para trás os dois obeliscos com os leões de bronze vigiando a ponte Qusr El Nil rumo à praça Tahrir, onde anos atrás pegou fogo e queimou a primavera revolucionária. E avisto o museu de antiguidades no final de uma avenida larga, mas não terei tempo de ir: apresso o passo ao lado dos leões e agradeço que o rio esteja ali para me orientar, porque não tem ninguém nas calçadas, só uns caras vagando sozinhos na beira da água, sujeitos que me sussurram palavras em árabe, sujeitos de quem eu não me aproximaria para perguntar nada, em nenhuma língua.

MÁSCARAS ANTIGAS

Os tesouros do Museu Egípcio estão alojados em um deteriorado palácio transformado num gigantesco depósito de objetos empilhados em centenas de salas e salinhas e corredores. Cada artefato é marcado com algarismos arábicos que não seguem uma ordem, como se entre um objeto e outro houvesse vários saqueados ou extraviados ou emprestados ou presenteados, inclusive com a autorização dos líderes locais: há milhões de peças históricas na *sizeable collection* do British Museum, há sarcófagos e múmias até de gatos sagrados no Louvre, tesouros "sob a tutela" de museus em Moscou Munique Berlim Viena Bruxelas Budapeste Leiden Amsterdã Atenas Turim e, obviamente, no Vaticano e em Jerusalém, e do outro lado do oceano, em museus de Nova Iorque Pensilvânia Boston Chicago Ann Arbor. A ciência da exploração nada mais foi do que extração e tráfico arqueológico, pilhagem e mãos escavadoras: a disciplina do furto em navios abarrotados. Aqui, neste museu cairota caindo aos pedaços, há partes protegidas com lonas plásticas diante da possibilidade de um temporal em cima de um teto craquelado. Ficou velho e pequeno demais, disse Taheya durante nosso almoço sobre o Nilo, por isso, estão construindo outro museu que será "o maior do mundo". Eu, que prefiro as coisas pequenas e menos caras, caminho agora pelas salas festejando que os sarcófagos estejam montados uns sobre os outros nas prateleiras, como se o museu fosse um hostel e eles, os sarcófagos, jovens viajantes descansando em beliches com os olhos muito maquiados e abertos, de braços cruzados em cima do peito. E embora se dissesse que as máscaras antigas revelavam mais do que escondiam os que as usavam, pensei, ao olhar aqueles belíssimos ataúdes, que talvez não fizessem nem uma coisa nem outra, mas o contrário: ilustravam o impulso estético de quem as pintou.

ROSTO E SENHA

Foi porque Rasha leu e escreveu uma conferência palestina, porque leu seu *paper* num congresso marroquino, porque alguém enviou o programa para mim do Chile, que eu e ela mantemos contato há alguns anos. Nunca nos vimos, e agora lá vem ela, toda lábios maquiados, dentes alinhados, toda olhos pintados de preto e a cabeça envolta num turbante verde-esmeralda ou azul-intenso ou roxo-bispo combinando com sua roupa ocidental. Rasha tira a cabeça para fora da janela do carro para me cumprimentar e avisar que veio com seu irmão caçula. Khaled está sentado no banco de trás. Este é o Khaled, diz Rasha, mas atenção para a pronúncia, diz, enquanto me dá dois beijos, um de cada lado do rosto. A doutora Rasha me explica que o início do nome Khaled soa como o jota em espanhol e como o ka-h em inglês, que é a transliteração dominante. E que isso deve me interessar, porque essa letra ou fonema está por toda parte no árabe. E você já deveria saber essa língua, diz ela num espanhol aprendido na Espanha, agora que leciona na universidade, ou quanto tempo ainda vai esperar? E eu não sei como responder a ela, porque depois de meses mal balbucio o alemão, e assumir mais uma língua me parece impensável. Já já falaremos disso, diz Rasha dando a partida no motor. E de volta ao seu irmão, me conta que não tem com quem deixá-lo e que nada o deixa mais feliz do que passear pela cidade. Ele adora sair, diz Rasha. Eu me viro para cumprimentar aquele irmãozinho, que é um menino em formato grande e ao mesmo tempo um homem de óculos grossos de armação preta. *Salaam*, Khaled, sussurro, titubeando naquele jota com agá, e devo ter pronunciado mal, porque ele não olha para mim, não dá a impressão de ter me ouvido. Ele é antissocial ou tímido? É especial, responde Rasha, embora, olhando para ele de perfil, não entendo em que consiste sua especialidade. Quando ele descer do carro, verei que arrasta um pouco os pés, então Rasha vai me explicar que, apesar de seu irmão ter um corpo de 37, parece de vinte e poucos e carrega dentro um menino de 12. É um homem de fraldas que não pôde estudar, que não pode sair sozinho, que quase não pode ficar sozinho. Mas Rasha não se lamenta: no mundo islâmico, a deficiência física ou mental é um sinal divino, e Khaled, *o eterno*, é também *o designado* ou *o escolhido* por Alá. Os policiais muçulmanos o adoram, o mimam. Com eles, Khaled não é antissocial: conversa, os faz rir. Um deles beija-o na testa e nos deixa passar sem necessidade de identificação: seu rosto é a nossa senha. E, porque vamos com Khaled, abrirão para nós as portas de uma casa medieval no meio da noite, quando o horário de visitas já estiver encerrado. E é graças a esse menino-homem-abre-te-sésamo que nos servem comida no último andar do Hotel Al Hussein, de onde se vê inteira ("visão de pássaro", diz Rasha, e não "vista aérea") a praça cheia de pombos e a mesquita e o bairro batizado com o nome do neto do profeta. Já passou da hora do almoço, mas nos servem, do que sobrou, a comida vegetariana que Khaled pede. Falafel à moda egípcia, que é feito de favas e coentro em vez de grão-de-bico. Salada verde e *tahine* e pão pita. Dois pombos recheados, especialidade do Cairo. E um ensopado de legumes com carne, que Rasha põe na frente de Khaled. Espera aí, digo, ele não é vegetariano? Shhh, quieta!, ainda bem que ele não entende espanhol. Rasha exagera no sorriso e limpa as migalhas da boca dele. Em voz alta, me confidencia que se a carne estiver moída ou misturada com outras coisas ele não percebe e ela o força a comer, preocupada que seu menino-grande fique desnutrido. Se fosse por ele, sussurra com cautela, como se ele de repente pudesse nos entender, se fosse por ele, só comeria pão e três vegetais: tomate, batata e berinjela. Escaneio a comida para não me esquecer dela, e quero escanear os dois com a minha câmera para tornar meus seus rostos. Khaled grunhe desconfiado, se esquiva de mim como se eu fosse roubar o poder especial que seu rosto carrega. Ela me encara, pondo o braço no ombro dele e sussurrando, Khaled, Khaled, para que pose com ela, mas ele me evita com seus olhos pretos.

SER ESPECIAL

"Tenho os olhos da minha mãe, mas o nariz e a boca são do meu pai. Meu irmãozinho não se parece com nenhum deles, você se lembra do que te contei?", escreveria Rasha num e-mail meses mais tarde para me explicar com qual de seus pais já falecidos os dois se parecem. Porque eles não são parecidos entre si. "Khaled é um filho que Deus nos deu de presente. Por isso todo mundo o trata com respeito, porque acreditam que ele é um ser muito amado pelo Criador."

ROSTOS NA CALÇADA

E tiramos os sapatos para entrar em mesquitas atapetadas e os tiramos novamente na porta de uma madraça e é tão comum tirarmos os sapatos que deixo os cadarços frouxos até Rasha avisar que é hora da sua *shisha*. Louvada seja a hora do *narguile*, que é a hora de amarrar firme os cadarços e seguirmos para um café dentro do velho bazar Khan el Khalili. Rasha para pelo caminho de estreitas ruas de paralelepípedos porque encontramos um rosto familiar. É Gamal Abdel Nasser, indica

Rasha, caso eu não tivesse reconhecido o líder socialista avô de Taheya, presidente para alguns, ditador para outros, embora tanto admiradores como detratores atribuam a ele o mérito de ter tomado o Canal de Suez dos britânicos. É Gamal, com sua boina militar alta e seus olhos melancólicos e seu bigodinho preto, depositado nos degraus da calçada, encostado numas bandejas de prata em alto-relevo, abandonado debaixo de um conjunto de luminárias de bronze forjado, cinzelado, desenhado com buracos pelos quais a luz se infiltra. Eu me ajoelho diante dele para cumprimentá-lo cara a cara e roubar uma foto do seu rosto em preto e branco que alguém um dia pendurou na sala e que outro alguém agora vende como relíquia.

ESPANTÁRABES

Virou um hábito para mim cobrir a cabeça nos países muçulmanos e, de quebra, ainda me proteger de vendedores poliglotas. Tive a ideia desse disfarce espanta-árabes há mais de vinte anos na cidade de Fez, onde troquei meu jeans por um vestido até o tornozelo e entendi que, com um lenço, poderia entrar sozinha no *souk*, onde falavam comigo em árabe. Eu baixava a cabeça como uma muçulmana discreta e sorria, livre de assédio: passava reto ou parava para olhar tudo sem perguntar o preço das coisas, evitando ser descoberta. Passeando agora pelo bazar, vazio de turistas desde o golpe de Estado em que Abdel Fatah El Sisi derrotou o democraticamente eleito Mohamed Morsi, da Irmandade Muçulmana, amarro na cabeça o lenço palestino que comprei anos atrás em Jerusalém. Esse lenço me garante o *look* árabe que dissolve por algumas horas minha absoluta estrangeirice: assim vestida, ou disfarçada, sento no café El Fishawy, onde Naguib Mahfuz escreveu sua trilogia de romances cairotas, e tomo um *espresso* em homenagem a Ibrahim. E, esperando Rasha, que foi ao banheiro com Khaled para ajudá-lo a trocar as fraldas, pago a conta e entro numa loja de artesanato em bronze e alumínio e madeiras nobres, do tipo que costumávamos chamar de exóticas. O vendedor se aproxima e, educadamente, me lança um parágrafo em árabe. Mas eu não baixo a cabeça, eu levanto-a e tiro o lenço dizendo em espanhol que sinto muito por tê-lo confundido, mas não falo árabe, digo em espanhol e depois em inglês. *Ah*, diz ele, *you are not from here! You are from... Spanish?*

O ÁRABE MEDIADOR

Xadi havia me escrito anos atrás, quando ainda transliterava seu nome para o uso inglês, Shadi; havia lido a crônica da minha jornada palestina, que não era um retorno nem um regresso, mas também não era uma viagem. Ele queria traduzir esse livro do espanhol para o árabe. Árabe palestino?, perguntei, comovida com a ideia de ser lida na língua que perdi antes de aprender. Sim, para esse árabe, embora não da forma como eu imaginava, porque, na escrita literária e na imprensa, o árabe não é localizado por um jargão, nem palestino nem de qualquer outro lugar: o árabe seguia o registro padrão no tratamento formal; era nas redes e nas ruas onde ele variava. Além do mais – disse-me por mensagem de áudio num espanhol culto, mas agora impregnado de um tonzinho *chilango* –, não se trata de países com acentos específicos, explicou-me Xadi, que além de tradutor lecionava língua árabe aos alunos do Colegio de México. Os países não têm coerência nem continuidade acentual porque, como você sabe, foram cortados com linhas retas que não respeitaram a divisão sinuosa das culturas... Quando dizemos "árabe egípcio", na verdade estamos falando do árabe do Cairo, disse, a voz embaralhada com um anúncio do metrô. E na Palestina também há variações: em Haifa, que é a minha cidade, usamos o sotaque do Norte, da Galileia até Beirute, que é diferente do sotaque de Jerusalém, Hebrom, Belém e Amã, na Jordânia. Então eu respondo com outra mensagem de áudio e pergunto se argelinos e palestinos poderiam se entender caso se encontrassem numa esquina do mundo, fora da Palestina, onde sei que nunca poderiam se encontrar. Se eles teriam que pegar seus telefones e trocar mensagens por escrito para se entender. Na mensagem seguinte, ouço a risada de Xadi e ouço-o dizer que não é assim como imagino, porque quando pessoas de diferentes variantes do árabe se encontram, elas mudam para um tipo de árabe que ele chama, alternadamente, de árabe "mediador" ou "branco", que eu imagino neutro. É, diz ele, um árabe parecido com o literário, mas sem a erudição do árabe literário e ao mesmo tempo sem os jargões de cada região. Uma espécie de *lingua franca*, diz, embora uma língua que nem todos os falantes do árabe dominam. Complicado, escrevo na tela sem saber mais o que dizer. E ele também responde por escrito e sem erros de digitação: não é como o espanhol, em que, embora existam variações acentuais e palavras diferentes para nomear as mesmas coisas, todos se entendem. Qualquer um sabe o que é o *la chingada* ou o *te tinca* chileno,[15] diz ele, embora eu não concorde, porque vivo me traduzindo. Mas não se preocupe, que a gente se entende, disse. Todos nós árabes podemos, em teoria, ler uns aos outros.

VISTO PARA PALESTINOS

Esse mesmo Xadi, esse homem de trinta e poucos anos e olhos imensamente azuis que eu conheceria tempos depois num café de Coyoacán, já está traduzindo meu livro palestino quando surge o convite para vir ao Egito. Um convite que, se ele quiser, se puder, se lhe concederem um visto, também seria para ele. Como meu tradutor e como especialista nos trânsitos da língua, foi convidado para dar uma palestra sobre a presença do árabe na obra de Cervantes, e Xadi está pronto para se referir à paródia que o mais importante romancista da língua

---

[15] [N. da T.] *La chingada*: gíria mexicana multiuso, geralmente grosseira e associada a palavrão; *te tinca*: forma coloquial usada no Chile equivalente à pergunta: "tá a fim?".

espanhola faz de um Quixote que posa de entendido ao ensinar a Sancho que todas as palavras começadas com "al" e terminadas com acento no "i" vêm do árabe. Xadi ri com Cervantes do iludido Quixote, que almoça convencido de que seu *al*muerzo é árabe, quando nada mais é do que uma pobre comida típica espanhola. Mas Xadi não ri quando tem de solicitar o visto à embaixada de Al-Sisi, e não ri após ter o visto adiado, o visto retido, o visto perdido em algum escritório mexicano ou egípcio ou sabe-se lá onde. Ele sabe que sua viagem é dificultada por ser palestino, que tanto faz ele ser um palestino dos territórios ocupados em 1967 ou um palestino do Interior, que é como tantos palestinos chamam o território israelense. Pouco importa que ele tenha uma carta-convite formal da Universidade Americana do Cairo. Xadi parece munido de uma paciência prodigiosa para essas esperas, e ele espera e espera, e eu espero esperançosa com ele, porque os dias passam e as semanas passam e o voo encarece à medida que se aproxima a data da sua conferência e da minha. Seu visto não chega. Sequer chega um aviso de que nunca chegará.

VISÉ, VISAJE, VIDERE

"Visto" deriva do francês *visé*, mas antes vem do latim *carta visa*, documento ou escrito aprovado após ser visto ou verificado, como indica o verbo *videre*. Vidente. Visionário. Visão. Visual. Vista. Visita. Avisar. Avistar. Evidência. Providência. Clarividência. Improvisação.

Supervisão. Supervisionar. Vistar: conceder ou não um visto, dependendo do rosto visto. Porque o *visage* francês conspira contra quem pede o visto: classifica o rosto ou a sua aparência ou, em alguma derivação etimológica, a máscara que o cobre, a suspeita que o persegue, o oculto gesto anômalo, sua maliciosa intenção.

O ROSTO ALHEIO

Na noite anterior ao bate-papo seguido da leitura aos quais Xadi não estará presente, naquela noite escura e nervosa em que pratico minhas palavras em inglês, naquela noite, eu sinto uma dor aguda na pálpebra direita. Olho no espelho e noto um leve inchaço que poderia ou não ser terçol. E porque além disso sinto tontura e o rosto quente e as mãos e os pés gelados, vou para a cama e durmo e acordo na manhã seguinte e sei que a pálpebra cresceu: mal consigo abri-la. Não só a pálpebra está grossa, não só meu nariz ficou mais gordo, como meus lábios estão tão inchados que quase não consigo separá-los. E os cantos da boca estão em carne viva, como se durante a noite outra boca maquiada tivesse me beijado ou esfolado a minha pele. Deve ser herpes, escreve minha mãe de Santiago quando mando a ela uma selfie do monstro. Herpes, penso, nunca tive herpes, de onde tirei isso? Sente mais alguma dor?, continua minha mãe, inabalável, me diagnosticando pelo telefone. Arde tanto dentro da boca que não consigo nem engolir minha própria saliva. É estranho:

estou há tanto tempo pensando no rosto, e agora não consigo mais lidar com o meu. Penso que fui atacada por uma praga egípcia que ninguém jamais descreveu no Antigo Testamento da Bíblia, nem no Pentateuco da Torá, embora nesses livros haja confusão e contradição e sobretudo multiplicação. Das duas pragas enviadas por Deus para auxiliar o povo judeu em sua fuga, liderada por Moisés, uma transforma as águas do Nilo em sangue e a outra mata os primogênitos. A essas pragas somam-se outras, até chegarem a sete, oito, nove e dez pragas que finalmente permitem que os israelitas fujam com o seu libertador. Minha praga não está entre as rãs, os piolhos, as moscas e os gafanhotos que invadem o Egito, embora seja equivalente à terrível praga das úlceras, que talvez fossem o que hoje chamamos de vírus. Não sei. Não importa. Além da vergonha de passear em público pelas pirâmides aonde Taheya e seu marido me levarão esta manhã, soma-se ainda a vergonha de falar em público com pessoas a quem supostamente é preciso impressionar. "Não sei o que fazer." Minha mãe me responde mandando uma foto daquela já antiga viagem ao Egito, em que ela e meu pai se fantasiaram de árabes: ele com um *kufiyya à la* Arafat, minha mãe embrulhada num véu beduíno que cobre de moedas douradas sua testa e seus olhos muito maquiados, que eu só reconheço pelas pupilas. Se eu pudesse, escreve minha mãe, agora que estou velha e feia, me embrulharia assim para sair de casa. Aproveite, nesses lugares onde você pode, para esconder bem a cara.

A CARA DEPOIS

Escondo o melhor que posso meu rosto assimétrico: meu olho fechado pelo peso da infecção, a comissura dos lábios machucada e cheia de feridas, minha fala alterada pela língua ardendo dentro da boca. Descubro que me cobrir é outro empecilho: como é que as mulheres fazem para ser compreendidas de dentro da burca?, pergunto-me. Já as vi tomando café da manhã no hotel, já as vi sem prestar atenção. Como é que fazem para comer e ser ouvidas com o lenço da mordaça? Sei que o lenço é apenas um pano fino por onde a voz passa e que estou dizendo isso por causa da ferida: o lenço roça nela e piora a situação. Tiro-o. Fico surpresa que ninguém parece notar meu rosto leproso. As pessoas me ouvem falar sobre minhas questões palestinas, ignorando meus lábios. Elas me fazem perguntas sem perder a paciência com a irritante lentidão da minha pronúncia. Me pedem uma entrevista para um programa de televisão. Me convidam para jantar e para passear por séculos de arquitetura e por todas as religiões, e me levam por um túnel claustrofóbico que sobe em direção ao interior sufocante de uma pirâmide vazia; tiram fotos minhas com flash enquanto tento virar de perfil, me obrigam aos prazeres condenáveis do turismo egípcio, e eu monto, ignorando meu rosto, já esquecida do meu rosto, num camelo batizado de Lufthansa, com o lombo atapetado e a cabeça cheia de pompons e bandeirinhas, e tiro outra foto minha de frente, porque é preciso olhar tudo novamente depois, olhar a minha cara desfigurada depois, quando nada disso existir mais, não esse camelo nem seu dono, não esses cairotas donos dessas pirâmides, não minha cara nem eu mesma, e rir, ainda que ao rir meus lábios rachem e uma dor insuportável atravesse o meu rosto.

O DESERTO

Borges havia se agachado junto dessa pirâmide, havia pegado um punhado de areia e o deixado cair em outro lugar mais adiante. Estou modificando o Saara, escrevera. A vida desse escritor argentino, talvez o mais fotografado do século, fora alterada pela cegueira, pensei, pensando depois no vírus que continuava alterando meus traços sob o sol, pondo em risco a presença de meus antepassados no meu rosto.

CÍRCULOS CONCÊNTRICOS

Lá vou eu com meu lenço preto na bolsa, determinada a ignorar que meu rosto doente falará por mim diante das câmeras do estúdio. A entrevista sobre a migração palestina não pode esperar, a estadia egípcia já está quase terminando e a jornalista prometeu me mandar num táxi para minha última leitura, no sul do Cairo. Logo descobrirei que no Egito a pontualidade não é britânica, mas chilena: a entrevista atrasa meia hora e o táxi demora para me buscar porque está preso no trânsito ou nas ruas esburacadas ou por motivos que a jornalista não me explica. Eu apenas a vejo gritando com o telefone e com o taxista oculto do outro lado da linha. Vejo que ela olha a hora e me pede desculpas porque não foram nem dez nem quinze minutos, mas muito mais. Ao perceber que está ficando tarde, resolvo parar um carro no meio da rua. Tem certeza?, diz ela, olhando a hora e murmurando alguma coisa. *Yes, yes, don't worry*, a rua está cheia de táxis vazios e não deve ser tão difícil encontrar uma livraria de bairro, certo? Porque, além do mais, todo mundo no Cairo fala inglês. E ela não presta atenção e eu me despeço e paro um táxi. *English?*, digo, entrando e fechando a porta. *A little*, responde o motorista franzino, e eu suspiro imediatamente arrependida e xingando, porque aqui, como no mundo inteiro, todo mundo fala inglês, só que não. Mas Al Maadi é um bairro residencial conhecido e a livraria é conhecida nesse bairro. Foi o que me garantiu Karam, a dona da livraria e do selo de mesmo nome: Al Kotob Khan. E em Karam eu confio, porque ela é a editora de um romance traduzido por Xadi. Karam já leu alguns trechos em árabe e outros em inglês do meu livro palestino, os mesmos trechos que me convidaram para ler esta noite, se eu conseguir chegar. Mas é claro que você vai chegar, disse Karam, e se eu não encontrasse o lugar, poderia telefonar para ela. Mas será melhor não me perder, porque não tenho conexão telefônica e o taxista não tem celular. *We ask*, me diz o motorista, freando em cima do sinal vermelho, *no worry*, acrescenta com otimismo, seus olhos claros no retrovisor. Assim que ele acelera, eu me rendo ao encosto gasto do banco e à estrada margeando o Nilo como uma serpente de carros luminosos. Se a tarde havia sido, até agora, um sinuoso purgatório de luzes, o que se avizinha é a descida a um dos círculos do meu próprio inferno: dar voltas até ficar tonta numa cidade que não conheço. Voltas e mais voltas. Avenidas e ruas e becos sem saída por regiões mais e mais escuras, por fachadas de casas em que não existe numeração. *Sir*, digo eu, tentando não soar assustada, *do you know where we are?* Mas o taxista não responde, não sabe o que estou dizendo ou não sabe o que dizer ou não sabe que estou falando com ele. *Sir*, insisto, meu medo aumentando, *sir, sir,* apontando para alguém numa esquina, alguém que talvez possa nos ajudar a resolver o enigma deste bairro, *please, sir, stop, stop now!* E o carro para porque minha voz já é um grito. Baixo a janela e, sem esconder meu rosto inchado e ferido, o monstro das sete línguas que sou, lanço uma pergunta em inglês e balbucio outra num francês macarrônico e acrescento palavras esgarçadas num *bisschen* de alemão e de italiano, de portunhol, de castelhano. A sétima língua é o árabe, mas meus avós não me mandam pistas desse idioma extraviado e sussurro um *habibi, please.* E há quem dê de ombros e depois quem dê indicações que levam à papelaria ou à lapiseria ou à cadernaria onde não se vendem livros, porque aqui quase ninguém compra livros, quase ninguém em nenhum de nossos países, onde ler é um luxo. E o taxista se aproxima novamente de alguém que também não sabe o que é

Kotob Khan, com jota ou com agá, e já estivemos em frente a essas lojas, já passamos muitas vezes por essa rua e pelas outras, e damos meia-volta e nos distanciamos mais uma vez. A hora avança em linhas concêntricas, enquanto eu entro em desespero. *Please, parlevú français? Deutsch? Italiano? Marhaba, habibi, please*, em árabe. De novo. O motorista olha pelo retrovisor para o monstro desfigurado, seus olhos muito abertos, suas pálpebras inchadas piscando com pavor, *no worry miss, no scared of me, me good man, we ask*, como se já não estivéssemos perguntando em vão há um bom tempo. E ele para ao lado de um comerciante um tanto magro e sai do carro resolutamente. Vejo que os dois conversam erguendo os braços e fumam com vontade, e outros homens se aproximam e todos parecem saber, só que não. O comerciante parece saber mais e fala ou entende um pouco de inglês, aproxima-se da janela que abri e eu urro, *please sir, help me*. Saio do carro e imploro para que nos acompanhe, mas ele diz que não com a cabeça e com o corpo inteiro, *please*, digo, *please, please come with us*, já sem medo desse homem ou de qualquer outro homem egípcio, *pleeeease*. Prometo pagar o táxi de volta a essa esquina onde ele trabalha, mas ele: *laa, laa*, e seu nããão árabe me confunde, porque parece um siiim, e eu estendo os braços para ele. É um não rotundo, uma tentativa de soltar seu braço das minhas mãos, dos meus dedos que estão prestes a esmagar seu cotovelo, meus braços tentando sequestrá-lo. Ele dá um passo para trás, dá outro, *laa, laa*, e a linguagem do seu corpo todo é de repulsa. O homem atende numa barraca de comida e aponta na direção de um carrinho de metal para onde agora se dirige correndo com surpreendente agilidade: seus clientes foram se aglomerando. E os outros homens também recuam na escuridão, com ojeriza. O taxista olha para mim com ar condescendente, e colocamos os pneus de volta na rua de casas e lojas ainda iluminadas, mas prestes a fechar. São 8 da noite e já estou uma hora atrasada para a leitura, mas isso talvez não seja o mais importante, e sim o fato de que logo estará escuro e não haverá mais do que luzes fracas nas ruas, e não haverá mais ninguém nas calçadas a quem pedir alguma coisa. Digo ao taxista que pare, que me deixe aqui. *Sorry, miss*, diz o homem, franzindo a testa, mas isso é tudo que ele consegue dizer. *It's okey*, respondo, e isso é tudo que sai da minha boca. Pago a ele as mil e uma voltas que demos e fico parada na calçada. E agora? O que estou fazendo aqui, sozinha nessa rua sem nem saber como voltar?

أعودُ

Reconheço, na entrada da livraria, o rosto sereno de Karam, que não sorri. *You are here*. Diz isso sem se alterar, sem se surpreender por eu estar chegando tão tarde. Nesta cidade as pessoas sempre chegam tarde, diz ela, a cabeleira grisalha levantando um pouco com a brisa, e eu me aproximo e a abraço como se tivesse acabado de encontrar minha avó ressuscitada. Ela se deixa abraçar, depois me separa. *Welcome in, habibti, there's plenty of Pa-*

lestinian folks hoping to hear us read.[16] Seu rosto grave se transforma em um sorriso, é o rosto de uma menina planejando uma travessura, antecipando-se a um banquete. E eu a sigo pelo interior de uma livraria iluminada e sento ao lado dela, ainda agitada, e bebo água, um copo d'água até o fim, outro copo a goles curtos, até que o copo fica definitivamente vazio em cima da mesa e ela pergunta se já podemos começar. *Yes*, digo, e vendo as pessoas sentadas pacientemente à nossa volta, peço desculpas pelo pior atraso da minha vida excessivamente pontual. Pego as folhas soltas do manuscrito em dois idiomas e limpo a garganta. *Regresar*, leio, ainda abalada pela adrenalina, pensando que não sei quais línguas devem falar essas pessoas reunidas nesta livraria, além do árabe. *Ritorno./ Return./ Revenir./ Retornar./ Zurückkehren.* Então repito *regresar* e esse verbo soa impregnado de outras línguas, de outras viagens. Ouço a minha voz tomada por uma música estrangeira enquanto luto por reivindicar meu espanhol entre elas, *regresar,* repito em vão, *ese es el verbo que me assalta/* toda vez que penso na possibilidade da Palestina/ *I'm assaulted by that verb./ Dieses Wort überfällt mich immer, wenn ich Palästina erwäge/ Me digo/ Mi dico/ Je me dis/* Digo para mim mesma:/ *no sería un volver sino apenas un visitar una tierra en la que nunca estuve/* da qual não tenho uma única imagem própria/ *Palestine has always been/ un rumor de fondo/ immer nur Hintergrundgeräusch gewe-*

---

[16] [N. da T.] Bem-vinda, querida, tem um monte de palestinos esperando para nos ouvir ler.

sen, eine Geschichte/ a story I tell myself to rescue a shared origin from extinction/ vor dem Aussterben bewahren will/ Ce ne serait pas mon retour/ Não seria um retorno meu./ *Sería un regreso prestado/ ein Zurückkehren anstelle eines anderen/ un volver en el lugar de otro.* E me ouço dizer, insistir em *regresar*, mas já não posso continuar lendo, porque Karam tira da minha mão o único microfone disponível para entoar esse mesmo início na língua dela, que é a nossa, e assim ela começa a recitar o meu retorno, o nosso retorno, *A'udu. Hada huwa alfi'lu alladi yudahimu dihni fi kulli marratin tadhabu ilayhi imkaniyyatu Filastin. Ukallimu nafsi: hiya laysat bi'awdatin, bal mujarradu ziyarati ardin tata'uha qadamayya liawwali marratin, ardun laysa laha ayyu wujudin fi dakirati, wala suratun wahidatun minha. Falatalama, kana kullu ma huwa filastini, binnisbati li, mujarradu hamhamatin yusma'u,*

صوتها في الخلفية. إنها صوتها في الخلفية. قصة نلجأ إليها لننقذ أصلاً للمشترك من الاندثار. إنّها عودة مستعارة، أي نعم، عودة، ولكنّها ليست بعودتي أنا. أعود بدل والدي. بدل جدي. بدل آخرين. أعود.

Berlim, 2019

AGRADECIMENTOS

Na escrita das três partes deste livro, estou em dívida com intelectuais de posições diversas, por incentivarem minhas deliberações e, em alguns casos, minha discordância. Theodor Adorno. Mourid Barghouti. Omar Barghouti. Jean Baubérot. Paul Bloom. Noam Chomsky. Hamid Dabashi. Gilles Deleuze. Amos Elon. Norman Finkelstein. Mahatma Gandhi. Hirsch Goodman. Philip Gourevitch. David Grossman. Omar Robert Hamilton. Amira Hass. Eric Hobsbawm. Tikva Honig-Parnass. Rashid Khalidi. Uriel Kon. Saree Makdisi. Nelson Mandela. Vincent Monteil. Amos Oz. Ilan Pappé. Julie Peteet. Maxime Rodinson. Jacqueline Rose. León Rozitchner. Edward Said. Yehuda Shaul. Susan Sontag. Leah Tsemel. Mario Vargas Llosa. Abraham B. Yehoshua. Chris Abani. Javier Auyero. Judith Butler. Jacques Derrida. Namwali Serpell. Meri Torras. Ofereço também este agradecimento distante aos diretores de filmes e documentários indispensáveis à reflexão. Liran Atzmor. Hany Abu-Assad. Ra'anan Alexandrowicz. Yuval Adler. Julia Bacha. Emad Burnat. Esther Hertog. Dror Moreh.

ÍNDICE

Prefácio, por Milton Hatoum **05**

Tornar-se Palestina 15
I. A agonia das coisas **21**
II. O chamado palestino **43**
III. Palestina em pedaços **63**

Tornar-nos outros 115

Rostos no meu rosto 203
I. Rostos errados **209**
II. *Wir die Deutschen* **235**
III. *Where are you from-from* **263**
IV. Máscara mortuária **281**
V. Provas fidedignas **299**
VI. انا من و-ين **319**

Agradecimentos **349**

coleção NOS.OTRAS

Pronome feminino na primeira pessoa do plural. Desinência de gênero própria da língua espanhola. Sujeito do eu que inclui a noção de outro. Uma coleção de textos escritos por autoras latino-americanas, mulheres brasileiras e hispano-falantes de hoje e de ontem, daqui, dali e de lá. Uma coleção a favor da alteridade e da sororidade, este substantivo ainda não dicionarizado. Nós e outras, nós e elas, nós nelas e elas em nós. NOS.OTRAS pretende aproximar-nos, cruzando fronteiras temporais, geográficas, idiomáticas e narrativas. A proposta é pelo diálogo plural, dar voz e visibilidade a projetos literários heterogêneos que nem sempre encontram espaço editorial. Publicaremos sobretudo não ficção – ensaios, biografias, crônicas, textos epistolares –, mas prosas de gênero híbrido, fronteiriças à ficção, também são bienvenidas. Porque nosotras somos múltiplas.

Curadoria e coordenação editorial:
Mariana Sanchez e Maíra Nassif

coleção **NOS.OTRAS**

Conheça os títulos da coleção:

- *Viver entre línguas*, de Sylvia Molloy.
Tradução de Mariana Sanchez e Julia Tomasini.

- *Tornar-se Palestina* (1ª ed. e 2ª ed. ampl.), de Lina Meruane.
Tradução de Mariana Sanchez.

- *E por olhar tudo, nada via*, de Margo Glantz.
Tradução de Paloma Vidal.

- *O mundo desdobrável – ensaios para depois do fim*,
de Carola Saavedra.

- *A irmã menor: um retrato de Silvina Ocampo*,
de Mariana Enriquez. Tradução de Mariana Sanchez.

- *Posta-restante*, de Cynthia Rimsky.
Tradução de Mariana Sanchez.

- *38 estrelas: a maior fuga de um presídio de mulheres da história*,
de Josefina Licitra. Tradução de Elisa Menezes.

―

Próximos lançamentos:

- *Sinais de nós*, de Lina Meruane.
Tradução de Elisa Menezes.

- *Feminismo bastardo*, de María Galindo.
Tradução de Ellen Maria Vasconcellos.

―

© Lina Meruane, 2014, 2021
© Relicário Edições, 2025
Imagem de capa: © Paula Albuquerque, 2019 (sobre fotografias de Mary Madigan e Adam Jones/Wikimedia Commons e de Paula Albuquerque)

Dados Internacionais de Catalogação na Publicação (CIP) de acordo com ISBD

M575t	Meruane, Lina
	  Tornar-se Palestina – 2ª ed. ampl. / Lina Meruane ; traduzido por Mariana Sanchez. – Belo Horizonte: Relicário, 2025.
	  356 p. ; 13cm x 19cm. – (Coleção Nosotras ; v. 2)
	
	  Título original: *Volverse Palestina*
	  ISBN: 978-65-5090-011-3
	
	  1. Literatura chilena. 2. Ensaio. 3. Relato. 4. Memória. 5. Palestina. 6. Escritora chilena. I. Sanchez, Mariana. II. Título.
	
	  CDD 868.9933
	  CDU 821.134.2(83)

Elaborado pelo bibliotecário Vagner Rodolfo da Silva – CRB-8/9410

Curadoria e coordenação editorial: Mariana Sanchez e Maíra Nassif
Editor-assistente Thiago Landi
Preparação: Lucas Morais e Fernanda Lobo
Capa e projeto gráfico: Paula Albuquerque
Diagramação: Paula Albuquerque e Cumbuca Studio
Revisão: Thiago Landi
Revisão do árabe: Felipe B. Francisco
Fotografia de Lina Meruane: Isabel Wagemann

Relicário Edições
Rua Machado, 155, casa 4, Colégio Batista | Belo Horizonte, MG, 31110-080
relicarioedicoes.com | contato@relicarioedicoes.com

2ª edição [outono de 2025]

Esta obra foi composta em Crimson Text e impressa sobre papel Pólen Bold 70 g/m² para a Relicário Edições.